古代歷史文化 研究輯刊

十八編

王明蓀 主編

第 11 冊

清代則例適用研究

沈成寶 著

國家圖書館出版品預行編目資料

清代則例適用研究／沈成寶 著—初版—新北市：花木蘭文
化事業有限公司，2017〔民106〕
序2+ 目 2+200 面；19×26 公分
（古代歷史文化研究輯刊 十八編；第 11 冊）
ISBN 978-986-485-190-4（精裝）
1. 大清律例
618   106014297

ISBN-978-986-485-190-4

9 789864 851904

古代歷史文化研究輯刊
十八編　第十一冊   ISBN：978-986-485-190-4

清代則例適用研究

作　　者　沈成寶
主　　編　王明蓀
總 編 輯　杜潔祥
副總編輯　楊嘉樂
編　　輯　許郁翎、王筑　美術編輯　陳逸婷
出　　版　花木蘭文化事業有限公司
社　　長　高小娟
聯絡地址　235 新北市中和區中安街七二號十三樓
　　　　　電話：02-2923-1455 ／傳眞：02-2923-1452
網　　址　http://www.huamulan.tw 信箱 hml 810518@gmail.com
印　　刷　普羅文化出版廣告事業
初　　版　2017 年 9 月
全書字數　167942 字
定　　價　十八編 18 冊（精裝）台幣 36,000 元

清代則例適用研究

沈成寶 著

作者簡介

沈成寶，男，1981 年出生，吉林省扶餘市人。分別於 2005 年、2013 年、2016 年在中國政法大學取得法學學士學位、史學碩士學位、法學博士學位，師從劉師廣安、郭師世佑等先生。主要研究方向：中國法制史、中國近代史。

提　　要

　　則例是清代最重要的法律形式之一。其卷帙浩繁，適用範圍廣泛。宏大的條目規模與寬廣的規範領域決定其在實際適用的過程中必然複雜難明。它由哪些部門適用？它適用於哪些對象？它是如何適用的？與其他法律形式有無配合或競合的適用？如果有，會是怎樣的情形？它有沒有像律典一樣的適用原則？在這些問題的引導下，本書以關注清代則例中的罰則為切入口，以則例文本規定為基礎，以案例為佐證，來探討則例在清代如何適用。從縱向和外部看，則例的適用在清代十二朝是如何變化發展的；從橫向和內部看，則例條款自身與條款之間、則例之間及其與《大清律例》、《大清會典》、皇帝諭旨如何配合適用。在此基礎上總結則例適用的一般原則，從而得出結論。

　　全文包括緒論、正文四章、結語三個部分。

　　第一部分緒論主要闡明本書選題旨趣，交代研究方法和資料範圍，綜述相關研究的學術史成果，進而總結本書的創新與不足。

　　第二部分正文共四章，分別探討了清代則例適用的發展進程、適用的主體與對象、具體方式和一般原則。

　　第三部分是結語。對正文清代則例適用的狀況做最後的總結。對比《大清律例》的適用，可以看出二者適用原則的異同，進而得出更宏觀的認識，為進一步認識清代其他法律形式的適用，甚至對全面認識整個清代法律體系的適用奠定基礎，具有重要意義。

自 序

　　世事紛繁而情偽無限，情偽無限則需法網周密。自古以來，莫不如是。雖說現代法學自西方起源，近世遠扇流及，溥惠東方，然東方與西方，人心與理，殆乎相同，故古東方法律雖未必如近世西方精微，或概念準確，然治世之功用近似，則法之義理相類，使用方法垂同。近代一國現行法律構成法律體系之說，古代中國亦有類似體系，唐代之律、令、格、式，宋代之刑統、敕例、格式，至有清則爲律例、則例、會典，象三足支立而撐起後金一代法律體系。

　　以往學界對律例研究細且深矣，於則例、會典研究或由其卷帙浩繁、書冊零落難得一時之效而較爲單薄。單一法律淵源研究尙且薄弱，遑論兼以研究，或對比有之，猶厚此薄彼，語焉不詳，配合競合之關係尙無一作，以體系宏觀之觀照審視三者之關係更是付之闕如。基於此，乃有拙作之出生。

　　拙作系余博士學位論文修訂而來，系業師劉廣安先生悉心指導而成。限於體例與篇幅，拙作以則例爲物件，以適用爲視角，以罰則爲憑依，探析有清一代則例生成變化之過程，適用物件、事務之廣泛，與律例、會典、上諭配合競合適用之關係，自身體例原則抽繹以及具體法條之間配合轉示之精微。具體內容，此不贅述，諸君翻閱正文即知。此處且容余對拙作創新價值做二概觀性認識予以闡介：一是拙作不憚疲煩，對存世大量、收集不易之清代則例分類過眼，從法律體系視角爲學界提供法律史學成果，雖不敢自稱首創，卻敢踞疾呼之位。二是拙作從立法學視野觀照，探析清代三大法典淵源（也包括上諭等非法典規範淵源）適用關係，輔以案例還觀動態實施程式與效果，已非一點一滴創新，實具領域性創新，誠如業師因指導余之論文對自

己治學路徑進行總結及對法史學科進行反思時所作斷語:「一個專題有了領域性研究意識、成果、價值、目標、前景,方可冠以『學』。此學不是一點一滴之學,也不是一線一面之學,而是立體構成之法律體系之學。」正是基於此二認識,不揣鄙陋,將此拙作付梓,信能對理論法學豐富、深化認識有所裨益,信對學界重視則例、會典等法律淵源研究、對清代法制重新審視有所貢獻。

閉門認識難免粗疏,望方家有以正之;惟拋磚引玉之忱可鑒,期引有識之士共鳴共研,深入有得,斯願足矣。

沈成寶

書于北京燕山聽蟬雅舍

時乙酉仲夏夜燈下

自 序

緒 論 ⋯⋯⋯⋯⋯⋯⋯⋯⋯⋯⋯⋯⋯⋯⋯⋯⋯⋯⋯⋯⋯ 1

一、選題旨趣 ⋯⋯⋯⋯⋯⋯⋯⋯⋯⋯⋯⋯⋯⋯⋯⋯⋯ 1

二、學術史綜述 ⋯⋯⋯⋯⋯⋯⋯⋯⋯⋯⋯⋯⋯⋯⋯⋯ 2

三、資料範圍 ⋯⋯⋯⋯⋯⋯⋯⋯⋯⋯⋯⋯⋯⋯⋯⋯⋯ 8

四、研究方法 ⋯⋯⋯⋯⋯⋯⋯⋯⋯⋯⋯⋯⋯⋯⋯⋯⋯ 12

五、創新與不足 ⋯⋯⋯⋯⋯⋯⋯⋯⋯⋯⋯⋯⋯⋯⋯⋯ 13

第一章　清代則例適用的發展進程 ⋯⋯⋯⋯⋯⋯⋯ 15

第一節　康熙朝以前則例的適用 ⋯⋯⋯⋯⋯⋯⋯⋯ 16

第二節　雍正、乾隆、嘉慶朝則例的適用 ⋯⋯⋯⋯ 21

第三節　道光至同治朝中期則例的適用 ⋯⋯⋯⋯⋯ 23

第四節　同治朝後期以降則例的適用 ⋯⋯⋯⋯⋯⋯ 24

本章小結 ⋯⋯⋯⋯⋯⋯⋯⋯⋯⋯⋯⋯⋯⋯⋯⋯⋯⋯ 25

第二章　清代則例適用的主體與對象 ⋯⋯⋯⋯⋯⋯ 27

第一節　清代則例適用的主體 ⋯⋯⋯⋯⋯⋯⋯⋯⋯ 27

一、六部監寺 ⋯⋯⋯⋯⋯⋯⋯⋯⋯⋯⋯⋯⋯⋯⋯ 28

二、都察院 ⋯⋯⋯⋯⋯⋯⋯⋯⋯⋯⋯⋯⋯⋯⋯⋯ 28

三、宗人府 ⋯⋯⋯⋯⋯⋯⋯⋯⋯⋯⋯⋯⋯⋯⋯⋯ 30

四、內務府 ⋯⋯⋯⋯⋯⋯⋯⋯⋯⋯⋯⋯⋯⋯⋯⋯ 33

五、理藩院 ⋯⋯⋯⋯⋯⋯⋯⋯⋯⋯⋯⋯⋯⋯⋯⋯ 34

六、地方各級衙門 ⋯⋯⋯⋯⋯⋯⋯⋯⋯⋯⋯⋯⋯ 35

第二節　清代則例適用的對象 ⋯⋯⋯⋯⋯⋯⋯⋯⋯ 36

一、皇帝親眷 ⋯⋯⋯⋯⋯⋯⋯⋯⋯⋯⋯⋯⋯⋯⋯ 36

二、王公宗室 ⋯⋯⋯⋯⋯⋯⋯⋯⋯⋯⋯⋯⋯⋯⋯ 37

三、文武官員 ⋯⋯⋯⋯⋯⋯⋯⋯⋯⋯⋯⋯⋯⋯⋯ 37

四、吏役、幕友 ⋯⋯⋯⋯⋯⋯⋯⋯⋯⋯⋯⋯⋯⋯ 38

五、兵丁、旗人、漢民 ⋯⋯⋯⋯⋯⋯⋯⋯⋯⋯⋯ 41

六、商販 ⋯⋯⋯⋯⋯⋯⋯⋯⋯⋯⋯⋯⋯⋯⋯⋯⋯ 42

七、包衣家人、太監、宮女等奴僕階層人群 ⋯ 44

八、化外人 ⋯⋯⋯⋯⋯⋯⋯⋯⋯⋯⋯⋯⋯⋯⋯⋯ 45

本章小結 ⋯⋯⋯⋯⋯⋯⋯⋯⋯⋯⋯⋯⋯⋯⋯⋯⋯⋯ 46

第三章　清代則例適用的具體方式 ⋯⋯⋯⋯⋯⋯⋯ 49

第一節　本部院則例條款獨立適用 ⋯⋯⋯⋯⋯⋯⋯ 50

第二節　本部院則例內部條款之間配合適用 ⋯⋯⋯ 57

目
次

　　第三節　本部院則例與其他部院則例配合適用 ……… 60

　　第四節　各部院則例與《大清律例》配合適用 ……… 63

　　第五節　各部院則例與《大清會典》配合適用 ……… 69

　　第六節　各部院則例與上諭配合適用 …………… 72

　　本章小結 ……………………………………………… 73

第四章　清代則例適用的一般原則 …………………… 75

　　第一節　優先適用則例與不得裁減徵引法條 ……… 76

　　　一、優先適用則例 …………………………………… 76

　　　二、不得裁剪徵引法條 …………………………… 79

　　第二節　因身份不同而差別適用 …………………… 81

　　　一、不同身份的人適用不同的則例 ……………… 81

　　　二、不同品級的官員適用不同的參奏方式 ……… 82

　　　三、不同身份的人犯罪懲處方式不同 …………… 84

　　第三節　區分公罪私罪 ……………………………… 85

　　第四節　罪名相因 …………………………………… 88

　　第五節　加等與減免 ………………………………… 89

　　　一、加等議處 ……………………………………… 90

　　　二、減等議處 ……………………………………… 94

　　　三、恩免免議 …………………………………… 101

　　第六節　官員特權 ………………………………… 108

　　　一、級紀抵罪 ……………………………………… 108

　　　二、限期無罪許開復捐復 ……………………… 128

　　　三、議敘議處僅就一任 ………………………… 151

　　第七節　特殊人群處分 …………………………… 152

　　　一、因職位身份特殊性而特殊處分 …………… 152

　　　二、因職位身份處於特殊狀態而特殊處分 …… 156

　　本章小結 …………………………………………… 158

結　語 ………………………………………………… 161

主要參考文獻 ………………………………………… 163

附錄：咸豐朝《欽定王公處分則例》所載案例 …… 171

博士論文後記 ………………………………………… 195

出版後記 ……………………………………………… 199

緒　論

一、選題旨趣

　　清朝是中國歷史上最後一個帝制王朝，雲屋成憶，方今不過百零五年〔註1〕。幾經兵燹火焚，冊案零落，許多制度架構界限與配合運作已然模糊不明。作爲制度有機構成的法律運行亦復如是。中國傳統意識重視禮與刑，故以往學界對《大清律例》及相關資料的整理與研究較爲側重，而對同爲「功令之書」（薛允升語）的各部院則例的研究和重視程度稍顯薄弱。由於以則例作爲直接議罰依據的材料較少，有關則例如何適用的研究更是付之闕如。然而法律的適用是法律研究的基本問題，也是十分重要的問題。即使今天，法律如此昌明繁複，各種法律如何適用，與其他法律如何配合，遇到法條競合如何處理仍是不易釐清的問題，而其後果卻關乎人命、財產以及種種權利實現。

　　作爲以過去時代法治文明爲研究對象的法律史，除了有法律抽象的思維和問題意識以外，還兼有史學的言之有據、用證據說話的嚴謹。好問題固然重要，但能否有證據材料支撐，卻是能否解答問題的關鍵。隨著社會愈加穩定，學術愈發昌榮，科技突飛猛進，許多過去沒有被關注到的材料不斷被發現、整理並被公開出版。清代則例近幾年被成套出版，無疑爲我們探析清代則例如何適用提供了最有力的支持。

　　本研究便是在此問題意識與材料支撐基礎上，以關注清代則例中罰則爲切入口，以則例文本規定爲基礎，以案例爲佐證，來探討則例在清代如何適

―――――――――――――――――――――――――――――――――――

〔註1〕 本時期係從 1911 年算至作者寫作論文之 2016 年而成。

用。從縱向和外部看，則例的適用在清代十二朝是如何變化發展的；從橫向和內部看，則例條款自身與條款之間、則例之間及其與《大清律例》、《大清會典》、皇帝諭旨如何配合適用。如律典的「名例」規定了律典適用的一般原則，則例是否有一般原則規定？它在適用過程中如何遵循？則例的條款由誰來適用，對誰規範，即則例適用的主體和對象如何？本文希望通過對清代則例適用的研究，能稍補學界以往對則例研究的薄弱，進而為學界更多面向認識則例、進一步推動對則例的深入研究貢獻一點力量。

雖然如是，仍有一點需要事先辯明，即本文以何種角度、在何種層面上探討則例的「適用」。本文主要是從立法學的角度探討則例文本上規定的如何適用的條款，兼帶輔以案例得以觀察實際執行的效果與程度，並非是從司法視角出發，從案例中提取適用方式與原則，那樣的適用近乎「實施」，而探討清代則例在實際中實施的狀況則需要另外一套方法與材料。我們今天從立法學視角對則例適用文本規定進行深入研究，總結出適用方式類型，提煉出適用的一般原則，釐清各種法律關係的配合適用，也為將來從司法角度探析清代則例實施奠定良好基礎。學術研究，非能畢其功於一役；學術推進，與日俱深即為可喜。區區蓬心，與諸賢君子共勉。

二、學術史綜述

清代則例在整個清代法律政令體系中佔有非常重要的位置，也是較早被學界關注的研究對象之一。在二十世紀三四十年代已為梁思成、王鍾翰等學者關注，但卻一直沒有成為熱點問題。因此，迄今為止，此方面研究成果為數不多。既有成果也多是圍繞律例關係、某種制度，或者限於某一種則例研究，以則例這一法律形式作為整體研究對象的論著為數甚少，以清代則例適用為研究對象更是付之闕如。但隨著法制史研究的深入，大量則例資料浮現並且被整理出版，學界關注則例的人越來越多，則例研究變得越來越熱門。本書在此關節探討清代則例適用的狀況，對學界推進深入研究則例不無裨益。

茲先將國內外學界研究成果梳理如下。

（一）國內研究成果

1、大陸研究成果

（1）以則例為整體研究對象的成果。

最早將則例作為法律文本進行研究的當屬 1939 年王鍾翰的碩士學位論文

《清代則例及其與政法關係之研究》，〔註 2〕但該文命運多舛，經逢亂世，當時錯過公開發表出版，直至 2004 年方收入氏著《王鍾翰清史論集》第 3 冊，得見天日。然而雖晚了 65 年，該文仍爲專門以清代則例整體作爲研究對象的「第一文」。該文首先對則例有發掘之功。僅列於文中的則例就有一二百種，而據他說親自經眼的有五六百種，據此他推測則例有二三千種。該文共分九章，分別探討了則例名稱的由來、種類、纂修年限、效力、價值、法律地位，與各部署組織關係，與律例、兵制、報銷、捐納、藩屬的關係，專門探討了處分則例即行政懲戒法的屬性。該文對清代政治變遷有頗多眞知灼見。雖寥寥數語，卻很有啓發性。

其後較有代表性的作品當屬楊一凡、劉篤才力作《歷代例考》。〔註 3〕本書用第五章一章探討清代例的問題，用一節篇幅討論則例的問題，主要貢獻在於從全國 41 個圖書館鈎沉出更多則例版本，嚴格估計有一千種。該文將則例制定劃分爲順治、康熙朝，雍正、乾隆朝，嘉慶至清末三個時段，三個時段對應則例制定的開始、發展、完善三個階段。認爲清代則例編纂取得五個突出成就：第一，覆蓋所有行政機關，實現國家行政運轉的規範化和制度化。第二，加強官吏管理和監督，實現行政責任和刑事責任分離。第三，制定加強經濟和工程管理的則例。第四，頒佈多個規範宮廷、皇室貴族行爲的則例，爲歷代之冠。第五，制定則例，全面加強少數民族事務管理。

另有從文獻學的視角關注則例編纂的李永貞《清代則例編纂研究》。〔註 4〕該文主要探析了則例的編纂主題，除了闡述了編纂的體例、過程等，還對編纂則例產生的作用進行了討論。

除了以上三種論著以外，尚有兩篇論文，第一篇李留文《清代則例的特點及其利用》。〔註 5〕該文通過比對《戶部則例》與光緒朝《大清會典》，總結出則例兩大突出特點，即偏於具體操作規則記載，及時更新，按門分類，不標注時代。第二篇李永貞《芻議清代則例的性質和分類》。〔註 6〕該文強調則例的規範權威性及介紹了按部門、內容、地域分類的三種形式。

〔註 2〕王鍾翰：《清代則例及其與政法關係之研究》，載氏著《王鍾翰清史論集》第 3 冊，中華書局 2004 年版。
〔註 3〕楊一凡、劉篤才：《歷代例考》，社會科學文獻出版社 2012 年版。
〔註 4〕李永貞：《清代則例編纂研究》，中國出版集團、世界圖書出版公司 2012 年版。
〔註 5〕李留文：《清代則例的特點及其利用》，載《貴州社會科學》2006 年第 5 期。
〔註 6〕李永貞：《芻議清代則例的性質和分類》，載《法學雜誌》2010 年第 10 期。

（2）以某一種則例為研究對象的成果。

早期當推梁思成的《清式營造法式》、《營造算例》。〔註 7〕然而梁氏此書雖是最早對清代則例進行使用和研究的，但偏重於工程學科，與本書關注法律視角關係不大。唯其最早重視並利用清代則例，發凡之功不可不述。

其後的民俗大家王世襄對《清代匠作則例》〔註 8〕、《清代匠作則例彙編》〔註 9〕進行推介。此二套書籍整理發掘不少《工部則例》版本、條款，但在介紹研究方面，王世襄係民俗風物研究大家，仍然偏於工匠作物方面，與本文關係稍遠。不過因其重視則例較早，不可避繞。近幾年也有一些工程學學人利用清代工部則例撰寫相關論文，因與本文關注問題不同，故不再一一列舉。

具有法律視角的代表研究還數沈厚鐸的《康熙十九年〈刑部現行則例〉的初步研究》，〔註 10〕該文對家藏沈家本枕碧樓藏書之清代過渡性文件——《刑部現行則例》版本進行了較全面介紹，包括版本、字體、內容、特點等方面，提出不能忽視該文件在清代法制史上的重要性。

在學界既有研究中，《戶部則例》被關注程度較高。其中有代表文章二篇：張晉藩、林乾《〈戶部則例〉與清代民事法律探源》，〔註 11〕林乾《關於〈戶部則例〉法律適用的再探討》。〔註 12〕前文認為《戶部則例》與《大清律例》具有同源性，相為表裏，已具有民刑分野的路向，具有民事法律、經濟法意義。後文從「旗民結姻定例」、「奪佃定例」、「房田買賣定例」、「旗民交產定例」具體四例探討則例的法律適用，並就頒發中央、地方州縣、大臣奏疏引用等一般情形也做了一定探析。這兩篇文章給我很多材料的線索和問題意識的啟發。

而近幾年有關則例研究較為集中的關注點在於西域民族關係規定——《理藩院則例》、《蒙古律例》、《回疆則例》，包括達力札布的《〈蒙古律例〉與〈理藩院則例〉的關係》〔註 13〕和王欣的《〈回疆則例〉研究》。〔註 14〕還

〔註 7〕梁思成：《清式營造法式》、《營造算例》，中國營造學社 1934 年版。

〔註 8〕王世襄：《清代匠作則例》，大象出版社 2000～2009 年出版。

〔註 9〕王世襄：《清代匠作則例彙編》，中國書店 2008 年版。

〔註 10〕沈厚鐸：《康熙十九年〈刑部現行則例〉的初步研究》，載韓延龍主編：《法律史論集》第 1 卷，法律出版社 1998 年版。

〔註 11〕張晉藩、林乾：《〈戶部則例〉與清代民事法律探源》，載《比較法研究》2001 年第 1 期。

〔註 12〕林乾：《關於〈戶部則例〉法律適用的再探討》，載中國政法大學法律史學研究中心編：《法律史學研究》第一輯，中國法制出版社 2004 年版。

〔註 13〕達力札布：《〈蒙古律例〉與〈理藩院則例〉的關係》，載《清史研究》2003 年第 4 期。

有數篇碩士學位論文。〔註 15〕

　　還有幾篇論文是關注《鵰恤則例》、《督捕則例》和《欽定揀放佐領則例》的。〔註 16〕

　　（3）以部分則例探討某種制度的研究成果。

　　運用某種則例作爲探討某種制度的資料依據，目前學界成果在此方面積累較爲豐富。國內大陸學者較早在此方面予以關注的以鄭秦爲代表。他的《清代司法審判制度研究》〔註 17〕較早運用六部則例與處分則例、宗人府則例、理藩院則例探討清代司法審判制度。此種課題在中國臺灣地區則以那思陸爲代表。那氏關於明清司法制度有數種專著，其中《清代中央司法審判制度》〔註 18〕在 2004 年才由北京大學出版社引進出版，但其實早在 1992 年就在臺北出版了。該書運用《六部處分則例》、《蒙古律例》等則例探析了清代中央司法制度，對中央司法審判機構、審判程序、審判權管轄等問題進行了系統研究。劉廣安《清代民族立法研究》〔註 19〕較早地注意到《理藩院則例》、《蒙古律例》對西北少數民族統治管理的法律意義，並歸納說明了《理藩院則例》規定的三種議罪適用法條情況。

　　近些年不少碩士、博士研究生以此方面內容作爲學位論文選題。選題較多集中在治吏、經濟規定、治理邊疆、科舉考試等方面，使用頻率較高的則例有《吏部則例》、《六部處分則例》、《理藩院則例》、《蒙古律例》、《回疆則例》、《戶部則例》關於漕運、鹽業等經濟方面規定，以及《科場條例》。①治吏方面如劉炳濤《清代發遣制度研究》等。〔註 20〕②邊疆治理方面如袁自

〔註 14〕王欣：《〈回疆則例〉研究》，載《中國邊疆史地研究》2005 年第 3 期。

〔註 15〕包括李奮：《〈回疆則例〉研究》，石河子大學，碩士學位論文，2007 年；馮劍：《簡析〈理藩院則例〉的內容特點及其成因，中央民族大學，碩士學位論文，2010 年；王婷：《清代〈欽定回疆則例〉研究》，遼寧大學，碩士學位論文，2014 年。

〔註 16〕包括華桂玲：《清代〈鵰恤則例〉研究》，福建師範大學，碩士學位論文，2007 年；吳愛明：《清〈督捕則例〉研究》，南開大學，博士學位論文，2009 年；趙令志、細谷良夫：《〈欽定揀放佐領則例〉及其價值》，載《清史研究》2013 年第 3 期。

〔註 17〕鄭秦：《清代司法審判制度研究》，湖南教育出版社 1988 年版。

〔註 18〕那思陸：《清代中央司法審判制度》，北京大學出版社 2004 年版。

〔註 19〕劉廣安：《清代民族立法研究》，中國政法大學出版社 1993 年版，2015 年末又由中國政法大學出版社出版增訂版。

〔註 20〕劉炳濤：《清代發遣制度研究》，中國政法大學，碩士學位論文，2004 年；陳一容：《清代官吏懲戒制度研究》，西南師範大學，碩士學位論文，2005 年；

永《論清代回疆法律及其適用》，〔註 21〕以及田慶鋒《清代西部宗教立法研究——以藏傳佛教和伊斯蘭教為中心》。〔註 22〕③《戶部則例》中關於經濟方面規則探討的論文有尚春霞《清代賦稅法律制度研究（1644 年～1840 年）》等。〔註 23〕④科舉方面如葉曉川《清代科舉法律文化研究》。〔註 24〕其他尚有利用《督捕則例》對緝捕制度進行探討的著作，如宋國華《清代緝捕制度研究》。〔註 25〕

（4）以探討律例等各種法律形式關係為研究對象其中涉及則例的成果。

以探討律例、會典等各種法律形式之間關係順便提及則例的論著頗多。限於研究條件，這些著作多偏重使用《大清律例》、《大清會典》等材料，對浩瀚繁多的則例材料未能進行系統、廣泛的利用。如 1985 年郭松義的《清朝的會典和則例》，1994 年丁華東撰寫的《清代會典與則例的編纂及其制度》，1998 年張晉藩主編的《清朝法制史》，以及後來的蘇亦工《明清律典與條例》，林乾《清會典、則例性質及其與律例關係》、《清會典歷次纂修與清朝行政法制》，李留文碩士學位論文《大清會典研究》，以及同是碩士學位論文的張朝暉的《論清代律、例的關係》等。〔註 26〕劉廣安在《〈大清會典〉

焦利：《清代監察法研究》，中國政法大學，博士學位論文，2006 年；王彥章：《清代獎賞制度研究》，安徽人民出版社 2007 年版；常越男：《清代考課制度研究》，北京大學出版社 2010 年版；張振國：《清代文官選任制度研究》，南開大學，博士學位論文，2010 年；胡小平：《清代官吏懲治施行研究》，西南大學，碩士學位論文，2011 年；張揚：《清代行政處分制度初探》，蘇州大學，碩士學位論文，2011 年；苟曉敏：《清朝官員懲處立法及其實踐研究》，四川師範大學，碩士學位論文，2012 年。

〔註21〕 袁自永：《論清代回疆法律及其適用》，西南政法大學，碩士學位論文，2002 年。
〔註22〕 田慶鋒：《清代西部宗教立法研究——以藏傳佛教和伊斯蘭教為中心》，中國政法大學，博士學位論文，2011 年。
〔註23〕 尚春霞：《清代賦稅法律制度研究（1644 年～1840 年）》，中國政法大學，博士學位論文，2006 年；紀麗真：《明清山東鹽業研究》，山東大學，博士學位論文，2006 年；許光縣：《清代物權法研究》，中國政法大學，博士學位論文，2009 年；李俊麗：《天津漕運研究（1368～1840）》，南開大學，博士學位論文，2009 年；袁陽春：《清代地方漕糧徵派研究》，華中師範大學，碩士學位論文，2009 年；曹金娜：《清代漕運水手研究》，南開大學，博士學位論文，2013 年。
〔註24〕 葉曉川：《清代科舉法律文化研究》，中國政法大學，博士學位論文，2006 年。
〔註25〕 宋國華：《清代緝捕制度研究》，法律出版社 2014 年版。
〔註26〕 郭松義：《清朝的會典和則例》，載《清史研究通訊》1985 年第 4 期；丁華東：《清代會典與則例的編纂及其制度》，載《檔案學通訊》1994 年第 4 期；張晉藩主編：《清朝法制史》，中華書局 1998 年版；蘇亦工：《明清律典與條例》，

三問》〔註27〕一文探討會典如何適用時提出「各衙門分別適用則例」觀點，並就具體適用情況做了概括。

需要指出的是，越往後來的研究對則例的重視度越高，篇幅也越來越多。究其原因，一是與學界對傳統法典的研究積累越來越深厚，後學不易進入，更遑論開拓創新有關。二是與則例資料越來越多地被發現、被整理出版。材料系統豐富，堪當轉向大任有關。同時也與法律史學學科反思調整有關，越來越多對傳統律例構建的清代法制社會提出質疑，大量檔案材料發掘，使政治史研究逐漸向社會史傾斜，反思宏大敘事，探討細節不僅成為可能，而且成為一種風向。而則例材料的系統性使其可大可小，能兼顧微觀、中觀、宏觀，因此成為較受歡迎的選題方向、研究資料。

2、中國臺灣地區研究成果

中國臺灣地區關於則例的研究則有張溯崇《清代律例簡釋》一文。〔註28〕該文研究重點在《大清律例》，附帶探討了清代則例問題，著墨不多。另外臺灣政治大學法學院陳惠馨教授主持的則例讀書班，自 2013 年開始，從讀乾隆朝和同治朝《戶部則例》入手，說明臺灣地區學者已開始重視則例在清代法制中地位。2014 年陳教授訪問大陸時期在多所大學做過關於清代則例研究的講演，但除了氏著《清代法制新探》〔註29〕第二編第三章「《大清律例》的『律』與『例』及清朝其他法規範」初步論及外，目前對則例研究尚未形成系統成果。

（二）國外研究成果

日本、英美等國對則例的研究徑路和中國也很相似，早期亦是偏重研究《大清律例》，順帶提及則例，二十世紀九十年代方有對則例專門研究的文章。前者代表作如（日）瀧川政次郎的《清律之成立》〔註30〕，（日）滋賀秀

中國政法大學出版社 2000 年版；林乾：《清會典、則例性質及其與律例關係》，載《政法評論》2001 年第 12 卷；林乾：《清會典歷次纂修與清朝行政法制》，載《西南師範大學學報》2005 第 2 期；李留文：《大清會典研究》，河南大學，碩士學位論文，2003 年；張朝暉：《論清代律、例的關係》，山西大學，碩士學位論文，2007 年。

〔註27〕劉廣安：《〈大清會典〉三問》，載《華東政法大學學報》2015 年第 6 期。

〔註28〕張溯崇：《清代律例簡釋》，載《華岡法萃》1974 年 6 月。

〔註29〕陳惠馨：《清代法制新探》，五南圖書出版公司 2012 年版。

〔註30〕（日）瀧川政次郎：《清律之成立》，載《法曹雜誌》1939 年 6 卷 4 號。

三的《清朝之法制》〔註31〕，（日）谷井俊仁的《清律》〔註32〕，（日）島田正郎的《清律之成立》〔註33〕，（美）瓊斯的《大清律例研究》〔註34〕。後者如（日）谷井陽子《戶部與戶部則例》〔註35〕及《清代則例省例考》。〔註36〕前文介紹了戶部職能與《戶部則例》，後文考察了多個版本的則例和省例（還包括幕友秘本和部咨、條例等），並對其做了分類。其中各部則例分為康熙時期的則例（官刻）、坊刻則例集、部刻各部則例。另如（日）岸本美緒近作《關於清代前期定例集的利用》。〔註37〕該文向讀者介紹了康熙至乾隆初年出版的五種坊刻則例定例集——《本朝則例類編》、《本朝續增則例類編》、《定例類編》、《定例成案合鐫》、《定例續編》，並對其進行了解題，同時對其史料價值做了樣本考察。

由以上梳理可見，與留存世界卷帙浩繁的則例材料相比，關於清代則例研究還很薄弱，不夠深入，很多領域亟待開拓。偏重《大清律例》、《大清會典》、清代刑事制度的研究應做一些轉向調整，應重視對清代則例的研究。

三、資料範圍

法律史學科特點要求講證據。資料是支撐論文的基石，也決定論文的問題提出及其闡釋。欲明問題界域，須廓清資料範圍。前「選題旨趣」已稍提及，此處更詳細申明。

本書研究核心資料當屬《清代各部院則例》。其他基本資料還包括中國第一歷史檔案館收藏的檔案——內閣全宗和軍機處全宗、硃批及錄副奏摺，《大

〔註31〕 （日）滋賀秀三：《清朝之法制》，載《近代中國研究入門》，1974年東京大學出版會刊。

〔註32〕 （日）谷井俊仁：《清律》，載滋賀秀三編：《中國法制史——基礎史料研究》，東京大學出版會1993年版。

〔註33〕 （日）島田正郎：《清律之成立》，姚容濤、徐世虹譯，載劉俊文主編：《日本學者研究中國史論著選譯》第8卷《法律制度》，中華書局1993年版。

〔註34〕 （美）瓊斯：《大清律例研究》，蘇亦工譯，載高道蘊、高鴻鈞、賀衛方編：《美國學者論中國法律傳統》，清華大學出版社2004年版。

〔註35〕 （日）谷井陽子：《戶部與戶部則例》，載《史林》1990年第73卷第6號。

〔註36〕 （日）谷井陽子：《清代則例省例考》，載楊一凡總主編、寺田浩明主編：《中國法制史考證》丙編，第四卷，中國社會科學出版社2003年版。

〔註37〕 岸本美緒：《關於清代前期定例集的利用》，原文收入山本英史編：《中國近世の規範と秩序》，公益財團法人東洋文庫，2014年；中譯文本由顧其莎譯，載中國政法大學法律古籍整理研究所編、徐世虹主編：《中國古代法律文獻研究》，第八輯，社會科學文獻出版社2014年版。

清律例》、《清實錄》、《大清會典》等傳統文獻。論證過程亦輔有其他研究論著（詳見《主要參考文獻》）。

（一）清代各部院則例

研究則例適用，自然最當依據則例文本規定。按照蒲堅老師的認識，清代則例共有三種，一種是刑例，後附於律典成爲條例，一種是會典則例，一種是各部院則例。〔註38〕本文所討論的則例則是指第三種各部院則例以及第一種尚未成爲條例的刑部則例，並不包括會典則例和律典條例。香港蝠池書院出版的《清代各部院則例》及其《續編》、《三編》共收錄有80餘種則例，是本書撰寫的基礎。它基本涵蓋了之前海南出版社出版的故宮博物院整理的則例。其未收錄但與論文有關係的則例如《兵部處分則例》等另從《中國基本古籍庫》電子數據庫、臺灣文海出版社出版、沈雲龍主編：「近代中國史料叢刊」和楊一凡主編：《中國珍稀法律典籍續編》補充。則例種類繁多，版本豐富，部頭較大，條款紛雜，在整體觀照下，根據論文入手及視角需要，《吏部處分則例》、《兵部處分則例》、《欽定王公處分則例》、《宮中現行則例》等集中規定處罰條款的則例和其他各部院則例罰則條款、案例、奏疏、序跋、凡例、通例、查例章程等構成本書核心材料。具體版本以上述出版爲主（出版物標錯朝代版本的皆盡個人力量予以糾正）。

（二）《大清律例》和五朝《大清會典》

則例與律例關係，歷來是法律史學界關注的熱點問題。其複雜交錯的適用關係殊值探索。《大清律例》由律條和條例構成，主要是針對犯罪行爲做出規範，一般是刑部斷案的依據。律條自形成文本之後基本貫穿清代沒有變動，但所附加的條例因時損益，有所變化。公開出版的有乾隆五年本〔註39〕和道光六年本〔註40〕。另有薛允升《讀例存疑》所使用的同治九年本〔註41〕。此三種《大清律例》版本是本書使用律例時所依據的基本材料。

清代共有康熙、雍正、乾隆、嘉慶、光緒五朝編纂有《會典》。因《大清

〔註38〕蒲堅編著：《中國法制史大辭典》「則例」條，北京大學出版社2015年版，第1439頁。

〔註39〕田濤、鄭秦點校：《大清律例》，法律出版社1999年版。

〔註40〕上海大學法學院、上海市政法管理幹部學院、張榮錚、劉勇強、金懋初點校：《大清律例》，天津古籍出版社1993年版。

〔註41〕（清）薛允升著，胡星橋、鄧又天主編：《讀例存疑點注》，中國人民公安大學出版社1994年版。

會典》與則例適用有密切關係，故亦納入筆者考察的視野。需要說明的是，限於時間和能力，《大清會典則例》、《大清會典事例》不在本書討論範疇。本書所依據的《會典》版本是線裝書局2006年出版的《大清五朝會典》。〔註42〕

（三）清代各朝實錄

各朝實錄中刊載上諭及臣工奏對較多，其中有關於則例的認識、議論與本書頗有關係，是較好的思想材料，與制度材料相輔相成，互質互證。其中不少「交部議處」、「照例議處」等用語及其相關案件更是瞭解則例適用難得線索。且對瞭解則例形成早期如順治、康熙、雍正等朝則例的適用有所裨益。

本書所依據的清朝實錄係中華書局1985～1987年影印出版的文本。〔註43〕主要應用的朝代集中在康熙至咸豐幾朝，這段時間是則例生成、修纂及其適用較廣泛的時期。

（四）內閣和軍機處全宗檔案、《硃批奏摺》、「清三通」以及其他史料彙編

集中的則例條款規定已有系統書冊承載，在我個人，總是希望能找到一些案例進行印證，以觀文本在實際中執行的效果，從撰寫本書、寫作治學上也有必要，因此也頗為留心一些檔案，包括上諭、硃批和臣工題奏，以及相關的史料彙編，但這方面已出版的資料較為少見，記載多不明了，也很簡略。除了《欽定王公處分則例》所見案例較為集中、記載仍較為簡略以外，《清實錄》所記載案件亦較為隱曲簡略，多數反映的都是線索，完整案件甚至明確採用則例判斷的案件少之又少。已出版的《硃批奏摺》係中國第一歷史檔案館從所藏檔案中擇選出來的，其中一部分是內閣、軍機處全宗檔案之中的，但因其擇選有編者的考慮，要麼關於政治治理，要麼關於刑事的案件，適用則例懲處官員的案件也不多見。因此，未出版的內閣、軍機處全宗檔案仍有被搜檢的必要。當然，因所存檔案數百萬件，數量龐大，限於撰寫論文的時間及種種條件不具足，筆者只能利用其中極少部分資料，廣泛利用尚俟來日。

〔註42〕 《大清五朝會典》，線裝書局2006年版。

〔註43〕 中華書局此版《清實錄》主要包括1985年出版的《太宗文皇帝實錄》、《世祖章皇帝實錄》、《聖祖仁皇帝實錄》、《世宗憲皇帝實錄》、《高宗純皇帝實錄》；1986年出版的《滿洲實錄、太祖高皇帝實錄》、《仁宗睿皇帝實錄》、《宣宗成皇帝實錄》、《文宗顯皇帝實錄》；1987年出版的《穆宗毅皇帝實錄》、《德宗景皇帝實錄》、《宣統政紀》。

因出版的《清代各部院則例》收錄順治、康熙、雍正朝的則例較少，內閣、軍機處全宗檔案、《硃批奏摺》和其他一些史料彙編如《明清史料叢書八種》〔註44〕對探析這三朝的則例適用情況有重要參考價值。本書使用的內閣全宗、軍機處全宗檔案係中國歷史第一檔案館所藏，《硃批奏摺》主要是中國政法大學法律史學院收存的《康熙朝漢文硃批奏摺彙編》。〔註45〕

「清三通」作為瞭解清代制度的背景資料也很重要。當年王鍾翰先生欲做「清代則例及其與政法關係之研究」題目前，洪業先生便命他先讀「清三通」，「稍知乾隆以前典制掌故，以為將來從事考究則例之基礎」。〔註46〕我輩雖無此紮實讀書功底，但該書作為研究參考、背景資料殊值介紹。本書所依據《清朝通典》、《清朝通志》、《清朝文獻通考》版本係浙江古籍出版社影印版「十通」之「清三通」。〔註47〕

（五）相關研究論著

其他相關研究論著包括以下幾種。

第一種，本身即可作為基本史料援引或提供基礎史料及其線索的論著，如薛允升的《讀例存疑》、谷井陽子《清代則例省例考》、岸本美緒的《關於清代前期定例集的利用》等。

第二種，直接與本書研究主題密切相關的論著，如王鍾翰《清代則例及其與政法關係之研究》、劉廣安《清代民族立法研究》、《〈大清會典〉三問》、林乾《關於〈戶部則例〉法律適用的再探討》等。

第三種，研究清代則例的力作，作為學界基石，是本書前進的基礎論著，如楊一凡、劉篤才《歷代例考》等。

第四種，雖與本書研究主題關係並不密切，但卻給筆者學思啟發的論著，如戴炎輝《唐律通論》〔註48〕、蘇亦工《明清律典與條例》等。

〔註44〕于浩輯：《明清史料叢書八種》，北京圖書館出版社2005年版。其中第三冊收錄順治九年四月禮部遵奉申飭《欽定服色肩輿永例》，與本書有關。

〔註45〕中國第一歷史檔案館編：《康熙朝漢文硃批奏摺彙編》，檔案出版社1984年版。

〔註46〕王鍾翰：《清代則例及其與政法關係之研究》，載氏著《王鍾翰清史論集》第3冊，中華書局出版社2004年版，第1697頁。

〔註47〕嵇璜等纂：《清朝通典》、《清朝通志》、《清朝文獻通考》，浙江古籍出版社1988年版。

〔註48〕戴炎輝編著，戴東雄、黃源盛校訂：《唐律通論》，（臺）元照出版公司2010年版。

總之，本書立足於原始文獻資料基礎，在總體關照下重點運用核心資料，輔以相關論著佐證，在既有的學術成果基礎上力圖深化研究。

四、研究方法

鑒於法律史學科兼有法學與史學特點，本書亦如是遵循兩種學科思維來進行思考、提問、論證、總結。剖呈研究方法，即是展現思維徑路。種種所爲盡可歸入法學、史學兩種方法。

1、法學的方法

用法學思維提出問題，是法律史學法律屬性的突出表現。關注法律的生成、淵源、效力、適用、實施、救濟等問題是具有法科知識素養的人的長處。法律乃實用之學，自產生之日起，生成、淵源、效力、適用、實施、救濟等問題即同時存在。今日如此，古代也如此。本書的問題就是基於此提出的。在筆者考察了清代各種法律形式之後對其中一種重要的法律形式——則例在當時是如何被適用的提出了疑問。如何回答這個問題？法律的思維告訴我，法律適用包括獨立適用、配合適用、競合吸收適用等方式。則例適用情況如何？它能否獨立適用？它與其他法律形式如何配合與競合適用？則例包含有通例和單例兩種形式，其二者又有怎樣的適用關係？論文的邏輯結構便是由法學的方法構建出來的。

說是構建，並不意味著就是主觀臆想。法律史學的史學屬性又約束論文要言之有據。從這個意義上說，構建邏輯結構，只是對史料提出眞問題以及清晰回答問題的一種必要的表達。

2、史學的方法

史學是注重過程的，因此，即使是則例如何適用的法學問題也是能夠應用史學的方法進行回答的。其突出要點首先在於用事實說話，論從史出，切忌以論代史。本書中豐富的則例資料構成了堅實的基礎。其次，史學的方法既關注時間上的遷演過程，又關注空間上的縱橫對比；既注重外部的宏觀視野觀察，也注重內部的微觀立場剖露。本書的整體架構便是在此史學方法指導下建立起來的。

本書的寫作過程，便是把諸多的材料證據，按照史學方法「四維」要求鋪列，然後再用法學的邏輯予以排序，便構成了現在論文面目。至於對材料的收集整理、耙梳分類、歸納合併種種工作均係治學基本工夫，且均在此二

種方法之內不在其外。

五、創新與不足

　　學術生命在於創新，沒有創新的論文也便沒有學術生命力。本書有以下兩點創新：

　　第一，第一次系統、廣泛地利用卷帙浩繁的則例材料，許多材料第一次被使用。

　　第二，提出法律的基本問題叩問古代，運用基本材料予以解答探析。系統回答清代則例如何適用這個問題爲學界的首次嘗試。

　　本書也同樣有諸多令人不滿意的地方，也是需要筆者將來繼續努力前進的方向，突出表現在以下兩點：

　　第一，案例材料不多且記述簡略，不得不多依據文本規定，使得對則例實際運用效果的探析打了不少折扣，也使得論文較爲呆板，不夠生動飽滿。

　　第二，僅將則例適用放入清代律例法律體系中觀察，沒有放到更大背景下包括政治、社會中考察，略顯單薄，同時也造成理論創新不夠。

　　雖然有如是不足，但筆者仍敝帚自珍，並會在未來認眞總結經驗教訓，努力把本書的撰寫作爲學術的起點，將不足之處彌補，不斷深化此項研究。

第一章　清代則例適用的發展進程

　　則例本意是指可以傚法的事例。如周敦頤言：「則，謂物之可視以爲法者，猶俗言則例、則樣也。」〔註1〕但其本意中也含有規範的意義，如《紅樓夢》第二十二回王熙鳳和賈璉商量如何給薛寶釵過十五歲生日，賈璉說過去多少大生日都操辦料理過，這個有何難辦，王熙鳳答道：「大生日是有一定的則例……」〔註2〕這裡使用的「則例」含義並不指可效法的榜樣，而是指規則、規矩。因此則例發展成爲法律規範形式也是淵源有自、有其必然性。則例作爲法律規範的一種形式起始於唐五代時期。〔註3〕但在清代以前的朝代，它所適用的領域較爲有限，除了一些禮儀、杖法簡單規定以外，往往都是規定經濟事務。〔註4〕到了清代，則例被廣泛應用於各個領域，包括管理內府後宮、治理官吏、統治邊疆、經理漕運、監督鹽茶等諸多方面，甚至重要的政務、部門日常辦事規範都用則例規定。在以往朝代並不太重要的則例在清代成了最重要的法律形式之一。

　　則例在整個清代的適用也有一個發展過程，並非當然地、自始至終地煌

〔註1〕 （宋）周敦頤：《周敦頤集》卷二通書「家人睽復無妄第三十二」，陳克明點校，中華書局1990年版，第39頁。

〔註2〕 （清）曹雪芹著，陳文新、王煒輯評：《紅樓夢（百家會評本）》，湖北長江出版集團、長江文藝出版社2005年版，第136頁。

〔註3〕 楊一凡、劉篤才：《歷代例考》，社會科學文獻出版社2012年版，第87頁。

〔註4〕 楊一凡、劉篤才認爲以前朝代對則例都不重視，規定較爲零散，明代對則例有所重視和提升，但基本上也只是把則例用於經濟管理事務一個方面，到了順治朝才突破了這種狹隘的立法模式，擴大了則例適用的範圍。具體請參考楊一凡、劉篤才：《歷代例考》，社會科學文獻出版社2012年版，第118、123、193、306頁。

煌奪目，大致可分四個階段。第一階段，順治、康熙兩朝。此時戰事頻仍，治理制度仍屬初創階段，律典初纂，因襲明律，調整範圍亦有限，急需探討新的法律形式予以補充。則例漸被重視，一些重要制度，多用則例予以規定。如規範科舉制度的科場條款、抓捕旗奴逃人的《督捕則例》，以及六部定例等。當時稱則例為定例較多。此階段則例的適用因覆蓋部分重要的制度，所以呈現出「局部化」適用的特點。第二階段，雍正、乾隆、嘉慶時期。此三朝是則例大量編纂制定適用的時期。有清一代最重要的則例在此時幾乎都有纂創，適用領域較為廣泛。唯其纂創，體例未免蕪雜不周，偏於一事一則，抽象概括條款不足，且其懲罰體例未備，多借律典刑罰。此階段則例的適用因適用領域廣泛，故而呈現出「廣泛性」適用的特點。第三階段，道光朝至同治朝中期。在此數朝期間，則例適用的範圍更加廣泛，卷帙更加浩大，編纂的技術也日益完備，標題日漸整齊，修訂週期基本固定。則例與律典、則例與會典、則例與則例之間、則例內部條款之間的界限日趨分明。「凡例」以及卷首「查例章程」等體例使則例的適用更加規範清晰。「公式」門多規定原則性規定並提前到首篇也使則例的適用更具有涵括性。總之，這一階段是清代則例適用的黃金時段，呈現出較強的「規範性」特點。第四階段，同治後期以降直至清末。這段時期內憂外患加劇，出現很多過去沒有遇到的情況，特案特辦的情況增多，又由於時局、軍政財政等原因，原定修訂則例期限不能保證，致使晚清數十年則例沒有得到及時修訂。雖也有部分則例制定及重刊，但像以往認真考究例意增刪改補的修訂工作不復存在，因此這一時期則例的規範適用情形被打破，給人以「以案破例」的印象猶多。

第一節　康熙朝以前則例的適用

目前出版的各部院則例絕少收納康熙朝以前的則例版本，流傳於世的版本也不多見。所幸還有後世流傳則例版本中記載有順治、康熙朝條款，部分檔案記有相關案件，亦有專家學者的研究成果為我們探尋康熙朝以前則例的適用提供可能。從這些資料我們可以看出這一階段則例適用的主要領域。

首先，有關科場、學政則例條款中有很多順治、康熙年間定的例條及例案。以道光朝《欽定科場條例》為例，很多卷開頭例條都是在順治、康熙年間制定的，且記載有例案。如卷一「鄉會試期」條記載「順治二年定子午卯

酉年鄉試，辰戌丑未年會試……」〔註5〕同條「附載舊例」也記有「順治元年恩詔，各直省以二年秋八月舉行鄉試，嗣奏准江南、陝西二省以十月舉行。順治十七年奏准，雲南貢院未修，學臣未到。庚子科鄉試於十八年補行。康熙二十年奏准，貴州本年鄉試，於壬戌年補行……」〔註6〕卷十五「鄉會試藝」條亦有：「順治二年定，文有正體，凡篇內字句，務典雅純粹，不許故撼一家言，飾爲宏博。順治九年題准，說書以宋儒傳注爲宗，行文以典實純正爲尙……康熙十六年議准，鄉會應試諸生文字內概不許作大結。」〔註7〕他如嘉慶朝《欽定學政全書》卷四十八「原名應試」條也有類似記錄：「順治九年題准，黜退生員，如不係行劣者，提調官准與童生一體收考；若曾經犯罪問革，變易姓名，僥倖出身，訪出嚴行究革。教官納賄容隱、生員扶同保結者一體治罪。」〔註8〕舉行科舉考試，自然要對考試相關事宜予以規定。遴選人才是治國大事。

其次，關於抓捕旗逃所適用的《督捕則例》係較早制定的則例。據《督捕則例》乾隆八年律例館總裁官大學士徐本等奏稱：「……至於旗逃一項，乃律書所未備，自我朝定鼎之初，世祖章皇帝特命臣工纂成《督捕則例》，嗣於康熙十五年復蒙聖祖仁皇帝欽點大學士臣索額圖等重加酌定，刊佈遵行，迄今七十餘年……」〔註9〕入關之初，猶帶有游牧民族習慣，爲保障滿洲貴族利益，保持清的統治地位，對旗逃予以立法，進行嚴厲地懲治。請舉例言之。在《康熙朝漢文硃批奏摺彙編》中筆者發現了一份彌足珍貴的記載刑部按照則例議處的案件，即康熙五十七年刑部處罰德義佐領下原任御史阿爾賽一案。雖然此案最後康熙皇帝認爲「阿爾賽是給其子送盤纏不是逃跑，免其罪」，但在刑部認定犯罪及其擬罰時係單獨適用《督捕則例》（奏摺中稱爲「定例」）

〔註5〕　《欽定科場條例（道光朝）》卷一「鄉會試期」條，《清代各部院則例》（爲節省篇幅，以下注釋此叢書名簡省不稱），香港蝠池書院出版有限公司 2004 年版，第 12 頁。《清代各部院則例》、續編、三編及文海出版社出版的則例係影印清代版本，並無標點，本書所引例文條款文字皆由筆者照錄，標點皆係筆者所加，若有錯誤，由筆者承擔。

〔註6〕　同上，第 13～14 頁。

〔註7〕　《欽定科場條例（道光朝）》卷十五「鄉會試藝」條，香港蝠池書院出版有限公司 2004 年版，第 195 頁。

〔註8〕　《欽定學政全書（嘉慶朝）》卷四十八「原名應試」條，香港蝠池書院出版有限公司 2004 年版，第 383 頁。

〔註9〕　《兵部督捕則例（乾隆朝）》「奏疏」，香港蝠池書院出版有限公司 2004 年版，第 9～10 頁。

規定予以處罰。皇帝斷罪依據廣泛，不拘於法律，但部院斷罪議處卻需依據法律，因此，免罪結果仍然不妨礙我們將其認定爲刑部適用則例斷罪的案例。因爲案例材料難得，謹將全文照錄如下：

> 刑部尚書臣賴都等謹奏爲請旨事。據正黃旗滿洲副都統覺羅都野里題參德義佐領下原任御史阿爾賽虧空製造庫器銀兩並不交納私自逃往右衛，甚屬行止不端鑽營一案。審據阿爾賽供：我因康熙五十二年周三之子周啓中舉之案，將我革職。五十四年自備鞍馬往軍前效力。因得青腿牙疳之疾，醫治略好些又告去效力種地，交糧八十餘石，後因騎馬艱難，奉旨將年老有疾人員發回。將軍遵旨，將我發回。於五十六年臘月到京。我到京之先，我次子鷹上人森忒黑自備鞍馬在軍前效力種地，帶信與我，說一應費用對象俱完了，我係無事閒散之人，家裏又無好家人，我親往右衛去置買駝馬口糧等物，打發我兒子森忒黑起身往帶管佐領三等待（筆者按：應爲侍）衛宗室阿湯阿跟前告訴。去時阿湯阿已經送梓宮去了，沒有告訴我因種地事務要緊。今年四月初一日坐車往右衛製買對象，打發我兒子起身到了彼處。因價貴，到歸化城置買駝馬等物。看著家人起了身，於五月十六日到家是實。並無越省鑽營行止不端。器皿銀兩說是未交，我在製造庫時，眾官等每人賠銀三百八十餘兩，我變賣家產，限一年內務要交還，如此告訴。我於五月十六日回家，十四日將我參了。如今說我沒有告訴佐領私自去了，我有何辨（筆者按：應爲辯）處等語。阿爾賽如何在出兵處回來，行查兵部。據兵部回稱，五十六年九月內建威將軍遵旨將本路官兵內年老殘疾無力者分別發回五十三人，內有原任御史阿爾賽名字，並無分晰年老殘疾之處等語。查定例內：「旗下人違禁私自越出旗下人所居之地需索財物、囑託行私擾民等事，犯係平人，枷號三個月、鞭一百；係官，革職，不准折贖，鞭一百」等語。阿爾賽雖無需索財物擾民，亦無鑽營行兇之處，從出兵處病回，不曾告訴佐領私去歸化城，應照此例，枷號三個月、鞭一百。應追器皿銀三百八十餘兩交與該旗照數追取。爲此謹奏請旨。
>
> 康熙五十七年七月初三日刑部尚書臣賴都
>
> 尚書臣張廷樞

左侍郎臣李華之

右侍郎臣周道新

【後係滿文職官（翻譯從略）及康熙滿文硃批】

阿爾賽之子現欲往軍前效力，等因，且已起身，因（阿爾賽）

爲其子送盤纏並無逃跑之處，寬宥其罪，餘依議。〔註10〕

這裡斷案依據的「定例」即是《督捕則例》。查乾隆八年武英殿本《督捕則例》卷上「旗人出境索詐行私」條規定：「凡旗下人私自出境需索財物、藉端挾詐及囑託行私者，枷號三個月、鞭一百；係官，革職，不准折贖，鞭一百；失察之佐領驍騎校交部議處。領催鞭八十。如將家僕明知差去者，其主係閒散，鞭一百，係官，交部議處。其差去之家人枷號一個月、鞭一百。」這個規定內容與案例中的規定除在字詞上稍有出入外，懲罰標準以及犯罪構成要件完全相同，翻檢《大清律例》則無此等近似規定，考慮康熙五十七年到乾隆八年二十幾年的時差，其間則例的修訂不甚明瞭，以及奏摺引用定例概括摘引未必全遵法條原文等原因，筆者以爲此斷案依據之定例即此《督捕則例》無疑。

再其次，關於官員服色、肩輿禮儀差別適用則例規範。就筆者所見，《欽定服色肩輿永例》係「順治九年四月禮部遵奉申飭」。該則例規定了親王、多羅郡王、公侯伯尚書大學士文武官員所乘轎輿規格、文武官員著裝補畫頂戴的區分，並規定了相關禁例：「其餘禁例與民同」，「凡違禁衣物……不照品級越分穿用及存留違禁衣物及穿用越品衣物，有官者照前程罰銀，無官者鞭責。衣物俱入官。妻女犯者，罪坐家長……以上議定逐一申飭禁約，不許越分穿用。如有違錯，治罪。各宜通行遵守。」〔註11〕中國古代即有「出禮入刑」的說法，在等級社會，禮是統治者最要維護的方面，因此，關於維護禮的法律很重要，清代廣泛使用則例、《會典》規範禮儀，罰則集中在則例中。上述《欽定服色肩輿永例》正反映了這種重視理念。

〔註10〕 中國第一歷史檔案館編：《康熙朝漢文硃批奏摺彙編》，第八冊，檔案出版社1984年版，第210～217頁。第218～228頁係本案滿文描述，因與漢文內容相合，故翻譯從略。有興趣者可自行查閱。康熙滿文硃批翻譯係中央民族大學歷史學院清史滿族史方向碩士研究生劉戀同學主筆，同門王虹懿同學幫忙介紹認識，特此致謝！

〔註11〕 《欽定服色肩輿永例》，北京圖書館藏，載于浩輯：《明清史料叢書八種》，第三冊，北京圖書館出版社2005年版，第107～116頁。

　　最後，關於官員處分、軍事建制以及六部基本職責等則例在順治年間開始、在康熙朝得以有計劃整理編纂適用。據楊一凡、劉篤才先生對 41 家圖書館初步調研所得 50 餘種康熙朝則例來看，其康熙朝則例內容多集中在官員處分、軍事建制以及六部職能上。〔註12〕其中有官刻，也有坊刻本。而在岸本美緒《關於清代前期定例集的利用》一文所介紹的《本朝則例類編》等五種康熙朝至乾隆初年則例亦集中在六部則例合刻，反映六部基本職能。另外如乾隆朝《太常寺則例》卷三「總例」所言：「康熙三十九年覆准，陪祀官故違不到，向有處分定例。但日久事弛，稽察不嚴，以致怠玩。嗣後凡遇祭祀，著部院堂官、該旗都統察明咨送太常寺，若無事故假託不到，都察院會同吏部參處。」〔註13〕亦可知關於官員處分在清代早期亦早有規定。在中國歷史第一檔案館「內閣全宗」中也可看到清代早期關於官員處分的則例適用案例。如順治十二年兵部尚書臣李際期等謹題為查參違限官員事：

　　　　職方清吏司案呈，奉本部送兵科抄出宣大總督馬之先題前事，內開，竊照武職官員到任如逾限半月以上徑行題參，奉有定例在案。順治拾貳年玖月貳拾三日准山西巡撫陳應泰咨稱，本年玖月拾捌日，據陝西分巡關西道楊三辰呈，據涇州守備張國棟呈稱，國棟蒙升山西陽和道中軍守備於本年柒月貳拾捌日領到部箚，遵依捌月拾壹日起行。奈時迫於限恐干違限之咎，懇乞轉達等情，據此查得本官委於柒月貳拾捌日領箚，至捌月拾壹日自涇州起程赴任，惟是部限期迫，一時不能馳到，恐違限期，擬合呈報等因，據此，又據張國棟呈稱，於本年玖月拾貳日到任，今將原領部給限票理合呈繳等因到院，據此，查得陽和道非本院所屬，煩將送去張國棟原領兵部限票，請為查照舊例咨部等因到臣。該臣查得，張國棟部限拾貳年捌月初伍日到任，今於玖月拾貳日任事，計違限壹個月零柒日，相應照例題參，除限票咨繳兵部外，伏乞皇上敕部議覆施行等因。順治拾貳年拾月初貳日題，本月初拾日奉旨：兵部知道。欽此。欽遵抄部，批司查議。隨經司議呈堂，該臣等看得宣大總督馬之先題稱陽和道中中（筆者按：當為軍字誤）守備張國棟到任違限壹個月零

〔註12〕 楊一凡、劉篤才：《歷代例考》，社會科學文獻出版社 2012 年版，第 307～310 頁。
〔註13〕 《欽定太常寺則例（乾隆朝）》卷三「總例」條，香港蝠池書院出版有限公司 2004 年版，第 40 頁。

柒日，應照例罰俸三個月。臣等未敢擅便，謹題請旨。

　　順治拾貳年拾月拾肆日

　　兵部尚書臣李際期……等人（後 10 人均是兵部侍郎、啓心郎、理事、主事銜）

　　依議。〔註14〕

由此例可見，在順治年間，即已根據則例處分官員。〔註15〕

楊一凡、劉篤才總結順治、康熙時期是「清代則例的草創和奠基階段」。他們認爲「順治朝在草創清代法制方面的一個重大發展，是突破了明代把則例基本上用於經濟管理事務方面立法的模式，擴大了則例的適用範圍，把這一法律形式廣泛運用於經濟活動之外的其他領域的立法，並進行了刑事、行政類單行則例法規的編纂。」〔註16〕從則例適用的視角筆者也認同楊、劉二先生的這一論斷。但這一時期雖然突破明代則例適用限制，然而比之後世，由於這一時期則例的編纂數量及其適用領域仍然有限，則例的適用仍屬於局域化適用。

第二節　雍正、乾隆、嘉慶朝則例的適用

楊一凡、劉篤才從立法編纂的視角認爲「雍正、乾隆時期是清代則例編修逐步走向系統化、制度化和規範化的階段」。筆者從則例適用的視角對此意見有部分認同部分不認同的認識。認同的是，雍正、乾隆朝的確在則例編纂方面取得很大成績，無論是編纂數量還是編纂技術，這種編纂的成績也體現了則例的適用領域越來越廣，適用的方式也越來越多元、規範。所不認同的是筆者將嘉慶朝也劃歸進來，與雍正、乾隆朝共同構成這一階段。理由如下：首先，這三朝均大範圍地創纂了則例這種法律形式，擴大了則例適用的領域。其次，重要的六部則例，尤其是《吏部處分則例》、《戶部則例》、兵部、禮部、工部則例等嘉慶朝一脈承襲雍正、乾隆朝的體例，並未做太多調整。雖然嘉

〔註14〕中國第一歷史檔案館：內閣全宗，檔案號：02-01-02-1984-010。

〔註15〕關於處分則例成書頒佈在中日學界尚有不同認識。尤其關於雍正三年的《吏部處分則例》爭議較多，但大多承認處分則例在康熙早年即已存在。據筆者所見中國第一歷史檔案館檔案，則順治年間即用則例處分官員。或者完整版本雖未可見，但處分條款早有適用殆亦可能。

〔註16〕楊一凡、劉篤才：《歷代例考》，社會科學文獻出版社 2012 年版，第 304、306 頁。

慶朝在文武官員任用處分上創設了一些公式條款，但均集中在嘉慶朝晚期，並沒有得到及時整理，公式門也混雜在降罰、銓選等門中間，體例仍沿襲前朝。但是道光朝的吏部和兵部《處分則例》則將公式門提到卷首，與嘉慶、乾隆、雍正等朝均不同。《戶部則例》到同治朝將處分條款幾乎完全剔除，釐清了與處分則例的關係。從以上這兩點來看，這三朝創修的則例基本搭建起了後世則例的門類框架，但在內部立法技術上仍欠規範，在適用上，沒有律典名例篇式的規定，難免掛一漏萬，以有限的條款應對日益變化的世事萬象、人情狡偽可想而知。

另外，這一階段則例的罰則還多與律條結合，朝代越往前越明顯。文本尚且如此規定，實際案例更是如此。如雍正十二年二月二十四日吏部尚書鄂爾泰爲內務府職官疏忽均照不應律各罰俸九個月事：

> 吏部……臣鄂爾泰等謹題爲欽奉上諭事。准領侍衛內大臣英誠公豐盛額咨前事，內開雍正拾壹年拾壹月拾陸日奉旨，今日朕出閱祝版，見殿前捧祝版行走路上之雪並未掃除，只將殿後朕目所及之處掃除。內務府總管等所司何事？著將內務府總管等交該部嚴查議奏。欽此。欽遵移咨到部。臣部隨移咨內務府，將應行察議職名查取。去後，今准內務府將總管內務府事務和碩莊親王允祿、內務府總管兼委署領侍衛內大臣散秩大臣常明等職名於雍正拾壹年拾貳月初壹日移送到部。該臣會議得領侍衛內大臣英誠公豐盛額咨稱……查內務府總管係總理內廷事務之員，恭遇皇上出閱祝版，理應預飭經管人役將殿前祝版行走路上之雪先時掃除，乃並未掃除，殊屬不應。應將總管內務府事務和碩莊親王允祿、內務府總管兼委署領侍衛內大臣散秩大臣常明、內大臣兼戶部左侍郎內務府總管海旺、工部尚書兼管兵部事務署理鑲白旗漢軍都統兼理內務府事務范時繹、正藍旗漢軍副都統兼侍郎銜內務府總管丁皂保均照不應律各罰俸玖個月。查得和碩莊親王允祿有紀錄，罰內務府總管任俸玖個月之處相應注於紀錄抵銷可也。恭候命下，臣部等衙門遵奉施行。臣等未敢擅便，謹題請旨。
>
> 雍正拾貳年貳月貳拾肆日
>
> 少保保和殿大學士世襲一等伯兼管吏部兵部尚書事務加拾貳級紀錄貳次臣鄂爾泰……等人（後 28 人均係吏部侍郎、郎中、主事

銜及宗人府官員署銜）

　　常明、范時繹、丁皂保俱著罰俸九個月；允祿罰內務府總管俸
之處注於紀錄抵銷；海旺在辦理軍機緊要處行走，無暇稽察至此，
從寬免其罰俸。〔註17〕

　　似這等結合律典治罪的則例條目在雍正朝《吏部處分則例》中隨處可見。此亦反映出則例的編纂、適用經歷了一個發展過程，清代當局對此是有反省總結的。

第三節　道光至同治朝中期則例的適用

　　道光朝至同治朝中期這一階段仍然創纂了不少新的則例，其適用領域更加廣泛，從擬題日益齊整角度也可看出編纂的技術更加成熟、完備。如道光朝的《欽定科場條例》、《欽定臺規》條目使用四字較多，可以看出立法者追求齊整的效果。從適用的角度看，這一階段則例的適用較之雍正、乾隆、嘉慶朝階段更加規範。主要體現在以下幾個方面。

　　第一，「公式」門載有更多概括性、原則性規範，立法者有意識地將「公式」門移到卷首作爲第一篇。抽象概括性條款與具體條款結合本身即已反映出立法技術的進步，將之納入「公式」門作爲篇首，更反映出立法者的成熟、規範。原則性條款與具體性條款結合，使則例具有更強的生命力，適用更加廣泛。如道光朝的《兵部處分則例》、咸豐朝及其以後的《欽定王公處分則例》，一直到後世光緒朝《吏部處分則例》、《欽定六部處分則例》等都將「公式」門作爲篇首記載，可見其已作爲成熟的立法經驗予以保存。雖然「公式」門內仍有一些具體的條款，〔註18〕還有一些原則性規定歸類在其他門如「降罰」門中，但這些並不能影響判斷清代立法者重視「公式」門的意識價值，即使《唐律疏議》這樣完備成熟的法典也有原則性條款沒有規定在名例篇，而是規定在「斷獄」門中〔註19〕。

　　第二，咸豐朝及其以後的《欽定王公處分則例》載有「查例章程」。立法者在此「查例章程」中明確說明了設定「查例章程」的本意：「然人存政舉，

〔註17〕中國第一歷史檔案館：內閣全宗，檔案號：02-01-02-2360-006。
〔註18〕道光朝《兵部處分則例》「公式」中有半數是具體條款，咸豐朝及其以後的《欽定王公處分則例》「公式」只載有一條具體規定「議敘議處事件辦理未協」。
〔註19〕如「斷獄」第十六條：「諸斷罪皆須具引律令格式正文。違者，笞三十。」

徒法不能自行，若不明定查例章程，恐後之職操議處者，雖非有心高下，而律例之義未明，即枉縱之虞難免，將失之毫釐，謬以千里，一誤再誤，豈不轉負國家定例之本意哉？」〔註20〕為方便「後之操議處者」方面適用則例，詳細將遇有處分案件時，如何查閱則例適用範圍，如何區分公私、如何議抵開復等種種適用操作作了指引規定。故此也能反映出此階段則例適用的進步。

第三，更加準確地釐清了則例與律典、會典，以及則例之間的配合關係。舉二例為證。一是原本王公處分適用吏部、兵部處分則例。但王公有世爵，有些沒有職務，與文武官員並不相同，因此咸豐朝制定了《欽定王公處分則例》，八分公以上的王公處分單獨適用此則例，不再與吏部、兵部處分則例混同適用。二是同治朝《戶部則例》將某些隸屬於其他典章或則例的條款剔除。在其「凡例」中規定：「舊例恭載上諭……其無關例意者已歸《會典》恭載，例內不復恭錄……至議敘議處事隸吏、兵二部，臣部例內毋庸詳載，此次概從節刪，以符體制。」〔註21〕

由以上幾點可見，這一階段則例的適用日趨規範、成熟。

第四節　同治朝後期以降則例的適用

據各部上呈修訂則例奏疏可見，則例的來源有四：一是上諭，二是臣工條奏，三是本部上次修訂以後積年成案，四是採自《會典》等其他典籍之條。其中前三種是則例修訂增刪最為常見模式，而第三種尤為眾多。正是有這種適用情況，則例五年、十年修訂要將上次修訂以後辦理的積累案件整理，可堪入例者編纂入例，但在沒有整理編入則例時，則有「以例破案」的適用之感。這種情況在咸豐朝就有體現：

> 咸豐十一年十二月內奉上諭：各衙門近來辦事往往捨例就案，遂至日久舊案分歧，堂司各官不能記憶，書吏得以上下其手，任意朦混，吏兵戶刑等部此弊尤甚。即著各該衙門堂官督同司員於近年新纂刪改增修各例詳細酌定，務令字解句讀不能牽混，如例有未備者，將舊案酌中核定，附入現行條例之後，其餘歧出之

〔註20〕《欽定王公處分則例（朝代不明）》卷首「查例章程」，載楊一凡、田濤主編：《中國珍稀法律典籍續編》第六冊，黑龍江人民出版社 2002 年版，第 309 頁。

〔註21〕《欽定戶部則例（同治朝）》「凡例」，香港蝠池書院出版有限公司 2004 年版，第 27～31 頁。

案一併銷毀，庶事有稟承，例無遷就，以歸簡易，而杜流弊。欽此。〔註22〕

咸豐至同治朝中期以前，各部尚能時隔十數年定期修訂且有能力大修本部則例，故「以案破例」現象尚能得到限制，及至同治朝後期以降，基於種種原因，各部則例得不到及時修訂，則「以案破例」之適用情形日益嚴重了。薛允升在《讀例存疑》自序中提到：「朝廷功令，凡條例應增應減者，五年小修一次，十年及數十年大修一次，歷經遵辦在案。同治九年修例時，余亦濫廁其間，然不過遵照前次小修成法，於欽奉諭旨及內外臣工所奏准者，依類編入，其舊例仍存而弗論。自時厥後不特未大修也，即小修亦迄未舉行。廿年以來，耿耿於懷……」〔註23〕其時已是「光緒二十六年，歲次庚子」了。不必說清代人對於條例與則例等稱呼區分不嚴謹，只此例不能及時修訂的現象應該具有普遍性，刑曹乃六部業務繁重之所，咸豐帝亦指出吏、兵、戶、刑均有類似情形，各部則例修訂情形可想而知了。因此同治朝後期以降直至清末，「捨例就案」對則例的規範適用造成了非常大的破壞。

本章小結

與以往學界立法編纂的視角不同，筆者從則例的適用視角在本章探析了則例在清代各朝適用的情況，劃分了四個階段。順治、康熙朝為第一階段，其時清朝定鼎中原未久，則例初為纂創，僅涵蓋重要部門及其事項，如抓捕逃人、科場取士、官員處分等方面。則例適用領域較為局部化。第二階段包括雍正、乾隆、嘉慶三朝。此一時期則例大量編纂修訂，其編纂門類大體奠定了後世修例的規模。惟其概括性、原則性條款與具體性條款混雜，一事一則現象較為明顯，限制了則例適用的廣度與彈性。另外此階段早期借律言罰條款較多，各種法律形式之間配合雖多，重複參差亦復難免，適用之時牽混難明亦是一憾。第三階段從道光朝至同治朝中期。此階段立法技術成熟、條目齊整自不必說，惟其能將含有概括性條款之「公式」門放置篇首，在則例卷首為方便後人規定「查例章程」均可見其立法者之苦心美意。更進一步釐

〔註22〕《欽定戶部則例（同治朝）》「奏疏」，香港蝠池書院出版有限公司 2004 年版，第 2～3 頁。

〔註23〕（清）薛允升著，胡星橋、鄧又天主編：《讀例存疑點注》「自序」，中國人民公安大學出版社 1994 年版，第 1 頁。

清各部則例之間，以及與律典、會典等其他法律形式的適用關係。則例的適用更加廣泛、規範、成熟，在有清一代法制建設上放射了別樣的光彩。第四階段乃是同治朝後期直至清末。出於種種原因，則例定期大修小修的規矩沒能執行，致使則例得不到及時的修訂編纂，在實際運用中，「捨例就案」的做法對則例的規範適用造成了極大的衝擊。

第二章　清代則例適用的主體與對象

　　瞭解了有清一代則例適用發展的進程之後，我們需要瞭解則例適用的主體與規範對象，即則例由哪些機構、哪些人適用？其適用於哪些人群、哪些對象？請分別探討之。

第一節　清代則例適用的主體

　　欲瞭解清代則例適用的主體，先需瞭解清代官僚機構設置。清代官僚機構首先分爲政務系統和內府系統。內府系統機構主要是指內務府，管理宮中事務。政務系統包括特殊行政機構——宗人府和一般行政機關即普通文武官僚所在系統。宗人府管理皇室宗族事務。普通文武官僚系統再分爲京內與京外地方官員。京內主要包括政務機構——六部，監察機構——都察院，以及處理滿蒙回疆事務的理藩院。京外地方官僚系統包括督撫道司直至州縣衙門，另有特殊之內府直屬如江寧織造、漕河鹽運使、教授教諭等官。〔註1〕以上所列官僚機構均係事務執行機構，均是則例適用的直接主體。惟軍機處等中樞決策機構與內閣翰林、上書房等權力疏遠多存清望系統非是則例直接適用主體。〔註2〕

〔註1〕 以上官僚系統分類參考了瞿蛻園《歷代官制概述》一文中關於清代官制概述內容，載（清）黃本驥編：《歷代職官表》，表前附文，上海古籍出版社 2005 年版，第 62～76 頁。

〔註2〕 原則上，翰林也有與御史相同的參劾建言權力，但從後世發展來看，翰林多變爲清望顯貴榮譽之稱，無多實際權力，其所行使者實因其他職權所致，軍機處大臣有時也會參與某些則例的制定，如《金吾事例》、《戶部軍需則例》，

一、六部監寺

清朝政府較早就制定了吏、戶、禮、兵、刑、工六部則例，後又陸續制定了各監寺則例，如《太常寺則例》、《光祿寺則例》等。刑部則例很早附入律典成爲條例予以適用。其他五部各有四司辦理日常事務均以本部則例作爲指導適用的標準，監寺與此相似。其中《工部則例》很大部分均係指導工程、作件製作方法和標準，比如《匠作則例》等。吏、兵部銓選、稽勳，與戶部錢糧徵稅、禮部祭祀出行等各種儀式等均直接適用則例指導性條款。較突出的是，吏、兵二部專有《處分則例》，負責文武官員及不入八分王公處分事宜，〔註3〕懲罰性條款非常集中，適用極其廣泛。當然，如禮部之《科場條例》、戶部之《戶部則例》也都載有懲罰性條款，也都有議處權力。乾隆朝《欽定戶部則例》卷十一「紳衿欠糧」條就規定：「各省紳衿地糧經徵官於徵冊內注明一戶某人即紳衿某人，奏銷時將所欠分數另冊詳報，該督撫指名題參，戶部會同吏部、禮部、兵部議處治罪，所欠錢糧嚴追完報，革後全完，准與開復。」〔註4〕至宗人府、內務府各官的處分「不由吏部核議者居多，應聽本衙門自行查銷」。〔註5〕

二、都察院

吏、兵二部負責處分各部門官員，該二部官員處分事宜則歸都察院負責。《欽定王公處分則例》也規定「至領府事王等在領府事任內遇有處分，應移咨都察院辦理。」〔註6〕由於都察院御史可參劾任何官員，最後其議處範圍擴至一切官員。其所適用則爲吏部、兵部、王公等《處分則例》。在中國第一歷

但其非係執行機構，與實際適用則例有一定距離。且參與制定則例者之軍機大臣署銜在某種程度上亦是顯貴之用而已。

〔註3〕《欽定王公處分則例（朝代不明）》卷首「查例章程」有「向來文武官員處分，吏、兵二部原有定例」，「不入八分公以下處分，歸部議」等語，載楊一凡、田濤主編：《中國珍稀法律典籍續編》第六冊，黑龍江人民出版社2002年版，第309、310頁。

〔註4〕《欽定戶部則例（乾隆朝）》卷六「紳衿欠糧」條，香港蝠池書院出版有限公司2004年版，第115頁。

〔註5〕《吏部處分則例（光緒朝）》卷一「恩詔核辦事宜」條，香港蝠池書院出版有限公司2004年版，第10頁。亦見光緒朝《欽定六部處分則例》卷一「恩詔核辦事宜」條，文海出版社1971年版，第36頁。

〔註6〕《欽定王公處分則例（朝代不明）》卷首「議處舊章」，載楊一凡、田濤主編：《中國珍稀法律典籍續編》第六冊，黑龍江人民出版社2002年版，第311頁。

史檔案館全宗檔案中留有較多都察院議處官員案件，謹舉一例以爲佐證——
嘉慶二十四年五月二十五日都察院左都御史普恭議處宗人府莊親王綿課等引
律不當照例降級事：

> 都察院左都御史臣普恭等謹奏爲遵旨嚴議具奏事。嘉慶二十
> 四年五月二十二日由內閣抄出奉上諭，前據富俊等奏吉林圍禁宗室
> 喜齡私行出入買妾生子，又復潛往楊樹河子地方，現已拿獲，請交
> 宗人府議罪一摺，當經批交莊親王等秉公嚴議，不過以喜齡屢次滋
> 事必應酌量加重辦理，使知儆懼。本日宗人府議奏竟請將喜齡勒
> 斃，太覺失當。因令軍機大臣詢問管理宗人府王公等究係何人首倡
> 此議。據奏成親王先因例無明文曾向韓對詢問刑律應作何辦理，韓
> 對答以刑律內載，遣犯在配逃脫，若逃後無別項重情只應照本罪改
> 發。成親王以宗室與常犯不同，喜齡由圍禁處所乘間外出，比之在
> 配脫逃者，情節較重，比之監犯越獄者情節尚輕，向莊親王綿課等
> 公同酌商，尚爲慎重起見。所見甚是。嗣綿課以該衙門舊例宗室脫
> 逃者拿獲即行勒斃近年始詢明分別辦理議請將喜齡仍照舊例辦
> 理，成親王等四人亦以其言爲然，遂公同具奏。近日宗室中不知自
> 愛犯法者多，朕訓誡懲創原欲其畏法悛改，若以朕爲有意從嚴，妄
> 自揣度，概從苛刻，大相剌謬矣。此案喜齡於圍禁後不遵約束買妾
> 私置他處，生有子嗣，其乘間出入已非一次，即此次私赴楊樹河子
> 地方亦因索討欠債，並非脫逃遠遁，覈其罪犯總不致死。喜齡著交
> 富俊看視，重責四十板，加以鎖錮，永遠圍禁，已足蔽辜。綿課首
> 倡勒斃之議殊屬粗暴，著交都察院嚴加議處。肅親王等隨聲附和，
> 著交都察院議處。成親王初見甚是，後亦扶同，著交都察院察議。
> 欽此。欽遵抄出到部臣衙門，臣等查吏部例載「官員承問引律不當
> 將應擬軍流等以下及無罪之人錯擬斬絞者，承審官降三級調用」等
> 語。此案喜齡於圍禁後不遵約束並非脫逃遠遁，誠如聖諭覈其罪犯
> 總不至死，乃宗人府奏請將喜齡勒斃，莊親王綿課首倡此議，欽奉
> 諭旨，交臣衙門嚴加議處，應將宗令和碩莊親王綿課照本例加等，
> 於職任內降四級調用。查宗人府堂官向無降調之例，應請旨革去職
> 任，右宗正和碩肅親王永錫，左宗人多羅貝勒奕紹，右宗人奉恩鎮
> 國公奕顥應照和碩莊親王綿課降四級調用例上減爲降三級調用，照

例折罰一品俸六年，左宗正和碩成親王永珵欽奉諭旨查議應照和碩
肅親王永錫等降三級調用例上減爲降二級調用，折罰一品俸四年。
所有臣等遵旨核議緣由理合恭摺具奏，伏乞皇上睿鑒。謹奏。

　　嘉慶二十四年五月二十五日

　　都察院左都御史臣普恭……等人（後六人也都是都御史銜）

〔註7〕

　　此案係皇帝交給都察院辦理，其實也符合則例。《欽定王公處分則例》在
卷首「議處舊章」中記載咸豐朝以前的規定「領府事王等在領府事任內遇有
處分，應移咨都察院辦理。」〔註8〕議處對象綿課、永錫、奕紹、奕顥、永珵
等均係王公、貝勒，唯此案發生在嘉慶朝，其時並未制定《欽定王公處分則
例》，所以議處依據引《吏部處分則例》，又因爲宗人府堂官沒有降調一說，
故又減議「革去職任」請旨定奪。在軍機處檔案全宗中都察院作爲則例適用
的主體辦理的案件爲數不少。

三、宗人府

　　皇室宗族事務如人丁名籍、爵祿、婚嫁、賞恤，以及一定爵位上宗室成
員處分均歸宗人府管理，其制度特別，故不歸一般行政機關處理。其日常事
務遵照《宗人府則例》辦理。處分事宜較複雜。咸豐六年《欽定王公處分則
例》制定以前，宗室處分適用或比照適用吏部、兵部處分則例及《大清律例》，
一般由吏部、兵部會同宗人請旨議處。咸豐六年《欽定王公處分則例》制定
以後，八分公以上王公遇有處分由宗人府適用《欽定王公處分則例》進行處
置，不入八分公以下處分，原則上歸部議，但有數項例外：第一，凡王公處
分案件，無論家事還是職任事，均有宗人府領府事王公查例請旨。「例有專條，
照例議奏；例無專條，覈其情節，按律科出應得之罪，請旨遵辦。」〔註9〕第
二，如果王公與文武官員同案議以相等處分，吏部、兵部須會同宗人府辦理。
因爲「王公與文武職官處分雖同，爵俸有間，如何折罰，須照本府定例辦理。」
〔註10〕第三，處分各議王公仍由宗人府核議，自不入八分公至奉恩將軍以及

〔註7〕 中國第一歷史檔案館：軍機處全宗，檔案號：03-1583-042。
〔註8〕 《欽定王公處分則例（朝代不明）》卷首「議處舊章」，載楊一凡、田濤主編：
　　　　《中國珍稀法律典籍續編》第六冊，黑龍江人民出版社2002年版，第311頁。
〔註9〕 同上。
〔註10〕同上。

宗室文武職任官員處分，除奉特旨指明交宗人府議者，由府咨查吏部、兵部處分則例辦理。若係處分世職仍按《欽定王公處分則例》辦理。第四，照例交議事件、處分現兼外任之王公均由吏部、兵部定擬具奏彙題，然後知照宗人府存案。若奉特旨交宗人府議處案件，查照《欽定王公處分則例》具奏。例無專條，則引律科斷。第五，守護陵寢者處分適用《欽定王公處分則例》。第六，領府事王等在領府事任內遇有處分移咨都察院辦理。

正是因為宗室成員一般均有世爵，但未必都有職任，處分有時要用職任俸，有時則需用世爵折算，因此宗人府作為則例適用的主體，它在適用過程中會有與吏部、兵部、都察院等配合、競合的情況，也會有是適用《欽定王公處分則例》，還是適用吏部、兵部處分則例或《大清律例》的選擇，適用情形較為複雜。

宗人府作為則例適用主體情形，謹舉筆者所見中國歷史第一檔案館收藏的宮中硃批奏摺二例以為佐證。第一例係直接適用《欽定王公處分則例》，第二例係咨取適用《兵部處分則例》。例一咸豐八年宗人府議處惇郡王奕誴不奏樂部官員遲誤差使一案：

> 宗人府宗令和碩怡親王臣載垣等謹奏為遵旨議處事。咸豐八年六月十一日奉上諭，惠親王等奏樂部官員遲誤差使請分別懲處一摺，本月初九日告祭奉先殿，協律郎王眞銓、署丞李永銳均各到遲，以致亞獻之時始行作樂，實屬玩誤。王眞銓、李永銳均著交部嚴加議處。兼管之司員慶升、富勒洪、阿明、康春祥均著交部察議。至是日致祭係派惇郡王奕誴行禮，曾於召見時問及何以未將遲誤之處面奏，著交宗人府議處，餘依議。欽此。欽遵抄出到臣衙門。查咸豐六年所定《王公處分則例》內載：「律載，事應奏而不奏者公罪降二級留任」等語，今多羅惇郡王奕誴於奉派致祭奉先殿行禮作樂遲誤，於召對時未經面奏，欽奉諭旨交臣衙門議處，臣等擬請將多羅惇郡王奕誴照應奏不奏公罪律降二級留任，係屬公罪例准抵銷，可否准其抵銷之處恭候欽定。所有臣等遵旨議處緣由是否有當，謹奏請旨。
>
> 咸豐捌年陸月拾陸日
>
> 宗令和碩怡親王臣載垣……等人（後4人係左右宗正、左右宗人）

著准其抵銷。〔註11〕

案中協律郎王眞銓和署丞李永銳係官吏自應歸吏部議處，「兼管之司員慶升、富勒洪、阿明、康春祥均著交部察議」亦符合則例規定，因慶升、富勒洪、阿明、康春祥不入八分公，其處分也歸吏部或兵部議奏。惇郡王奕誴係八分公以上王本應歸宗人府堂官查例請旨議處，兼之奉特旨指定由宗人府嚴議，故宗人府當然成爲議處所依據之則例適用的主體。因此案發生在咸豐八年，其時《欽定王公處分則例》已頒佈，奕誴係八分公以上王，正好適用此則例。

例二咸豐七年宗人府議處景崇錯誤題參一案：

> 宗人府宗令和碩怡親王臣載垣等謹奏爲遵旨察議事。咸豐七年七月二十日內閣奉上諭，昨據景崇奏參讀祝官普興、贊引官阿英，於奉派祭祀差使遲誤未到，當經降旨將該二員交部嚴加議處。茲據載華等奏，因供帛之奎盛改充讀祝官，即派贊禮郎阿英供帛，是阿英並未誤差，著免其嚴議。景崇未能詳細查明，著交宗人府察議。欽此。欽遵抄出到臣衙門。臣等查，前經咨取兵部例載，「該管上司將不應參之官誤行題參，未經處分，經部查出者，若係實降實革事件，將申報上司罰俸一年」等語。臣等查奉恩輔國公景崇所參贊引官阿英如果屬實，該員例應實降實革，經貝子載華等奏明阿英並未誤差，核與誤行題參經部查出之例相符，相應請旨將奉恩輔國公景崇照例罰職任俸一年，係屬公罪，例准抵銷，可否准其抵銷之處恭候欽定。所有臣等遵旨察議緣由是否有當，謹奏請旨。
>
> 咸豐柒年捌月初三日
>
> 宗令和碩怡親王臣載垣……等人（後4人係左右宗正、左右宗人）
>
> 准其抵銷。〔註12〕

此案中司員景崇雖係奉恩輔國公或不入八分公，本應由吏部或兵部議處，但因奉特旨指明交與宗人府察議，所以由宗人府辦理，但議處依據宗人府不用《欽定王公處分則例》，而是咨查《兵部處分則例》議以處分。此正符合《欽定王公處分則例》卷首「議處舊章」規定：「奉恩將軍以及宗室文武職任官員處分，

〔註11〕中國第一歷史檔案館：宮中硃批奏摺，檔案號：04-01-12-0491-125。
〔註12〕中國第一歷史檔案館：宮中硃批奏摺，檔案號：04-01-12-0488-246。

除奉特旨指明指明交宗人府議者，始應由府咨查部例辦理……」〔註13〕

此二例所涉處分不重，但卻可於其中窺見宗人府辦理案件適用則例多樣複雜之一斑。

四、內務府

內務府是管理宮中內廷事務的機構。順治十八年裁撤宦官十三衙門，依未入關前之制，設內務府，派總管大臣管理，將宮廷事務完全劃出行政系統之外，避免了以往歷代王朝宦官干政的危險。內務府府內設有廣儲司、會計司、掌儀司、都虞司、慎刑司、營造司、慶豐司等七司，府外尚有獨立三個機構：上駟院、奉宸苑、武備院。「凡職員之遷除、財用出入、宴饗祭祀、膳饈服御、賞賚賜予、刑罰工作、教習訓導之事，皆綜理而受其成。」〔註14〕其管理事務主要適用《欽定總管內務府現行則例》（包括《續纂內務府現行則例》）和《欽定宮中現行則例》。前者係內務府按司纂輯，基本覆蓋所轄所有機構，除前所言之會計司、廣儲司等，還包括南苑、圓明園、頤和園、靜宜園等處的管理。其中還規定有內府官員處分的適用規則：

> 康熙十一年七月奏准，議處內府職員，有與吏部、兵部頒定律例相符者，即照依吏部、兵部律例定議。雍正十二年十二月奏准，嗣後，內府官員應議降級調用之案，除照例免其調用外，應降一級調用者，加罰俸一年；應降二級調用者，加罰俸二年。雖有紀錄，不准抵銷。乾隆七年七月奏准，嗣後，內府官員遇有查議降調之案，將有加級可抵者，照例准其抵降，免其罰俸；其無加級可抵者，仍照原議。應降一級調用者，降一級，加罰俸一年；應降二級調用者，降二級，加罰俸二年。雖有紀錄，不准抵銷。〔註15〕

後者主要包括皇宮以內事務的管理，包括迎送禮儀、節令祭祀、妃嬪待遇，以及管理宮女、太監員額、職責、處分等規定。該則例內部涵蓋更多具

〔註13〕《欽定王公處分則例（朝代不明）》卷首「議處舊章」，載楊一凡、田濤主編：《中國珍稀法律典籍續編》第六冊，黑龍江人民出版社2002年版，第311頁。

〔註14〕瞿蛻園：《歷代職官簡釋》，載（清）黃本驥編：《歷代職官表》，表後附文，上海古籍出版社2005年版，第21頁。

〔註15〕《續纂內務府現行則例（乾隆朝內府稿本）》都虞司「處分官員」條，盧山主編：《清代各部院則例續編》（為節省篇幅，以下注釋簡省此主編、續編語），香港蝠池書院出版有限公司2012年版，第109～110頁。

體則例名目，如「公進實錄聖訓則例」、「祭寶則例」、「皇后宮分則例」等。關於太監的處分則適用《欽定宮中現行則例》中更具體的《宮殿監處分則例》、《各處首領太監等處分則例》。光緒朝《欽定宮中現行則例》卷四「處分」條明確規定：「凡宮殿監等處太監等有犯罪，被宮殿監查出參奏責處者，皆按《宮殿監處分則例》、《各處首領太監等處分則例》引用……」〔註16〕奉上諭議處也是如此引用。〔註17〕由於內府與外廷完全分開，係並行兩套系統，內務府係內朝系統核心，職責實屬非輕，其辦事所依主要就是則例，因此，內務府是則例適用的重要主體。

五、理藩院

理藩院是由蒙古衙門發展而來，是設立於六部以外的部級機構，設有旗籍、王會、典屬、柔遠、徠遠、理刑六司，「掌蒙藏等族疆域、爵秩、黜陟、徵發之政令。」〔註18〕此係籠統言之，理藩院的職責實更加多而複雜。不僅包括上列蒙藏地區各部落疆域劃分、王公臺吉爵秩待遇、黜陟陞降、征發會盟等規定，還包括朝貢儀禮、婚嫁祭祀規格、喇嘛事例、人命盜劫等事務。這些職責與規定均係《理藩院則例》、《蒙古律例》重點規定內容。當然除了蒙藏族事務的管理，還有回疆地方的治理，關於該地的具體管理規定則在《回疆則例》之中。

《理藩院則例》、《蒙古律例》、《回疆則例》雖規定有數千條，但仍有遺珠，不能將所有議處、犯罪情形囊括殆盡，如何解決？《理藩院則例》已然考慮周到，與其他衙門、其他則例如何配合審理、適用，劉廣安在其《清代民族立法研究》一書中徵引道光朝《欽定理藩院則例》卷四十三「蒙古處分例無專條，咨取吏、兵、刑等部則例比照引用」條內容揭出：「內外箚（札）

〔註16〕《欽定宮中現行則例（光緒朝）》卷四「處分」條，香港蝠池書院出版有限公司 2004 年版，第 387 頁。亦見《欽定宮中現行則例（光緒朝）》卷三「處分」條，載楊一凡、田濤主編：《中國珍稀法律典籍續編》第六冊，黑龍江人民出版社 2002 年版，第 279 頁。

〔註17〕《欽定宮中現行則例（光緒朝）》卷四「處分」條，香港蝠池書院出版有限公司 2004 年版，第 386 頁。亦見《欽定宮中現行則例（光緒朝）》卷三「處分」條，載楊一凡、田濤主編：《中國珍稀法律典籍續編》第六冊，黑龍江人民出版社 2002 年版，第 278～279 頁。

〔註18〕瞿蛻園：《歷代職官簡釋》，載（清）黃本驥編：《歷代職官表》，表後附文，上海古籍出版社 2005 年版，第 132 頁。

薩克、王公、臺吉、塔布囊如遇各項應議處分，凡《蒙古例》所未備者，准咨取吏、兵、刑三部則例比照引用，體察蒙古情形定擬，毋庸會辦。如有奉旨交議案件，內有事隸各該衙門的由各該衙門會辦。」〔註19〕

六、地方各級衙門

地方各級衙門雖不像中央部院機關日常辦事直接適用則例，但是則例的適用卻與他們休戚相關。《吏部則例》所規定的銓選、升遷、黜陟便與他們自身前途有著密切關係，尤其是《吏部處分則例》針對地方各級官員哪些行為將被懲罰、上級失察亦要承擔連帶責任的規定，是地方各級官員都要知曉的。這是管理、監督和參劾下級或同級官員的依據。再如《戶部則例》、《漕運全書》、《學政全書》等均與地方官員徵賦、理漕、開考，以及治土化民等重要工作相關，是其辦理相關事務的指導。請舉例言之。道光年間，畬民雷雲、雷夏被諸童阻考，經其與叔父雷子清反覆上告，最後維護了准許考試的權利。他們的依據是《學政全書》嘉慶八年畬民准許平等參考條款。據此，溫州府正堂發佈告示，宣佈了准許畬民雷雲、雷夏等參考，並重申了《學政全書》（文中定例即指此）的效力，對其他童生進行震懾告示：

> 特授浙江溫州府正堂加六級記（紀）錄十二次徐為遵批核詳事。道光廿七年九月十四日，奉兼布政使司蔡牌開道光廿七年六月廿九日奉撫憲梁批前署司核詳，平陽縣畬民雷雲應准與考。該縣各童阻撓顯違定例，自應嚴行查禁。請飭府查敘例案出示曉諭，毋許再行攻訐。惟現在縣、府兩試均已考過，該童雷雲並請准其分別補考。倘該縣廩生及各童等再敢阻撓，即由該縣照例究辦，俾照懲創等緣由，奉批，如常飭，遵繳等因，奉此合行飭知，仰府即便轉飭遵照，仍由該府出示曉禁，毋違等因。奉此，查《學政全書》內載浙江畬民准與平民一體報考……為此示仰平陽縣廩保生童人等知悉，嗣後如有畬民赴考，應照定例准其一體考試，毋許再行阻撓致滋事端。自示之後倘敢故違，定即照例究辦，各移宜凜遵毋違，特示。道光廿七年十月五日給。〔註20〕

〔註19〕劉廣安：《清代民族立法研究》，中國政法大學出版社1993年版，第33頁。

〔註20〕福建省少數民族古籍叢書編委會編：《畬族卷——家族譜牒》「福鼎嶺兜馮翊郡雷氏族譜」，上冊，海風出版社2011年版，第364～365頁。

除學政外，各省經管關稅的官員與附近關口的地方官對商人徵收稅課需刊行木榜式樣之稅課現行則例公示或小本、詳單式樣則例頒發給商人，具體如乾隆朝《欽定吏部處分則例》卷二十一「刊發徵收則例」條規定：「凡各省經管關稅官員將應上稅課之則例刊刻詳單，各貨店俱給一紙。其刊刻木榜務令豎立街市，使人共見，不得藏匿屋內或用他紙掩蓋，以致高下其手。附近關口之地方官將題定現行則例刊刻小本頒發各行戶、散賣……如該地方官刊發則例不行詳晰校定，以致遺漏錯誤者，照造報文冊遺漏舛錯例罰俸三個月。」〔註21〕由此可見，則例常被地方衙門用來辦理相關案件、教化曉諭屬民，將其引為依據，正如光緒朝《欽定六部處分則例》前載會稽子鈴堵煥辰序言所說：「出治者不讀是書（指《吏部處分則例》）而無所遵循，佐其出治者不讀是書而無所引用。」〔註22〕

再者各部則例制定或修訂奏疏常有「頒發內外大小衙門一體遵守」字樣，尤其以道光七年九月十一日《欽定理藩院則例》「續修則例原奏」所載頒發部門及套數最為詳盡：「應行頒發之在京各衙門及盛京、熱河、伊犁各等處之將軍、都統，兼轄蒙古事務之督、撫、藩、臬、道、府、州、縣，西、北兩路之新疆大臣，內外札薩克、汗王、貝勒、貝子、公、臺吉、正副監長、協理臺吉，以及游牧理事司員等，共需則例全書六百部……」〔註23〕

另外根據日本學者谷井陽子的分類，幕友秘本和坊刻則例集之存在也能反映出地方衙門對則例的需求。所以，地方各級衙門也是則例適用的主體之一。

第二節　清代則例適用的對象

一、皇帝親眷

所謂皇帝親眷主要是指皇太后、皇后妃嬪，以及皇子公主等人，居在後

〔註21〕《欽定吏部處分則例（乾隆朝）》卷二十一「刊發徵收則例」條，香港蝠池書院出版有限公司 2004 年版，第 246 頁。相似規定亦見《粵海關志（道光朝）》卷十七「官吏禁令」條，盧山主編：《清代各部院則例（三編）》（為節省篇幅，以下注釋簡省主編、三編語），香港蝠池書院出版有限公司 2013 年版，第 1204 頁。

〔註22〕《欽定六部處分則例（光緒朝）》「序」，文海出版社 1971 年版，第 3 頁。

〔註23〕《欽定理藩院則例（道光朝）》「續修則例原奏」，香港蝠池書院出版有限公司 2004 年版，第 18～19 頁。

宮，其日常生活規範均適用《欽定宮中則例》。在《欽定宮中則例》中又規定
有各種名色則例條款，如卷一「儀禮」門即有「冬至、元旦、聖壽節行禮則
例」、「萬壽聖節行禮則例」、「皇后千秋行禮則例」等數十條則例。「宴儀」、「冊
寶」、「典故」、「服色」、「宮規」、「宮分」等門亦均載有數百條則例，如「皇
太后聖壽宴儀則例」、「冊封皇后進冊寶則例」、「恭進實錄、聖訓則例」、「祭
神則例」、「請旨睟盤則例」、「皇子福晉服色則例」、「引看秀女則例」、「皇子
日用則例」、「官女子官分則例」等名目。此等則例意義正與《紅樓夢》中王
熙鳳所說「大生日是有一定的則例」的「則例」相同。但此《欽定宮中現行
則例》顯然是法律文本，其效力與一般場合使用「則例」不同。也正是此因，
筆者才認爲皇帝親眷是則例適用的對象之一。

二、王公宗室

　　如本章第一節則例適用主體「宗人府」所言，王公宗室之事務一般歸宗
人府處置，適用《欽定宗人府則例》，其處分原皆由吏部、兵部、都察院或會
同宗人府適用吏、兵二部處分則例議奏，至咸豐六年《欽定王公處分則例》
制定以後，八分公以上王公遇有處分單獨適用《欽定王公處分則例》，不入八
分公之宗室仍如前處理，具體如何適用亦如該節所示。需注意的是，《欽定王
公處分則例》所適用的對象完全是八分公以上王公、貝勒、貝子等身份。除
上述三種《處分則例》集中規定以外，其他則例也有將宗室作爲規範對象的
規定，比如光緒朝《欽定臺規》卷二十一「五城三」就規定了審理宗室案犯
先摘除頂戴：「（嘉慶）二十四年奉上諭：嗣後宗室事犯到案，無論承審者何
官，俱先將宗室摘去頂戴，與平民一體長跪，聽候審訊，俟結案時，如實係
無干，仍奏明給還頂戴。」〔註24〕此是審斷過程細節操作，與前說職權管轄、
審斷依據適用不同，但均是以宗室爲規範適用對象，在這一點上沒有差別。

三、文武官員

　　各級大小文武官員是清代則例適用的最適格對象。則例適用的很大比重
均是內外衙門大小官員銓選級紀、升遷黜陟、管理處分等事，尤以《吏部處
分則例》、《兵部處分則例》的適用最爲典型，二者條款幾乎全部是以文武官

〔註24〕《欽定臺規（光緒朝）》卷二十一「五城三」條，香港蝠池書院出版有限公司
　　　　2004 年版，第 294 頁。

員為規範對象，上至尚書督撫、將軍都統，下至佐貳衛汛，旁及鹽運漕官，甚至革官土目，囊括無餘。舉凡審斷訟獄、徵收錢糧、緝捕轉送、呈報批答、期限程序、鎮守迎送等日常職責遵守規範與過失懲處無不予以詳細規定。其他各部則例所載禁令亦多針對官員。正如道光朝《粵海關志》「禁令」編前分序按語所言：「詳查各部則例所載禁令，大端不越官吏、商販二者。官吏之禁令或在於狗玩，或在於苛勒……」〔註25〕在當時人都認為則例禁令很大一部分比例都是為限制官吏狗玩、苛勒行為所制定，因此說文武官員是則例適用的最適格對象。

四、吏役、幕友

官與吏在清代判為兩途，互不相通，官自有官的出身，吏自有吏的來源。另由於清代官僚簡省，致幕友成佐助之賓，非官非吏。對於書吏和幕友兩種身份，則例均有規定。雍正朝、乾隆朝《欽定吏部處分則例》卷十四、光緒朝《欽定吏部處分則例》卷十六即是「書役」門，規定了關於書吏的考取、充補、稽察，以及書役犯贓、滋事、犯罪處置等三十餘項事項。除吏部則例對書役有規定，其他部院則例也有條款規定。如乾隆朝《欽定戶部則例》卷十一「填給串票」條限制書吏朦混、勒索：「州縣經手花戶錢糧用三聯串票……如官吏朦混填寫及無票付執者，許花戶控告，按侵那（通挪，筆者按）錢糧例治罪。縱容書吏勒索票錢者，官參吏處。」〔註26〕同書卷一百九「蠲免給單」條：「州縣災蠲錢糧及蒙恩指蠲分數錢糧……胥役需索按律嚴究……」〔註27〕再如光緒朝《欽定工部則例》卷十六「工部辦送對象」條：「交送物料若不精好，將匠役懲處，責令換送。如物料堪用而管工官役抑勒不收，係內務府者，由部會同總管內務府大臣核參。餘均由部題參。書役皆交部治罪。」〔註28〕清代書役沒有俸祿，僅靠聘任其工作的官員用自己的俸祿、養廉支付薪水，因此法律對其最大的防範就是「苛索抑勒」。則例不僅對其工作進行防

〔註25〕《粵海關志（道光朝）》卷十七「禁令一」條分序按語，香港蝠池書院出版有限公司 2013 年版，第 1202～1203 頁。

〔註26〕《欽定戶部則例（乾隆朝）》卷六「填給串票」條，香港蝠池書院出版有限公司 2004 年版，第 114 頁。

〔註27〕《欽定戶部則例（乾隆朝）》卷一百九「蠲免給單」條，香港蝠池書院出版有限公司 2004 年版，第 1093 頁。

〔註28〕《欽定工部則例（光緒朝）》卷十六「工部辦送對象」條，香港蝠池書院出版有限公司 2004 年版，第 156 頁。

範，而且對其充補條件也加以限制。同治朝《欽定工部則例》卷百三、光緒朝《欽定工部則例》卷百二「書吏禁令」條兩款規定就是針對充補和工作方式進行限制：第一款要求管理書吏的官員必須實力查驗充補的書吏條件，只有「年過貳拾歲以上老成馴謹方許充補，其年齒太輕者概不准充。」〔註 29〕第二款規定書吏工作必須在科房，承辦案卷必須收存在衙署，不准將之攜回私室，否則「即行按律懲治」。〔註 30〕書役一般以五年爲期，原則上不准連任。所以在書吏役滿時，要及時上報開缺，重新遴選，第一，要防止原來的書吏以種種名目如經手事件未完等藉口不去。第二，防止作假，改造籍貫姓名騙得充補資格繼續留任。第三，不准盤踞霸佔，或者賣缺索利。對所缺書吏之職，該管官應當在現有的充任書吏中謹慎選擇簽點，並且要讓所選書吏的鄰右、親族連名具保，保證絕無隱瞞重役、買缺等弊，才准充補。以上役滿後續事宜均於同治五年制定，收錄在同治朝《欽定工部則例》卷百三、光緒朝《欽定工部則例》卷百二「書吏役滿」條中。〔註 31〕同治朝《欽定戶部則例》卷九十九「通制三」中亦有「書吏役滿」、「銀庫書吏役滿」等條款。〔註 32〕上引《粵海關志》「禁令」編分序之言也是一個佐證。

　　關於幕友的議敘、處分，則例也有規定。乾隆朝《欽定吏部則例》「銓選漢官」卷八「幕賓議敘」條不僅規定了幕賓議敘，也規定了選聘、考察、獎黜、升駁幕賓的情形：「各省幕賓凡籍隸本省者，概不得延請……其督撫遴選幕賓，先將姓名、履歷具題造冊報部存案。如果效力年久，勤愼無過，

〔註 29〕 《欽定工部則例（同治朝）》卷百三「書吏禁令」條，香港蝠池書院出版有限公司 2004 年版，第 712 頁。亦見《欽定工部則例（光緒朝）》卷百二「書吏禁令」條，香港蝠池書院出版有限公司 2004 年版，第 725 頁。

〔註 30〕 同上。

〔註 31〕 則例規定：「一、書吏伍年役滿即應報明開缺，不准該吏以經手事件未完藉口希圖留辦。一、貼寫辭去及逐去者，其保結之經承亦即呈明該司官將原由移送司務廳除名。倘有隱匿本名、籍貫，捏報詭名，及經承扶同捏飾一經查出一體按律治罪。一、各書吏定限伍年，役滿考職，其所出之缺該管官在現充書識（應爲職）內謹擇簽點取具鄰右及親族，並無重役買缺等弊，連名保結，方准收錄。其有私行頂買缺分及已滿之人仍在衙門盤踞索取租銀，甚或父子兄弟朋充包攬官事，設立缺主名目，就中牟利，一經查出按律分別治罪。」具見《欽定工部則例（同治朝）》卷百三「書吏役滿」條，香港蝠池書院出版有限公司 2004 年版，第 712～713 頁。亦見《欽定工部則例（光緒朝）》卷百二「書吏役滿」條，香港蝠池書院出版有限公司 2004 年版，第 725～726 頁。

〔註 32〕 《欽定戶部則例（同治朝）》卷九十九「書吏役滿」、「銀庫書吏役滿」等條，香港蝠池書院出版有限公司 2004 年版，第 7113～7115 頁。

該督撫保題議敘。原有職銜者照伊應得職銜即行補用；無職銜者量給職銜。如有才守出群者，該督撫特疏薦引，從優議敘。其司道以下各官幕賓，除緣事斥革及職掌書算內號瑣事並本官子弟親屬來署幫助者不准申送議敘外，其實在延請管理刑名、錢穀之幕賓，於到任時，先將姓名、籍貫申報督撫存案，計算六年期滿，該員任內並無參罰事故，果能深信其有為有守、才識兼優，出具印結申送督撫；倘未能深信亦准報明督撫，停其申送。該督撫將申送之幕賓驗看考試，文理欠優、才具平常者，即行駁回。如果文理優通、熟諳吏治、才具確有可用，方准保題，將考試原卷一併送部，俟直省彙齊之日，吏部照考職之例請旨派員校閱試卷，分別等第，給予職銜，分班選用。原有職銜者，酌量予以先用。年老不能出仕者，給予頂帶榮身。如有文理荒謬、不諳律例者，將濫行申送之原保官並具題之督撫分別議處。」〔註33〕乾隆朝《欽定吏部處分則例》卷三「狗私保舉幕賓」規定與上述規定相似，且作了「議敘條例詳載銓選例內」、「詳載銓選例內」說明，只是議處原因及懲罰標準更加具體，比如「如有文理荒謬、不諳律例者，將原保官降二級調用，保題之督撫降一級留任。或有冒名頂替者，將保送官革職。或係出身不正之人，將保送官降二級調用，保題之督撫均罰俸一年，本人送刑部治罪……」〔註34〕同書卷十三「嚴察各屬幕友交接」條限定地方各級衙門幕友不准交接聲氣、盤踞薦引，否則聘請之官將被嚴責：「道府州縣官幕友有互相交接狗私滋弊之處，責成布、按兩司嚴加訪察。一有內外勾結輾轉薦引情事即行揭報題參，照例嚴加議處……」〔註35〕本條之後尚有與幕友相關的「勒薦幕賓、長隨」、「督撫關防幕友」、「督撫藩臬嚴查幕友盤踞滋弊」、「停止年終彙奏幕友」等數條，〔註36〕雖是地方官職責，卻也是對幕友行動的限定、滋弊的防範。

〔註33〕《欽定吏部則例（乾隆朝）》「銓選漢官」卷八「幕賓議敘」條，香港蝠池書院出版有限公司2004年版，第289～290頁。

〔註34〕《欽定吏部處分則例（乾隆朝）》卷三「狗私保舉幕賓」條，香港蝠池書院出版有限公司2004年版，第47～48頁。

〔註35〕《欽定吏部處分則例（乾隆朝）》卷十三「嚴察各屬幕賓交接」條，香港蝠池書院出版有限公司2004年版，第165頁。

〔註36〕《欽定吏部處分則例（乾隆朝）》卷十三「勒薦幕賓、長隨」條、「督撫關防幕友」條、「督撫藩臬嚴查幕友盤踞滋弊」條、「停止年終彙奏幕友」條，香港蝠池書院出版有限公司2004年版，第165～168頁。

五、兵丁、旗人、漢民

則例對基層的兵丁、旗民、漢民等人群也有規定。對於這些人群的錯誤行為性質的認定一般認為是犯罪，其處罰一般用概括性用語如「從重治罪」、「一體治罪」、「按律治罪」等，則例規定犯罪行為及其要件，而懲罰的具體條款載於律例。試舉幾例。先看弁丁。乾隆朝《欽定戶部則例》卷四十一「約束弁丁」條規定了漕運弁丁違限、擅自離幫、失盜、違犯漕規等行為的治罪處置：「運弁領運違限及管押重運擅自離幫，正丁在南冘託別丁包運並隨幫與副丁不親身押幫回空者，弁丁從重治罪。糧道一併題參。每幫十船各丁連環保結，互相稽察，如有折干盜賣等弊，能出首者酌量賞給，隱匿不首者事發之日，本丁治罪，其餘九丁一體責懲。有頂帶之丁干犯漕規照運丁例一體治罪……」〔註37〕

旗丁若有其他如漕糧摻水、不用蘆葦而用石灰鋪墊艙底、盜賣漕糧等事項的情況也要受到懲罰。乾隆朝《欽定戶部則例》卷四十一「通漕例禁」條：「旗丁使水摻和漕糧將旗丁治罪……」「漕船艙底用蘆席鋪墊……如查有以石灰鋪墊者……即將該旗丁從重治罪……」「弁丁沿途盜賣正項漕糧並行月米石拿獲按律分別治罪……」〔註38〕乾隆朝《欽定八旗則例》卷十「兵丁犯罪」條對八旗兵丁犯罪規定了審擬程序及懲罰具體標準：「八旗兵丁犯罪，由部審擬鞭責，送回該旗。除部文內聲明革退者照部咨革退外，其文內未經聲明者，查係行竊逃走之案，無論罪名輕重，概行革退。係一切公私等罪，在鞭一百以上者，革退；如所犯在鞭一百及鞭一百以下者，仍准當差，毋庸革退。」〔註39〕

次舉旗民、漢民。同治朝《欽定戶部則例》卷二「民人奴僕」條限制滿、蒙、漢等民買賣彼此人口：「滿洲蒙古家人賣與漢軍民人，漢軍家人賣與民人者，係官議處，旗民分別鞭責，所買之人及價銀俱入官。漢軍民人買役喀爾喀、厄魯特之人，係官議處，旗民鞭責，所買之人入官。奉天、錦州二府民人子女賣與別省民人及旗人者，照民買旗人例科罪，價銀入官。沿邊民人娶

〔註37〕 本文引用將分款標識省略。詳見《欽定戶部則例（乾隆朝）》卷四十一「約束弁丁」條，香港蝠池書院出版有限公司2004年版，第328頁。

〔註38〕 《欽定戶部則例（乾隆朝）》卷四十一「通漕例禁」條，香港蝠池書院出版有限公司2004年版，第327頁。

〔註39〕 《欽定八旗則例（乾隆朝）》卷十「兵丁犯罪」條，香港蝠池書院出版有限公司2004年版，第263頁。

買乞養蒙古人口從重治罪。凡違例買賣人口，該管及地方官失察，均嚴加議處。」〔註40〕同治朝《欽定戶部則例》卷一百「通制四」中「現審田房詞訟」條規定有二十四款關於旗人、民人關於田房地畝訴訟的程序、審理、上訴等情。〔註41〕乾隆朝《欽定工部則例》卷六十一「駱馬湖灘地禁止耕種」條：「駱馬湖內灘地嚴禁附近居民私行墾種，並不准借名升科，希圖侵佔，如有仍前任聽私種者，將失察之該管地方官及汛員一併嚴參，民人照例治罪。」〔註42〕光緒朝《欽定工部則例》卷六十一「蘇松河道禁止壅塞」條：「江蘇蘇州松江等府屬濱河地方除升科熟田久建房座無甚礙河道者聽民自便外，其於臨河鎮市越砌石磡立樁架屋並河邊攤占田地有礙河道俱嚴行禁止。紳衿土豪藐法抗違照例治罪……」〔註43〕對旗人不事耕作特點來講，易犯買賣人口等重大犯罪行為，對於漢民安土重遷、視土如命特點來說，普通百姓容易因其無知犯佔據河道建房私墾等罪。除此之外，從國家管理層面，對刻印與買看淫辭小說的軍民也有處罰，分別「杖一百、流三千里」、「杖一百」。〔註44〕

六、商 販

前引之言關於官吏禁令已然交代，商販禁令歸納未曾語之：「詳查各部則例所載禁令，大端不越官吏、商販二者……商販之禁令或在於漏匿，或在於逗遛，而闌入闌出之物稽核尤嚴。」〔註45〕道光朝《粵海關志》規定有卷十七至十九共三卷禁令，其中官吏禁令僅占卷十七數則，剩餘篇幅均為「商販禁令」，具體規定了漏匿、逗遛、人口船料、軍器火藥、金銀制錢之禁，以及銅、鐵、白鉛、米、茶、大黃、絲斤綢緞、書史、棉花、鴉片之禁。〔註46〕

〔註40〕《欽定戶部則例（同治朝）》卷二「民人奴僕」條，香港蝠池書院出版有限公司2004年版，第305～306頁。

〔註41〕《欽定戶部則例（同治朝）》卷一百「現審田房詞訟」條，香港蝠池書院出版有限公司2004年版，第7185～7197頁。

〔註42〕《欽定工部則例（乾隆朝）》卷六十一「駱馬湖灘地禁止耕種」條，香港蝠池書院出版有限公司2004年版，第267頁。

〔註43〕《欽定工部則例（光緒朝）》卷六十一「蘇松河道禁止壅塞」條，香港蝠池書院出版有限公司2004年版，第457頁。

〔註44〕《欽定臺規（光緒朝）》卷二十五「五城七」條，香港蝠池書院出版有限公司2004年版，第366頁。

〔註45〕《粵海關志（道光朝）》卷十七「禁令一」條分序按語，香港蝠池書院出版有限公司2013年版，第1202～1203頁。

〔註46〕《粵海關志（道光朝）》卷十七至十九「商販禁令」條，香港蝠池書院出版有

散見其他則例之商販規定也有不少。乾隆朝《欽定戶部則例》卷四十六「遺失引票」條:「商人領運引票在內河失水……倘有奸商捏報查究治罪……」〔註47〕同卷「鹽引相離」、「掣盤鹽斤」、「不繳殘引」、「摻和沙土」等條亦均針對商人:「商人運鹽不准鹽引相離,違者,同私鹽法。」〔註48〕「商人運鹽經過批驗所依數掣盤有夾帶餘鹽者,同私鹽法。若私越批驗所不經掣盤者,亦按律治罪,押回掣盤。」〔註49〕「商人賣鹽已畢,十日內不繳殘引者,按律治罪。將殘引重複行鹽者,同私鹽法。」〔註50〕「商人將官鹽摻和沙土貨賣者,查究治罪。」〔註51〕同書卷五十「商人欠課」條更是非常詳細地規定了懲罰標準,殊值注意:

> 商人未完鹽課,於奏銷時題參。自題參日扣限一個月,再不能完,按所欠分數治罪。欠不及一分者笞五十;欠一分者,枷號一個月、笞五十;欠二分者,枷號一個月半、杖七十;欠三分者,枷號兩個月、杖八十;欠四分者,枷號兩個月半、杖九十;欠五分者,枷號三個月、杖一百。所欠於枷限內全完釋放免責,枷限外全不完納折責之外仍革退商名,所欠以引窩變抵。又欠課至六分者,杖六十、徒一年,限四個月全完;欠七分者,杖七十、徒一年半,限六個月全完;欠八分者,杖八十、徒二年,限八個月全完;欠九分者,杖九十、徒二年半,限十個月全完;欠十分者,杖一百、徒三年,限一年全完。自欠六分至十分均將該商即行鎖禁,嚴查家產,限內全完革退商名,免其杖徒,限外不完,該商發配,所欠以引窩家產變抵(廣東商人欠課扣限一年通完)。〔註52〕

限公司 2013 年版,第 1215～1439 頁。

〔註47〕《欽定戶部則例(乾隆朝)》卷四十六「遺失引票」條,香港蝠池書院出版有限公司 2004 年版,第 403 頁。

〔註48〕《欽定戶部則例(乾隆朝)》卷五十「鹽引相離」條,香港蝠池書院出版有限公司 2004 年版,第 469 頁。

〔註49〕《欽定戶部則例(乾隆朝)》卷五十「掣盤鹽斤」條,香港蝠池書院出版有限公司 2004 年版,第 469 頁。

〔註50〕《欽定戶部則例(乾隆朝)》卷五十「不繳殘引」條,香港蝠池書院出版有限公司 2004 年版,第 470 頁。

〔註51〕《欽定戶部則例(乾隆朝)》卷五十「摻和沙土」條,香港蝠池書院出版有限公司 2004 年版,第 470 頁。

〔註52〕《欽定戶部則例(乾隆朝)》卷五十「商人欠課」條,香港蝠池書院出版有限公司 2004 年版,第 472 頁。

以上標準在《大清律例》「人戶虧兌課程」律下條例中也有規定，與此略有差異的是，欠五分以下，則例用笞、杖責罰，而《大清律例》用「二十板」基準起罰，每多一分加五板，至欠五分責罰四十板。欠五分以上處罰與則例相同。〔註53〕上述乾隆朝《欽定戶部則例》卷五十一「盤驗商茶」條對江蘇、安徽、江西、浙江、湖北、湖南、甘肅、四川、雲南、貴州等地的商販買賣茶葉也作有相應規定。〔註54〕另外光緒朝《欽定臺規》對市賣淫辭小說的商販也有「杖一百、徒三年」處分的規定。〔註55〕

七、包衣家人、太監、宮女等奴僕階層人群

皇宮王府有太監、宮女服役，八旗戶下有包衣家人，此類奴僕階層人數甚多，其管理亦適用則例。其中包衣家人適用條款散見於各部院條例，太監、宮女均有專門則例管理，即《欽定宮中現行則例》，當然也有散見於各部院條款，但不多。先看包衣家人適用則例例證。乾隆朝《欽定戶部則例》卷二「奴僕」條：「八旗戶下家奴有借他人名色認買，私自出旗，或將子孫改姓潛入民籍者，查報治罪，仍斷歸本主。」〔註56〕同條另款規定：「旗下家奴將女私聘與人，經本主控告，審明，未婚者，給還本主；已婚者，追身價銀四十兩。無力者，追一半給主，免其離異。其嫁女之人及知情聘娶者，分別鞭責。其王公莊頭女子定限二十歲以外准其報明，王公聽其婚嫁。如有私行聘嫁與旗人者，照前例追身價銀四十兩，免其離異。若私行聘與民人者，仍行斷離，將承聘之人照例鞭責。」〔註57〕乾隆朝《欽定八旗則例》卷十「逃人投回咨部」條對八旗家人逃走投回處置做了相應規定，斟酌「逃走次數、月日多寡，及在外有無為匪之處……送部治罪。」〔註58〕對旗下包衣家人主要是防範其逃走、偷改身份名籍，以及自身作為主人財產的他們私自處分更是主人財產

〔註53〕 田濤、鄭秦點校：《大清律例》卷十三「人戶虧兌課程」條，法律出版社1999年版，第261頁。

〔註54〕 《欽定戶部則例（乾隆朝）》卷五十一「盤驗商茶」條，香港蝠池書院出版有限公司2004年版，第486～487頁。

〔註55〕 《欽定臺規（光緒朝）》卷二十五「五城七」條，香港蝠池書院出版有限公司2004年版，第366頁。

〔註56〕 《欽定戶部則例（乾隆朝）》卷二「奴僕」條，香港蝠池書院出版有限公司2004年版，第59頁。

〔註57〕 同上。

〔註58〕 《欽定八旗則例（乾隆朝）》卷十「逃人投回咨部」條，香港蝠池書院出版有限公司2004年版，第265～266頁。

的子女婚嫁以及其他財產轉移，並且還要注意旗人家人的身份屬性，不許與漢民摻和。再看太監、宮女適用則例情形。嘉慶朝、光緒朝《欽定宮中現行則例》卷四專門立有「太監」一門，對其執掌、數額、俸銀錢糧等做出具體規定，卷三「處分」專門針對太監犯罪規定處罰標準，且細分爲《宮殿監處分則例》和《各處首領太監等處分則例》。〔註59〕在《欽定宮中現行則例》隨處可見對太監的規定。另在其他部院則例中也有散見對太監進行規範的條款，如乾隆朝《欽定禮部則例》卷九十七「內監禁例」條：「逃走內監……並移咨禮部存案……解送刑部辦理……」〔註60〕與太監則例諸多條款相比，關於宮女的條款規定不多，僅在「錢糧」、「宮規」、「宮分」諸門有些規定。如嘉慶朝《欽定宮中現行則例》卷三「錢糧」條規定：「凡官女子、乳姆、保姆每日所食折肉銀兩按例支給（例具宮分條例內）。」「凡出宮女子恩賞銀兩按例支給（例具宮規條例內）。」〔註61〕查同書卷二「宮分」門中載有《官女子官分則例》、《皇子福晉、皇孫福晉下女子官分則例》、《家下女子官分則例》、《乳姆官分則例》、《保姆官分則例》，規定了宮女、乳姆、保姆的官分物品標準。〔註62〕同卷「宮規」門十數款均是針對宮女做出的規定，包括各宮名額、賞銀標準、出入探視、分別行路及其他禁令。〔註63〕雖然條款不多，但宮女仍可算是則例適用的對象之一。

八、化外人

　　化外人係儒家文化作爲主流話語產生的相對於受過儒家文化薰陶教化之人而言的未受儒家文化教化的人群。既包括生苗、生番等國內少數民族，也

〔註59〕　《欽定宮中現行則例（嘉慶朝）》卷三「處分」條、卷四「太監」條，香港蝠池書院出版有限公司2004年版，第137～173頁。亦見同書《欽定宮中現行則例（光緒朝）》卷四「太監」條、「處分」條，香港蝠池書院出版有限公司2004年版，第341～379、386～402頁。亦見《欽定宮中現行則例（光緒朝）》卷三「處分」條、卷四「太監」條，載楊一凡、田濤主編：《中國珍稀法律典籍續編》第六冊，黑龍江人民出版社2002年版，第278～306頁。

〔註60〕　《欽定禮部則例（乾隆朝）》卷九十七「內監禁例」條，香港蝠池書院出版有限公司2004年版，第367頁。

〔註61〕　《欽定宮中現行則例（嘉慶朝）》卷三「錢糧」條，香港蝠池書院出版有限公司2004年版，第130～131頁。

〔註62〕　《欽定宮中現行則例（嘉慶朝）》卷二「宮分」條，香港蝠池書院出版有限公司2004年版，第107～109頁。

〔註63〕　《欽定宮中現行則例（嘉慶朝）》卷二「宮規」條，香港蝠池書院出版有限公司2004年版，第82～84頁。

包括東洋、南洋、西洋等地的外國人。清代在廣東等地設有十三行組織與外國商人貿易聯繫，其交往有法律予以規範。關於西洋人尤其是外國商人來我國行走或貿易，則例對其進行了相應規定。鑒於國內民族學者、習慣法研究學者對生苗、生蠻、生番習慣法與國家法關係有一定的研究積累，這裡暫且不論，謹以化外西洋人作為則例適用對象予以探析。道光朝《粵海關志》卷二十六至二十九卷共四卷均是針對「夷商」進行規定的。據「夷商」卷前分序粵海疆臣認識：「夷人之性惟利是圖。以犬羊之桀驁成蠻觸之爭競。故自乾隆年間（口英）咭唎屢至澳門呈遞夷稟，實非敢有意滋事，不過豔羨西洋之坐享厚利，希冀效尤……誠以地方安危繫乎市易，而市易利害在於夷商。杜漸防微之道固不可不詳且慎也。」〔註64〕正是基於這種認識，《粵海關志》專對夷商作了規定，不過均是以限制為主，認為夷商的商人氣質或破壞中國的地方安危。除了關於對交往範圍、方式與限制的規定，其餘則為各部院堂官及地方督撫關於夷商在澳、內地與內地民眾發生糾紛如何解決之上奏准議例案，反映了清政府對夷人管理的策略。這些在《大清律例》裏是沒有詳細規定的。另外在部院則例中也有適用西洋人的條款，如乾隆朝《欽定戶部則例》卷六「民人典買」條規定了西洋人典買中國土地適用條款：「西洋人在（乾隆十五年二月初十日）例禁後典買旗地與業主一例治罪。若例前買典地歉免其撤回並免治罪，典主願贖仍聽。」〔註65〕此條則例頒佈後，畫家郎世寧私典旗地犯之，戶部上奏請旨要求撤回並治其罪，乾隆皇帝格外施恩免除了對郎世寧的處罰，但同時也再次重申了此條則例嗣後要被嚴格執行的效力。〔註66〕

道光朝以降，外國人來華日益頻繁，則例在國人與外國人交往之中起的作用更值重視。

本章小結

本章主要探析了清代則例適用的主體和對象。則例種類繁多，卷帙浩繁，規定具體而微，多為指導條款，可操作性強，因此成為從中央六部監寺到地

〔註64〕《粵海關志（道光朝）》卷二十六「夷商一」條，香港蝠池書院出版有限公司2013年版，第1848～1849頁。

〔註65〕《欽定戶部則例（乾隆朝）》卷六「民人典買」條，香港蝠池書院出版有限公司2004年版，第83頁。

〔註66〕《高宗純皇帝實錄》卷三七八，乾隆十五年十二月己卯戶部上奏得旨，中華書局1986年版，第1197頁。

方各級衙門日常辦公的有效指導。除少數決策國家大政方針或無關政治的機構如軍機處、內閣、上書房等組織適用則例較少以外，其他具有執行政策功能的機構無不是則例適用的主體。據清代政治系統分類可歸納幾類機構爲典型，且幾可覆蓋則例適用全部主體：六部監寺、宗人府、內務府、都察院、理藩院、地方各級衙門。除地方各級衙門無制定則例的權利只有參照適用以外，其他幾個組織均制定有本衙門則例，還有職責範圍以內的事項亦多以制定則例進行管理。至於則例適用的對象，可以這樣說，去除生苗等未開化地則例不適用不言，只要是屬於則例適用的有效範圍，除皇帝一人以外，幾乎所有人都是則例適用的對象，上至皇太后、皇后，下至太監奴僕，旁及外國來華之人，無不受則例規範。由這兩方面也可看出，則例是清代最重要的法律形式之一。

第三章　清代則例適用的具體方式

　　則例作爲法律形式的一種，在清代法律體系中佔有重要一席，其適用方式除單獨適用以外，必然會發生與其他法律形式互相配合乃至衝突競合的情形。關於清代則例適用方式的論述在學界已有先行者，以劉廣安和林乾二先生爲代表。劉廣安《清代民族立法研究》一書將《理藩院則例》的適用方式歸納爲三種：第一種是蒙古例無專條引用刑例；第二種是蒙古處分例無專條准咨取吏兵刑等部則例比照引用；第三種是蒙古民人各按犯事地方治罪。〔註1〕林乾《〈戶部則例〉與清代民事法律探源》（與張晉藩先生合寫）、《關於〈戶部則例〉法律適用的再探討》二文探析了《欽定戶部則例》的適用，前文認爲《欽定戶部則例》較《大清律例·戶律》詳細，適用《大清律例·戶律》需配合適用《欽定戶部則例》才可，後文認爲《欽定戶部則例》在《大清律例》沒有規定的情況下直接可以作爲審斷婚姻田土案件的依據。〔註2〕經筆者研究，則例的適用較爲複雜，既有單獨適用的情況，也有則例條款配合、則例與則例之間的配合適用，還有和其他法律形式（不止《大清律例》，還有《會典》、上諭）配合適用的情況。本章即就清代則例適用的具體方式進行探討。

〔註1〕劉廣安：《清代民族立法研究》，中國政法大學出版社 1993 年版，第 33 頁。

〔註2〕張晉藩、林乾：《〈戶部則例〉與清代民事法律探源》，載《比較法研究》2001 年第 1 期。林乾：《關於〈戶部則例〉法律適用的再探討》，載中國政法大學法律史學研究中心編：《法律史學研究》第一輯，中國法制出版社 2004 年版，第 144～172 頁。

第一節　本部院則例條款獨立適用

　　與《大清律例》幾乎都是懲罰性條款相比，各部院則例條款可分成指導性和懲罰性兩種性質。以《吏部則例》爲例，據筆者統計，乾隆朝《欽定吏部則例》〔註3〕的《品級考》共 360 條，均列品級，無罰則。《銓選則例》共 480 條 504 款，僅有 10 款有罰則。《處分則例》共 47 卷 1639 條 1762 款，其中 1569 款有罰則。若將《稽勳則例》和《世爵》等六章考慮進去，基本上指導性條款和懲罰性條款各占一半。其他五部除了兵部與刑部則例有懲罰性條款以外，戶部、禮部、工部則例幾乎都是指導性條款，懲罰措施都在吏部、兵部二部《處分則例》和刑例裏。〔註4〕指導性條款絕大部分都是獨立適用，少數需要配合《品級考》、《世爵》，甚至《大清會典》規定適用，相對較爲簡單，在此不作舉例說明。而懲罰性則例條款的適用情況則非常複雜，本節即先從罰則形式探討《處分則例》與其他各部院帶有罰則的則例條款單獨適用的情況，主要列出則例相關條款規定，個別附以例證，並加以簡要分析。

　　在《吏部處分則例》中，罰則主要形式包括降俸、住俸、降職、降級、革職，以及笞、杖、鞭、徒、流、死等。另外還有枷號、賠補追償等。常見的主要是罰俸、降級、革職、笞、杖、鞭，其他幾種形式不常用。

　　1、罰　俸

　　罰俸主要包括罰俸一個月、兩個月、三個月、六個月、九個月、一年、二年七個等級。〔註5〕如乾隆朝《欽定吏部處分則例》卷一「滿官開缺定限」條，滿官開缺上司需按時限上報，「如有遲延，罰俸三個月。」〔註6〕又如同書卷八「墨污本章」條：「官員將本章被墨污者罰俸一個月。」〔註7〕再如同書卷三十八「京城搶奪財物」條：「京城關廂內遇有白晝賊盜打死人命奪去財物，該管官員將人犯當場全獲及一月之內全獲者，免議。如一月之內拿獲一

〔註3〕　只有《品級考》和《銓選則例》，缺《稽勳則例》和《世爵》等章。該書後半混刊的是雍正朝的《品級考》和《銓選則例》。

〔註4〕　《欽定户部則例（同治朝）》「凡例」，香港蝠池書院出版有限公司 2004 年版，第 31 頁。

〔註5〕　《欽定王公處分則例（朝代不明）》，載楊一凡、田濤主編：《中國珍稀法律典籍續編》第六冊，黑龍江人民出版社 2002 年版，第 318 頁。

〔註6〕　《欽定吏部處分則例（乾隆朝）》卷一「滿官開缺定限」條，香港蝠池書院出版有限公司 2004 年版，第 2 頁。

〔註7〕　《欽定吏部處分則例（乾隆朝）》卷八「墨污本章」條，香港蝠池書院出版有限公司 2004 年版，第 105 頁。

牢者，將專汛官罰俸一年，兼轄官罰俸六個月⋯⋯」〔註8〕道光朝《欽定臺規》也有「罰俸」規定，如卷十二「六科一」規定八旗行各部院事件如有違限未結的，「皆照欽部事件按其違限月日分別議處。逾限不及一月者，罰俸三個月；如事已完結者，免議；逾限一月並一月以上者，罰俸一年。」〔註9〕在京各部院之間違限亦復如此懲辦。〔註10〕

2、降　級

降級共分為降一級至降五級五個等級〔註11〕，指降級調用。還有降級留任，包括降一級留任、降二級留任、降三級留任、革職留任四等。〔註12〕如乾隆朝《欽定吏部處分則例》卷一「選官迴避」條：「官員有應行迴避之缺不行申說迴避者，降一級調用。」〔註13〕上一條「查取捐納等官文冊」中規定，限一個月將本員捐照呈驗咨部，「倘有逾限，將出詳之州縣官降一級留任。」〔註14〕在卷四「卓異官員原任後任貪酷事發分別處分」條中規定：「凡卓異官員原任內有貪酷不法之處，原薦舉官⋯⋯不行揭參，被旁人告發或被科道究參，將原薦舉之督撫藩司革職，皋司道府等官降五級調用。」〔註15〕除了《欽定吏部處分則例》有諸多降級規定以外，其他部院則例也有類似規定。道光朝《欽定科場條例》卷三十三「嚴禁夤緣諸弊」條「遇有不法之徒⋯⋯如該管官不行查拿照容隱例降二級調用。」〔註16〕道光朝《欽定臺規》卷二十五

〔註8〕　《欽定吏部處分則例（乾隆朝）》卷三十八「京城搶奪財物」條，香港蝠池書院出版有限公司 2004 年版，第 411 頁。

〔註9〕　《欽定臺規（道光朝）》卷十二「六科一」條，香港蝠池書院出版有限公司 2004年版，第 176 頁。

〔註10〕同上，第 177 頁。

〔註11〕筆者於中國第一歷史檔案館所藏內閣全宗中尚看到降六級調用的例證，具體見「乾隆五年七月二十五日大學士兼吏部尚書張廷玉題為遵議原署安徽廬江縣知縣高式矩開復事」，本文也在第四章第六節開復中引此例證，可參看。中國第一歷史檔案館：內閣全宗，檔案號：02-01-03-03802-007。

〔註12〕《欽定王公處分則例（朝代不明）》，載楊一凡、田濤主編：《中國珍稀法律典籍續編》第六冊，黑龍江人民出版社 2002 年版，第 318 頁。

〔註13〕《欽定吏部處分則例（乾隆朝）》卷一「選官迴避」條，香港蝠池書院出版有限公司 2004 年版，第 6 頁。

〔註14〕《欽定吏部處分則例（乾隆朝）》卷一「查取捐納等官文冊」條，香港蝠池書院出版有限公司 2004 年版，第 6 頁。

〔註15〕《欽定吏部處分則例（乾隆朝）》卷四「卓異官員原任後任貪酷事發分別處分」條，香港蝠池書院出版有限公司 2004 年版，第 66 頁。

〔註16〕《欽定科場條例（道光朝）》卷三十三「嚴禁夤緣諸弊」條，香港蝠池書院出

「五城九」規定了五城彙題未滿參限竊案承緝案犯名數對官員的懲罰分爲數個階次：「至五案以上未獲一名，司坊官降一級留任；十五案以上未獲一名，降一級調用；俱照舊例辦理。至三十案以上未獲十分之二者，亦降一級調用，不得以獲一二案概予免議。」〔註17〕光緒朝《欽定臺規》亦有在內河失風船隻三隻以上運弁降一級調用、五隻以上押運文職降一級留任的規定。〔註18〕降級處分在日常官吏管理中時常被使用。檔案全宗裏常見此等處分的案例，謹舉乾隆六十年和珅題參紀昀校書舛誤請旨處分一例爲證：

> 經筵講官太子太保文華殿大學士管理吏部戶部理藩院事務領侍衛內大臣正白旗滿洲都統步軍統領三等忠義伯臣和珅等謹題爲查議具題事。該臣等議得，准禮部咨稱，本部尚書紀昀奏稱，本月十六日臣恭接廷寄內開七月十四日大學士伯和珅奉上諭，昨於几暇取閱文津閣藏弃四庫書內《垂光集》一冊，《奏議》二冊，其中充字訛寫作克，彼字訛寫作波，似此者尚不下十餘處，前因四庫書舛誤之處較多，特命紀昀前來熱河復加校閱，自應悉心讎校，俾臻完善，今偶加披閱兩三冊之中錯訛已不一而足，紀昀所辦何事？著傳旨申飭，所有校出訛字，除交軍機大臣就近改正外，並著另單抄給閱看，此諭令知之。欽此。並清單寄信前來，臣跪讀之下，震懼難名，伏念屢次校讎皆臣董率，深知三閣書籍皇上時時取閱，遇有訛誤必經指出，萬無幸逃洞鑒之理，不敢藏瑕匿垢，自取愆尤，乃今《垂光集》數冊之內錯字甚多，皇上一覽而即知，臣等竟屢校而莫覺，臣所辦何事？誠如聖諭，實臣疏忽遺漏，督察不周，慚悚交並，無詞可置，惟有仰懇天恩，將臣交部議處，以示警戒。臣曷勝慚惶戰慄之至。謹奏。奉旨知道了。欽此。欽遵移咨吏部查照等因。相應移咨禮部，將此次四庫書內錯訛清單開送過部，以便查辦。去後，今於乾隆六十年十月十五日將原單所開共錯寫偏旁十九字，相應咨覆吏部查照辦理等因前來。查文津閣四庫書籍前因舛誤較多，欽奉諭旨令紀昀復加校閱，自應悉心讎校，俾臻完善，乃數冊之內仍有訛

版有限公司 2004 年版，第 370 頁。

〔註17〕《欽定臺規（道光朝）》卷二十五「五城九」條，香港蝠池書院出版有限公司 2004 年版，第 316 頁。

〔註18〕《欽定臺規（光緒朝）》卷三十六「巡察一」條，香港蝠池書院出版有限公司 2004 年版，第 511 頁。

錯十餘處之多，其未能校出實屬不合，今自行奏請交部議處，應將禮部尚書紀昀照不行查出降壹級留任例降壹級留任。恭候命下臣部遵奉施行。臣等未敢擅便，謹題請旨。

乾隆陸拾年拾壹月拾叁日

經筵講官太子太保文華殿大學士管理吏部戶部理藩院事務領侍衛內大臣正白旗滿洲都統步軍統領三等忠義伯臣和珅……等人

（後 19 人均署吏部侍郎、郎中、員外郎、主事等銜）

紀昀著降一級留任。〔註19〕

案中「自行交部議處」是指紀昀向吏部自請處分，若係自首，在處罰程度上會有減輕，但此案係皇帝發現在前，自請只能算是認罪態度較好，因此無論是吏部上奏擬判還是最後皇帝諭旨決定，都按照則例規定予以降一級留任處分。

3、革 職

革職也分留任和實際去職。前所言及的降級之中的「革職留任」也算是革職處分。再舉二例：乾隆朝《欽定吏部處分則例》卷二十五「盤查道府庫貯錢糧」條：「……如有虧那（通挪，筆者按）等弊，將藩司照例革職分賠。」〔註20〕光緒朝《欽定臺規》卷三十六「巡察一」對在內河失風船隻五隻以上的運弁進行革職處分。〔註21〕

4、笞、杖、徒、流

如第二章「商販」一節所引乾隆朝《欽定戶部則例》卷五十「商人欠課」條，其對商人未完鹽課扣限仍不能完成者按所欠分數治罪的規定，便有詳細的笞、杖、枷號、徒，以及鎖禁、嚴查家產、革退商名、發配等多種懲罰規定。〔註22〕還有前面也曾舉過的光緒朝《欽定臺規》卷二十五「五城七」條刻印與買看淫辭小說的軍民也是分別處以「杖一百、流三千里」、「杖一百」等處罰。〔註23〕

〔註19〕 中國第一歷史檔案館：內閣全宗，檔案號：02-01-03-08177-010。

〔註20〕 《欽定吏部處分則例（乾隆朝）》卷二十五「盤查道府庫貯錢糧」條，香港蝠池書院出版有限公司 2004 年版，第 292 頁。

〔註21〕 《欽定臺規（光緒朝）》卷三十六「巡察一」條，香港蝠池書院出版有限公司 2004 年版，第 511 頁。

〔註22〕 《欽定戶部則例（乾隆朝）》卷五十「商人欠課」條，香港蝠池書院出版有限公司 2004 年版，第 472 頁。

〔註23〕 《欽定臺規（光緒朝）》卷二十五「五城七」條，香港蝠池書院出版有限公司

笞、杖等刑罰多與律例有關，請參看第四節「各部院則例與《大清律例》配合適用」部分。

5、鞭

鞭刑從鞭十下至一百不等，一般適用於旗民、旗官。《督捕則例》對待旗人脫逃犯罪一般懲罰均用鞭刑。《總管內務府會計司現行則例》中規定莊頭、園頭、領催等未完欠課、催徵按成施以鞭刑、枷號處罰。〔註24〕罰俸降級與鞭責數目在一定身份犯罪中可以互相換算：「犯應罰俸一個月之案鞭一十，罰俸兩個月之案鞭二十，罰俸三個月之案鞭三十，罰俸六個月之案鞭四十，罰俸九個月之案鞭五十，罰俸一年之案鞭六十，降一級留任之案鞭七十，降一級調用及降二級留任之案鞭八十，降二級調用及降三級留任之案鞭九十，降三級調用以上及革職留任並革職之案，俱鞭一百。」〔註25〕此雖規定為領催、族長、兵丁議處換算，恐不至如此膠柱鼓瑟，或為低等旗官處罰換算通例也未可知。

還需要說明一點，除了罰俸、降級等正式處罰，還有賠補、枷號等附加要求，上已略說到，至於具體例證已如「革職」一節中乾隆朝《欽定吏部處分則例》卷二十五「盤查道府庫貯錢糧」條所言。

以上是從罰則形式探討則例獨立適用的情形。據筆者觀察，懲罰性則例還可從責任性質角度認識，分為直接性責任條款和連帶性責任條款。各部院則例規定對象多為官吏，其不僅有本職工作，還有對下級屬官屬吏工作監察的責任，因此有直接責任和連帶責任的差別。其間接責任（即連帶性責任）往往是直接責任人的上司，失於查察，或者直接被規定一併懲罰，只是略有降等。如乾隆朝《欽定吏部處分則例》卷一「赴選人員聲明祖籍寄籍」條對赴選人員混冒出結行為的直接責任人和連帶官員分別處以相應處罰：「……如有混冒等弊，查出糾參治罪，並將濫行出結之地方官及同鄉京官，不行查出之九卿科道並督撫提調等官均照例議處（照混出印結例：地方官革職；轉詳

2004 年版，第 366 頁。

〔註24〕 具體參見《總管內務府會計司現行則例》卷一「安設瓜菜園頭」條、卷三「承催官員賞罰」條，香港蝠池書院出版有限公司 2012 年版，第 114～115、340頁。

〔註25〕 《兵部處分則例（道光朝）》八旗卷一「領催族長議處通例」條，中國基本古籍庫（電子數據資源），第 11～12 頁。亦見《欽定中樞政考（道光朝）》八旗卷十「領催族長議處通例」條，香港蝠池書院出版有限公司 2012 年版，第 1133～1135 頁。

之府州降一級調用；道員降一級留任；督撫、布政使罰俸一年；同鄉京官降
一級調用。九卿、科道、提調等官照督撫例議處。至順天府屬大、宛二縣出
結之同鄉京官後有專條，不在此例）。」〔註26〕再如同書卷四十一「新疆改發
內地遣犯逃脫」條：「凡新疆改發內地遣犯，如係攜帶妻子逃脫者，初參專管
官降二級留任，兼轄官降一級留任。俱限一年緝拿。不行查察之府廳罰俸一
年，道員罰俸九個月……」〔註27〕可見直接責任官員因違犯則例規定條款被
直接處罰，其上司或關聯之官員還有連帶責任，也將被處罰，只是比直接責
任人處罰略輕。

　　另外，還可從行為錯誤性質對則例懲罰性條款適用進行研析。各部院則
例指導性條款除了作為規定標準被引用以外，多是程序性條款，這樣懲罰性
條款就有了程序錯誤懲罰和實體錯誤懲罰區別。程序錯誤懲罰相對較輕，實
體錯誤懲罰相對較重，且易適用刑律。前者如應規避不規避、違反限期、遲
延、越次保題等行為，則例中均有明確罰則規定，單獨適用情況較多；〔註28〕
後者如侵挪錢糧、虧空、〔註29〕抑勒、誣捏妄揭等行為，或「案律、按例治
罪」、「正法」，或「交刑部治罪」，處罰相對嚴重。〔註30〕

　　總之，則例獨立適用是清代則例適用最普遍的形式，可從多種視角予以
分析。前已引證紀昀降級處分案例，茲再舉一彙報清單之例，以便更好地瞭
解則例單獨適用的實際狀況。乾隆時經吏部向皇帝題請，所有官員遇有議處
議敘等案每於十日彙題一次，這裡「每於十日」並不是每月初十題請一次，
是每月每隔十天，於初十、二十、三十日（月末）共彙報三次。下面所列即
是管理吏部事務和珅開列乾隆五十七年二月初一至初十所有官員遇有議處

〔註26〕《欽定吏部處分則例（乾隆朝）》卷一「赴選人員聲明祖籍寄籍」條，香港蝠
　　　　池書院出版有限公司 2004 年版，第 7 頁。「大宛二縣冒籍出結」條在第 12 頁。
　　　　括號內原文是小字。

〔註27〕《欽定吏部處分則例（乾隆朝）》卷四十一「新疆改發內地遣犯逃脫」條，香
　　　　港蝠池書院出版有限公司 2004 年版，第 454 頁。

〔註28〕具體例證條款可參見《欽定吏部處分則例（乾隆朝）》卷一「赴選人員聲明祖
　　　　籍寄籍」條、「題陞官員赴部逾限委署別缺」條、「降調人員赴部定限」條、
　　　　卷四「督撫薦舉歷俸未滿人員」條，香港蝠池書院出版有限公司 2004 年版，
　　　　第 7、10~11、65 頁。

〔註29〕《欽定吏部處分則例（乾隆朝）》卷二十六「虧空官員停止搜查家產」條：「向
　　　　後倘有侵欺虧空之員則按所定之例治罪。有應正法者即照例正法。」香港蝠
　　　　池書院出版有限公司 2004 年版，第 312 頁。

〔註30〕具體內容參見《欽定吏部處分則例（乾隆朝）》卷六「抑勒交盤」條，香港蝠
　　　　池書院出版有限公司 2004 年版，第 93 頁。

議敘等案之事。

> ⋯⋯臣和珅等謹題爲題明事。先經臣部題明，凡官員遇有議處
> 議敘等案每於十日彙題一次等因在案，該臣等議得乾隆五十七年二
> 月初一日起至初十日止所有官員承審遲延罰俸降級留任之案三十一
> 件，承緝接緝不力住俸罰俸降級留任之案二十一件，疏脫軍流徒罪
> 人犯罰俸之案二十八件，交代遲延罰俸之案六件，造冊遲延並造冊
> 舛錯罰俸降級留任之案七件，承追不力降俸之案七件，估變遲延降
> 俸之案一件，回任遲延罰俸之案二件，僉差不慎並疏脫安插人犯罰
> 俸之案三件，失察賭博賭具罰俸之案三件，監斃軍流人犯罰俸之案
> 三件，失察私人圍場偷砍木植罰俸之案一件，失察私鹽拒捕降職之
> 案一件，失察匪船出口降調抵銷之案一件，失察捕役夤竊分贓降級
> 留任之案一件，違例未經黏貼印花罰俸之案一件，違令公罪罰俸之
> 案一案（件），留養人犯漏取父母年歲並未能確審實情罰俸降級留任
> 之案三件，軍流人犯未經審出實情罰俸之案一件，擬罪錯誤罰俸之
> 案二件，承辦錯誤降級留任之案一件，呈請紀錄抵銷罰俸之案一件，
> 開復降俸降職之案二件，拿獲鄰境軍流人犯議敘紀錄之案三件，共
> 一百三十五件，相應開列彙題，恭候命下臣部遵奉施行。臣等未敢
> 擅便，謹題請旨。

以上先是總列了乾隆五十七年二月初一日至初十日止所有官員議處議敘的案件種類及數量，共處分案件 21 種 129 件，級紀議抵 1 件，開復 2 件，議敘 3 件，共 135 件。接下來開列具體案件緣由及處分結果。但在正式開列每種案件之前均先羅列該種案件審斷依據的則例條款，之後才一件一件列舉具體案件。限於篇幅，本文只引用第一種犯罪所列則例條款及兩件呈報案件，其餘省略，也足以觀清代獨立適用則例處分官員實際運行狀況。

> 計開：定例內：「官員承審遲延如限內承審一月以上離任並逾
> 限不及一月者，罰俸三個月；逾限一月以上者，罰俸一年。」又定
> 例，「官員將事件遲延逾限不及一月者，罰俸三個月；逾限一月以上
> 者，罰俸一年；逾限半年以上者，罰俸二年；逾限一年以上者，降
> 一級留任」等語。一件爲稟送事。准刑部咨稱，廣東巡撫郭世勳以
> 南海縣申詳縣民麥普輝誘拐章維卓婢女翠屏一案，將承審遲延職名
> 開報等因前來，應將承審遲延逾分限一月以上之南海縣知縣趙鴻文

照例罰俸一年。（中略一件類似案件。）一件爲報明等事。准刑部咨
稱，廣東巡撫郭世勳以茂名縣申詳縣民林茂進致傷竊賊劉源廣身死
一案將接審遲逾職名開報等因前來，應將承審限內一月以上離任之
署茂名縣事試用知縣唐鐸照例於補官日罰俸三個月，接審遲延逾限
一月以上之茂名縣知縣蘇雲青照例罰俸一年。（後面案件從略。）」
〔註31〕

　　此件呈報清單不僅透露了官員經常或者容易違犯的罪名，〔註32〕而且在
列具體案件之前將該種案件處分依據的則例內容羅列，亦是則例單獨適用的
佐證。具體案件中的「照例」後加具體罰種數額，即是指前列則例之規定。
亦可見處分案件中單獨適用則例審斷較其他幾種配合適用所佔比例較大。則
例單獨適用是清代處分官員適用則例最普遍的形式。

第二節　本部院則例內部條款之間配合適用

　　各部院則例中某條規定有詳細懲罰情況，同書中其他條遇有相似情況，
不再重複敘說處罰規則，直接指向規定有詳細罰則的條款，適用該條處罰，「照
例議處」、「照某某例議處」的字樣比比皆是。這也反映了立法技術的高超。
先以《吏部則例》爲例。乾隆朝《欽定吏部處分則例》卷三有「上司不揭參
劣員分別議處」條，其中詳細規定了各種上司不揭參如何處分的規定，如「總
督貪婪，巡撫不行糾參，巡撫貪婪，總督不行糾參，如發覺審實，不論同城
不同城，俱各降三級調用，藩臬兩司免議。若官員貪婪，劣跡已經昭著，該
管各官不行揭報，經督撫訪察題參者，同城之知府降三級調用，司道降二級
調用；不同城之知府降一級留任，司道罰俸一年⋯⋯」〔註33〕在後一條「題
升調補官員貪劣事發」條則規定了有些罪照其他某則例處罰標準議處：「督撫

〔註31〕中國第一歷史檔案館：內閣全宗，檔案號：02-01-03-07889-008。本件是殘件，
　　　　僅列有 38 件案件，後即缺頁。
〔註32〕筆者所見另一件乾隆五十七年四月十四日禮部尚書兼吏部事常青題爲會議本
　　　　年各省官員承審案件應參應敘各案彙題請旨事（中國第一歷史檔案館：內閣
　　　　全宗，檔案號：02-01-03-07925-001）所開列應參應敘案件 491 件，其所犯
　　　　罪種類與此件非常類似，處分案件 23 種，有三分之二罪名相同。可見此爲官
　　　　員常犯或容易違犯的罪名。
〔註33〕《欽定吏部處分則例（乾隆朝）》卷三「上司不揭參劣員分別議處」條，香港
　　　　蝠池書院出版有限公司 2004 年版，第 49～50 頁。

遵例題請升調官員，如原任及信任內有貪劣等事，該督撫自行查出參奏，免議；如不行參奏，別經發覺者，俱照不揭報劣員例分別議處。」〔註34〕

　　另有在則例中規定了某官職犯某種錯誤如何懲罰，其他官職犯某種錯誤時比照某官懲處。上面所引「上司不揭參劣員分別議處」條即有此規定：「……以上直隸知州照知府例議處；知府、直隸知州貪婪，司道不揭，照知府例處分……不題參之督撫照司道例議處……」〔註35〕又如同書卷一「大宛二縣冒籍出結」條，「地方官不詳細確查，致有混冒，亦照出結官例議處。」前面已規定「如有假冒情弊，別經發覺，出結官照徇情給結例降二級調用」，〔註36〕後面即照此處罰標準議處。再如卷六「南河廳員交代」條「河工廳員新舊交代照直隸州例」，〔註37〕卷二「辦事貝子等罰俸」條「照宗人府管理旗務之王公等一體辦理。」〔註38〕

　　《銓選則例》與《處分則例》配合適用更為密切。如乾隆朝《欽定吏部處分則例》卷一「接壤迴避」條：「……或應在部呈明或應在本籍本任督撫處呈明迴避，俱詳載《銓選則例》……」〔註39〕同卷「貢監期滿考職」條亦是：「坐監限期載入銓選例內。」〔註40〕同書卷三「濫行題請調補」條也有規定：「濫行奏請陞用條款詳載銓選例內。」〔註41〕

　　實際審理官員犯罪案件時也有「照某某例」適用的例證。

　　乾隆三十四年托庸題參蒲縣訓導葉作揖即是佐證。

　　　太子少保議政大臣兵部尚書暫署吏部尚書事務正黃旗滿洲都

〔註34〕《欽定吏部處分則例（乾隆朝）》卷三「題升調補官員貪劣事發」條，香港蝠池書院出版有限公司2004年版，第50～51頁。

〔註35〕《欽定吏部處分則例（乾隆朝）》卷三「上司不揭參劣員分別議處」條，香港蝠池書院出版有限公司2004年版，第50頁。

〔註36〕《欽定吏部處分則例（乾隆朝）》卷一「大宛二縣冒籍出結」條，香港蝠池書院出版有限公司2004年版，第12頁。

〔註37〕《欽定吏部處分則例（乾隆朝）》卷六「南河廳員交代」條，香港蝠池書院出版有限公司2004年版，第89頁。

〔註38〕《欽定吏部處分則例（乾隆朝）》卷二「辦事貝子等罰俸」條，香港蝠池書院出版有限公司2004年版，第23頁。

〔註39〕《欽定吏部處分則例（乾隆朝）》卷一「接壤迴避」條，香港蝠池書院出版有限公司2004年版，第6～7頁。

〔註40〕《欽定吏部處分則例（乾隆朝）》卷一「貢監期滿考職」條，香港蝠池書院出版有限公司2004年版，第14頁。

〔註41〕《欽定吏部處分則例（乾隆朝）》卷三「濫行題請調補」條，香港蝠池書院出版有限公司2004年版，第44頁。

統臣托庸等謹題爲參奏事。該臣等議得內閣抄出山西學政吳嚴奏稱，竊惟教職一官，訓飭士子，乃其專責。臣自莅任後即檄行各屬月課送臣批閱，藉以整飭士習，檢束身心，業經通飭在案，詎有漫無約束，任意容隱如蒲縣訓導葉作揖者。緣臣正在考試平定州屬，於叁月貳拾柒日接有蒲縣知縣陳宣詳稟到臣，據稱，該縣出借穀倉接濟農民籽種，有蒲縣學生員王易命請領穀石，該縣以違例不准給領，該生不服，即肆咆哮，詳請斥革。並據該縣稟稱，生員王易命素不安靜，迭經戒飭有案，臣當即批令將該生斥革衣頂，飛檄本州隰縣知州穆丹提訊王易命如何咆哮，有無糾眾滋事之處，即嚴審究擬。乃該學訓導葉作揖並未詳稟到臣，實屬有心容隱。如此廢弛溺職之員，既不能約束於前，又復諱匿於後，未便姑容，相應據實恭奏，伏乞皇上睿鑒等因。乾隆叁拾肆年肆月初陸日奉硃批：該部嚴察議奏。欽此。欽遵。於肆月初玖日抄出到部。查教官有約束士子之責，今蒲縣生員王易命領出借農民籽種，該縣以違例不准即肆行咆哮，該教官既不能約束於前，又復諱匿於後，殊屬溺職，應將蒲縣訓導葉作揖照溺職例革職，恭候命下，臣部遵奉施行。臣等未敢擅便，謹題請旨。

　　乾隆叁拾肆年肆月拾柒日

　　太子少保議政大臣兵部尚書暫署吏部尚書事務正黃旗滿洲都統臣托庸……等人（後 19 人均署兵部侍郎、郎中、員外郎、主事等銜）

　　依議。〔註42〕

　　教導約束生員本是基層教官職責。生員因細事咆哮公堂，實有辱斯文，教官難辭教導不力之責。縱不能約束好，也應及時調解、制止，至少也應及時上報。種種延擱，殊屬溺職，實難辭其咎。針對具體行爲，並無一定罪名規範，但分析行爲性質，可堪適用類似則例予以懲戒，故比照「溺職例」予以蒲縣教官葉作揖革職處分。法有一定，僞有無窮，「照某例」處罰賦予辦案者以自由裁量權力，符合當時社會管理統治需要，與當局目標一致，此處雖舉一例，但實踐中此種例案一定不少。

　　除《吏部則例》外，其他部院則例如戶部、工部則例亦有內部條款配合適用規定。乾隆朝《欽定戶部則例》卷二「奴僕」條就規定駐防各官不准收

〔註42〕中國第一歷史檔案館：內閣全宗，檔案號：02-01-03-06346-008。

買本省民人爲僕，如果縱令家人私買及囑託兵丁買的話，「照本官買人例議處。」〔註43〕同條還規定八旗絕戶家奴贖身銀兩比照「絕戶財產例」辦理：「八旗絕戶家奴如無族主可歸者，該旗查明如係遠年舊僕及乾隆元年以前契買奴僕造冊送部轉行地方官收入民籍，其乾隆元年以後契買奴僕令其贖身爲民，身價銀兩照絕戶財產例辦理（絕戶財產例詳見田賦門）。」〔註44〕光緒朝《欽定工部則例》卷二十六「鉛子庫盤查年限」條的按語使用指示引用立法技術，也即則例條款之間配合適用的樣證：「鉛子庫滿漢監督現改額設題缺滿員外郎漢主事各一員，詳通例。」〔註45〕「詳通例」即是參看該書卷百二「通例五」之「司員筆帖式差委」條規定。〔註46〕

第三節　本部院則例與其他部院則例配合適用

各部院職責各有執掌，但有些事務、案件卻需多部門合作。則例基本是各部院因各自職責制定，其適用自然也會多有各部則例互相配合的情形。在同治朝《戶部則例》編纂「凡例」中則已明白說明，「至議敘議處事隸吏、兵二部，臣部（戶部，筆者按）例內毋庸詳載。此次概從節刪，以符體制。」〔註47〕《吏部處分則例》分爲吏、戶、禮、兵、刑、工六門，即針對各部犯罪進行相應懲處。除了兵部在管理兵丁、旗人、武官上有與吏部並列的處分權限、刑部有《大清律例》適用以外，其他戶部、禮部、工部則例少有規定罰則，多爲指導性條款，若有違犯不遵，其犯罪構成在本部院則例內規定，其處罰則需適用《吏部處分則例》。反過來《吏部處分則例》規定犯罪構成要件有時也會指示到各部院則例。當然，在其文本陳述上，有時明白標明載於何種則例，有時則是用「照例」這樣的籠統字眼，有時則是直接引用其他則例中的條款名目。舉例爲證。乾隆朝《欽定吏部處分則例》卷二「降革人

〔註43〕《欽定戶部則例（乾隆朝）》卷二「奴僕」條，香港蝠池書院出版有限公司2004年版，第58頁。
〔註44〕同上，第59頁。
〔註45〕《欽定工部則例（光緒朝）》卷二十六「鉛子庫盤查年限」條，香港蝠池書院出版有限公司2004年版，第231頁。
〔註46〕《欽定工部則例（光緒朝）》卷百二「司筆帖式差委」條，香港蝠池書院出版有限公司2004年版，第717頁。
〔註47〕《欽定戶部則例（同治朝）》「凡例」，香港蝠池書院出版有限公司2004年版，第31頁。

員分別捐復」條第三款：「……革職之外問擬笞杖徒罪及軍臺已滿換回贖回者，俱令其加等報捐（銀兩數目詳載戶部捐例內）……」〔註 48〕這裡的「戶部捐例」就是指戶部關於官員捐納的則例，其乾隆朝做法已不得而知，但其同等性質條款可於《光緒朝捐納則例》窺見一斑。又乾隆朝《欽定工部則例》卷二十四「起運京銅限期」條規定運官回任部給執照，限一百一十天，「若……無故違限，照赴任遲延例議處。」〔註 49〕同書卷一百十九「考核筆帖式」條對各司筆帖式專責該司官考核進行規定：「……如郎中等不據實揭報照正印官不行查報佐貳例議處。」〔註 50〕道光朝《欽定禮部則例》卷四十六「頒發印信」條小字按語對違反繳銷舊印期限者參處的依據進行了標記：「謹按：道光十七年……當經吏部奏准：嗣後各省官員請領新印繳銷舊印逾限四月以外，應由禮部核明遲延月日咨部，照欽部事件遲延例按逾限遠近分別議處。其接到新印不繳還舊印者，逾限一年以上照例降一級留任，上司不行催領及不行催繳者俱罰俸三個月。」〔註 51〕此三例中「照赴任遲延例」、「照正印官不行查報佐貳例」、「照欽部事件遲延例」議處均係《吏部處分則例》之中條款。再如乾隆朝《欽定工部則例》卷一百二十四「禁令」條對違反《工部則例》規定與拒結事件出結者予以「照例加重議處（降二級調用）。」〔註 52〕此處「降二級調用」係提示作用，提示加重議處的結果會「降二級調用」。同時也提醒我們，這裡所依照的則例是《吏部處分則例》。

　　正是因為幾乎《吏部處分則例》所有條款都是懲罰性條款，《吏部處分則例》被引用得最廣泛。除了上述與沒有罰則的條款構成官員犯罪完整審斷依據以外，它還被廣泛應用至其他有處分權限的部分則例，或者成為其他部院則例的法源。如《欽定王公處分則例》卷二，很多處都小字標有「吏部則例」字樣。如「京察保送不實」條：「京察保送不實，降二級留任（公罪。吏部則

〔註 48〕　《欽定吏部處分則例（乾隆朝）》卷二「降革人員分別捐復」條，香港蝠池書院出版有限公司 2004 年版，第 30 頁。

〔註 49〕　《欽定工部則例（乾隆朝）》卷二十四「起運京銅限期」條，香港蝠池書院出版有限公司 2004 年版，第 128 頁。

〔註 50〕　《欽定工部則例（乾隆朝）》卷一百十九「考核筆帖式」條，香港蝠池書院出版有限公司 2004 年版，第 442 頁。

〔註 51〕　《欽定禮部則例（道光朝）》卷四十六「頒發印信」條，香港蝠池書院出版有限公司 2004 年版，第 298 頁。

〔註 52〕　《欽定工部則例（乾隆朝）》卷一百二十四「禁令」條，香港蝠池書院出版有限公司 2004 年版，第 459 頁。

例）。」〔註53〕再如「誤填六法」條：「京察誤填六法者，降二級調用（公罪。吏部則例）。」〔註54〕此條直接引用「六法」字樣。具體「六法」、「八法」則規定在《吏部處分則例》中。〔註55〕

　　另外，《吏部處分則例》還作爲其他有處分權的部院於本部院則例未備時咨取比照適用文本。如前引道光朝《欽定理藩院則例》卷四十三「蒙古處分例無專條，咨取吏、兵、刑等部則例比照引用」條的規定，蒙古王公等犯罪，如果《蒙古律例》沒有規定的，准許咨取比照引用吏部、兵部、刑部則例，然後根據蒙古情形定擬。〔註56〕《續纂內務府現行則例》慎刑司「處分官員」也載有「康熙十一年七月奏准，議處內府職員，有與吏部、兵部頒定律例相符者，即照依吏部、兵（部）律例定議。」〔註57〕與《吏部處分則例》並列的《兵部處分則例》也規定有綠營中奉旨記名陞用人員如果需要用陞用紀錄抵降級的話，「應照《吏部奏定章程》俱准其銷去陞用一次，抵降一級調用。」〔註58〕

　　《吏部處分條例》誠然是與其他則例配合得最密切的則例，但其他則例之間也有密切配合，如《禮部則例》與《光祿寺則例》、《科場條例》、《學政全書》，《戶部則例》與《漕運全書》、《賦役全書》、《捐納則例》等。乾隆朝《欽定戶部則例》卷三「民壯」條就規定直省州縣召募防衛倉庫、協緝盜賊的民壯的公食名數詳載《賦役全書》。〔註59〕

〔註53〕《欽定王公處分則例（朝代不明）》卷二「京察保送不實」條，載楊一凡、田濤主編：《中國珍稀法律典籍續編》第六冊，黑龍江人民出版社 2002 年版，第 323 頁。

〔註54〕《欽定王公處分則例（朝代不明）》卷二「誤填六法」條，載楊一凡、田濤主編：《中國珍稀法律典籍續編》第六冊，黑龍江人民出版社 2002 年版，第 325 頁。

〔註55〕《欽定吏部處分則例（乾隆朝）》卷四「八法」條、「大計六法官員引見」條等，香港蝠池書院出版有限公司 2004 年版，第 68～71 頁。

〔註56〕《欽定理藩院則例（道光朝）》卷四十三「蒙古處分例無專條，咨取吏、兵、刑等部則例比照引用」條，香港蝠池書院出版有限公司 2004 年版，第 623 頁。

〔註57〕《續纂內務府現行則例（乾隆朝內府稿本）》都虞司「處分官員」條，香港蝠池書院出版有限公司 2012 年版，第 109 頁。

〔註58〕《兵部處分則例（道光朝）》綠營卷一「加級紀錄分別抵銷」條，中國基本古籍庫（電子數據資源），第 164 頁。

〔註59〕《欽定户部則例（乾隆朝）》卷三「民壯」條，香港蝠池書院出版有限公司 2004 年版，第 65 頁。

第四節　各部院則例與《大清律例》配合適用

則例與《大清律例》配合適用情形較多，可從則例中指引適用《大清律例》、《大清律例》參考則例適用兩個方面探析。

先看則例中指示適用《大清律例》的情況。

罰俸、降級、革職懲罰對象是官員，今日所謂行政處罰。笞、杖、徒、流、死五刑適用於懲罰觸犯《大清律例》規定的犯罪行為。二者有無關聯？在光緒朝《吏部處分則例》卷一「公式」門中將律的規定稍作變通地移到則例中，將二者作了會通折算，尤其是笞、杖二刑。這樣就使得官員若犯《大清律例》中笞、杖處罰的犯罪時，可轉化為行政處罰。具體規定如下：

「官員公罪私罪按照刑律分別定議。係公罪笞一十者，罰俸一個月；笞二十者，罰俸兩個月；笞三十者，罰俸三個月；笞四十者，罰俸六個月；笞五十者，罰俸九個月；杖六十者，罰俸一年；杖七十者，降一級留任；杖八十者，降二級留任；杖九十者，降三級留任；杖一百者，革職留任。係私罪，笞一十者，罰俸兩個月……」私罪均比公罪重一級懲罰。後面還有數條「律載違令者」「律載事應奏而不奏者」「律載申文錯誤者」等公罪私罪如何懲罰的規定。〔註60〕

「笞杖」與「罰俸」換算的規定詳載《大清律例》卷四名例律上「文武官犯公罪」條中。律文中又將則例裏對律條的修正作了說明。如律文中「杖七十，降一級」，則例則是「杖七十者，降一級留任」。〔註61〕

再如乾隆朝《欽定吏部處分則例》卷一「代寫履程」條規定月選各官不准請人代寫考試履歷，如果被查出代寫，「將代寫之人及本人一併照違制律革職。」〔註62〕同書卷七「接任官造旗員家口清冊」條規定如果官員「因聞訃奔喪，不後咨文先行歸旗，中途並無逗遛者，照違令私罪律於補官日罰俸一年。」〔註63〕

〔註60〕 《吏部處分則例（光緒朝）》卷一「公罪私罪案律定議」條，香港蝠池書院出版有限公司2004年版，第2～3頁。

〔註61〕 田濤、鄭秦點校：《大清律例》卷四「文武官犯公罪」條，法律出版社1999年版，第90頁。

〔註62〕 《欽定吏部處分則例（乾隆朝）》卷一「代寫履程」條，香港蝠池書院出版有限公司2004年版，第9頁。

〔註63〕 《欽定吏部處分則例（乾隆朝）》卷七「接任官造旗員家口清冊」條，香港蝠池書院出版有限公司2004年版，第98頁。

對於書吏、幕友、平民無官者，有些則例條款直接按照《大清律例》規定懲罰。例如乾隆朝《欽定吏部處分則例》卷一「考校律例」條規定每年歲底對官吏考校律例，律典載有「若有不能講解不曉律意者，官罰俸一月，吏笞四十」等語依據，「……各衙門吏典……如有不能講解者照律笞四十。」〔註64〕

亦有雖未明確說明罰則，但指示照某律治罪。乾隆朝《欽定吏部處分則例》卷三「降革官員督撫保留」條規定，百姓不准保留降調革職官員。若有此種情形，「將為首保留之人交刑部治罪。其有賄囑百姓保留者，將官民俱照枉法律治罪。」〔註65〕

往往官員犯誣告、受賄或侵挪虧空等罪，除予以行政處罰革職外，還要進一步交刑部治罪。治兵丁之武官、管旗人之旗官交兵部治罪。「交刑部治罪」、「以某罪論」字樣在《吏部處分則例》中有很多。〔註66〕

值得注意的是，在官員犯罪處分上，則例優先於《大清律例》適用。在光緒朝《吏部處分則例》卷一「公罪私罪案（筆者注：同按，下同）律定議」條有明確規定，〔註67〕本文第四章第一節中「優先適用則例」對此有詳細論述，此處暫略。

除了《吏部處分則例》對官員處分多涉《大清律例》配合適用以外，其他各部院則例對民眾、奴僕、士子、武舉等人群涉有處罰規定更多地是與《大清律例》配合適用。乾隆朝《欽定戶部則例》卷六「民人典買」條規定民人、旗下家奴、養子、開戶另記檔案人等人群若有典買旗地，清查時卻隱匿不主動說明，「事後查出，地畝入官，業主、售主均照隱匿官田律治罪。若清查後違例典賣，業主售主俱照違制律治罪，地畝價銀一併撤追入官……」〔註68〕據該條記載，「民人典買，乾隆十九年二月二十七日定例；旗下家奴人等典買，乾隆十八年九月初六日定例；盛京民人典買，乾隆三十四年十二月二十五日定

〔註64〕《欽定吏部處分則例（乾隆朝）》卷一「考校律例」條，香港蝠池書院出版有限公司2004年版，第15～16頁。

〔註65〕《欽定吏部處分則例（乾隆朝）》卷三「降革官員督撫保留」條，香港蝠池書院出版有限公司2004年版，第47頁。

〔註66〕如《欽定吏部處分則例（乾隆朝）》卷二「議處官員不得擅用『加倍』字樣」條：「違者，以故入人罪論」，香港蝠池書院出版有限公司2004年版，第21頁。

〔註67〕《吏部處分則例（光緒朝）》卷一「公罪私罪案律定議」條，香港蝠池書院出版有限公司2004年版，第2頁。

〔註68〕《欽定戶部則例（乾隆朝）》卷六「民人典買」條，香港蝠池書院出版有限公司2004年版，第83頁。

例。」〔註69〕同書卷四十七「蒙古鹽斤」條規定除直隸省宣化府屬延慶州等十州以外，蒙古鹽斤不准侵越長蘆行鹽地界，「違者照私鹽法」懲治。〔註70〕該書卷五十一「私茶禁令」條規定造作假茶售賣、店戶窩頓、興販私茶賣與外國人、未經入番數私販、批驗截角退引影射照茶等種種行為，或在一定斤數以上或不拘斤數，或限定在某些地域或不拘地點，均以私茶論，將「本商及知情歇家、牙保各照刑例科罪」，即適用「私鹽例」予以處分。〔註71〕

另如同治朝《欽定戶部則例》卷二「迷失幼丁」條規定若有隱匿寄養捏報八旗迷失幼丁，將「寄養受寄之人照隱漏丁口律治罪，族長人等照里長失於查勘律治罪。」〔註72〕同卷「民人奴僕」條限制地方各級官員買所屬良民為奴，更不許轉相餽送奴僕，「違者照略買良民例治罪。」〔註73〕

不僅管理民人如是，則例對士子、武舉、書商等人的處罰規定亦多指示適用《大清律例》。嘉慶朝《欽定學政全書》卷十四「書坊禁例」條規定限期盡數呈繳銷毀坊間所有存貯的刪節經書版片，「如逾限不交，一經查出，照違制律治罪……」〔註74〕

道光朝《欽定科場條例》對士子作弊、書商濫刊濫售、考官監考閱卷錄取受賄、影響考場秩序等不當行為懲罰較為嚴厲，多用刑典治罪。與前列嘉慶朝《欽定學政全書》卷十四「書坊禁例」條處罰規定相似者較多，「從重治罪」、「嚴拿送刑部重處」等字樣比比皆是，如卷三十五「冒籍」條規定挾仇誣告從重治罪、〔註75〕卷三十一「巡綽員役」條如有搶劫之徒即行嚴拿送刑

〔註69〕《欽定戶部則例（乾隆朝）》卷六「民人典買」條，香港蝠池書院出版有限公司 2004 年版，第 83 頁。

〔註70〕《欽定戶部則例（乾隆朝）》卷四十七「蒙古鹽斤」條，香港蝠池書院出版有限公司 2004 年版，第 423 頁。

〔註71〕《欽定戶部則例（乾隆朝）》卷五十一「私茶禁令」條，香港蝠池書院出版有限公司 2004 年版，第 489 頁。

〔註72〕《欽定戶部則例（同治朝）》卷二「迷失幼丁」條，香港蝠池書院出版有限公司 2004 年版，第 219～220 頁。

〔註73〕《欽定戶部則例（同治朝）》卷三「民人奴僕」條，香港蝠池書院出版有限公司 2004 年版，第 306～307 頁。

〔註74〕《欽定學政全書（嘉慶朝）》卷十四「書坊禁例」條，香港蝠池書院出版有限公司 2004 年版，第 149 頁。另見《欽定科場條例（道光朝）》卷三十四「禁止刊賣刪經時務策」條，香港蝠池書院出版有限公司 2004 年版，第 380 頁。

〔註75〕《欽定科場條例（道光朝）》卷三十五「冒籍」條，香港蝠池書院出版有限公司 2004 年版，第 382 頁。

部重處，〔註76〕情節嚴重者如考官士子交通作弊甚至斬立決。〔註77〕咸豐朝
《欽定武場條例》卷十「本生事故不准應試」條規定「武生、武童遇本生父
母之喪期年內不准應試，違者照匿喪律治罪。」〔註78〕同書卷十二「士子罷
考」條規定「凡聚眾罷市罷考毆官脅制等事，將為首為從及逼勒同行之武生、
武童照依光棍例分別治罪。」〔註79〕「光棍例」係《大清律例》卷二十五「恐
嚇取財」律下所載條例。

　　以上探討的多為則例中規定對某些犯罪處罰適用《大清律例》的情形，
其實，刑部在審斷司法案件適用《大清律例》時很多時候亦需要查照各部院
則例配合適用。比如前引《大清律例》卷四「文武官犯公罪」條規定「如吏、
兵二部《處分則例》，應降級、革職戴罪留任者，仍照例留任。」〔註80〕此處
係則例對官員犯罪處分與《大清律例》不同，需要適用則例而不是《大清律
例》。此種規定在《大清律例》文本中規定較少，但在實踐操作中卻有不少配
合適用的地方。薛允升在其《讀例存疑》一書中對此有不少說明。他在該書
《例言》中闡明則例與刑例的關係：「各部則例俱係功令之書，有與刑例互相
發明者，亦有與刑例顯相參差者。茲採錄數十條，或以補刑例之缺，或以匡
刑例之誤，彼此參考，其得失亦可灼然矣。」〔註81〕比如他在該書「除名當
差」律下第二款條例所加按語中說道：「應與文武官犯公罪一條及《戶部則例》
廩祿門『免追官員罰俸』一條參看。」接著又發表自己的意見說：「戶部既有
專條，此例無關引用，似應刪除。」〔註82〕類似意見通書隨處可見。有時薛
允升直接將《吏部則例》、吏部與兵部《處分則例》、《戶部則例》、《工部則

〔註76〕《欽定科場條例（道光朝）》卷三十一「巡綽員役」條，香港蝠池書院出版有
　　　　限公司 2004 年版，第 360 頁。

〔註77〕《欽定科場條例（道光朝）》卷三十三「嚴禁夤緣諸弊」條，香港蝠池書院出
　　　　版有限公司 2004 年版，第 370 頁。

〔註78〕《欽定武場條例（咸豐朝）》卷十「本生事故不准應試」條，香港蝠池書院出
　　　　版有限公司 2004 年版，第 278 頁。

〔註79〕《欽定武場條例（咸豐朝）》卷十二「士子罷考」條，香港蝠池書院出版有限
　　　　公司 2004 年版，第 297 頁。

〔註80〕田濤、鄭秦點校：《大清律例》卷四「文武官犯公罪」條，法律出版社 1999
　　　　年版，第 90 頁。

〔註81〕（清）薛允升著，胡星橋、鄧又天主編：《讀例存疑點注》卷首「例言」（未
　　　　排頁碼），中國人民公安大學出版社 1994 年版。

〔註82〕（清）薛允升著，胡星橋、鄧又天主編：《讀例存疑點注》，中國人民公安大
　　　　學出版社 1994 年版，第 27 頁。

例》、《督捕則例》、《中樞政考》、《學政全書》等條款直接列在按語裏，以證或則例規定較刑例更爲具體詳細，或二者參差，建議刑例需修改。〔註83〕有時薛允升還會通過點明「交部」、「送部」等字眼中的「部」是指六部中的哪一部，說明刑例與則例的配合適用。如「脫漏戶口」條下按語示明「與《戶部例》戶口門『比丁』各條參看。此例『送部』及『經部察出』，均指戶部而言。戶部定有專條，較爲詳明。此例無關引用，似應刪除。」〔註84〕有時他還會討論則例與《大清律例》刑例條款興廢改易原因及過程，以觀二者競合適用的動態過程。「典買田宅」律下最後一條條例按語中他說道：「《戶部則例》旗民交產各條內有『無論京旗屯田、老圈、自置，俱准旗戶民人互相賣買，照例稅契升科』等語，俱與此例不符。光緒十五年，復經戶部奏明仍照原例。即此一事，而數十年間屢經改易，蓋一則爲多收稅銀起見，一則爲關係八旗生計起見也。」〔註85〕

　　總之，薛允升《讀例存疑》一書記錄了清代刑部審案實踐中的操作細節，展現了《大清律例》與各部院則例如何配合、競合適用的過程，以及他對不協調的地方解決方法的思考，對今天探討各部院則例與《大清律例》配合適用有非常大的價值。〔註86〕

　　關於各部院則例與《大清律例》配合適用的例證在咸豐朝《欽定王公處分則例》中有不少記載，筆者已將這些例證整理成表，附錄文後，請尋找參看。在此謹舉內閣全宗中的一例，以便更好地瞭解則例與《大清律例》在清代審理案件中是如何配合適用的，並作爲本節束尾。例爲乾隆二年五月三十日大學士兼管吏部尚書事務張廷玉題爲遵議河南特參署唐縣知縣汪運正、分巡道李愼修未奉部覆巡縣查監違例保釋照律降級留任事。

　　　　總理事務經筵講官少保兼太子太保保和殿大學士兼管吏部戶
　　部尚書事加拾級臣張廷玉等謹題爲據揭題參事。吏科抄出原任河南

〔註83〕具體例證見（清）薛允升著，胡星橋、鄧又天主編：《讀例存疑點注》，中國人民公安大學出版社1994年版，第67、70～71、109、133、139、201、883頁。

〔註84〕（清）薛允升著，胡星橋、鄧又天主編：《讀例存疑點注》，中國人民公安大學出版社1994年版，第163頁。

〔註85〕（清）薛允升著，胡星橋、鄧又天主編：《讀例存疑點注》，中國人民公安大學出版社1994年版，第204頁。

〔註86〕在筆者撰寫論文期間，蒙陳煜老師信任，示以其未公開發表大作《論大清律例與各部院則例的銜接》，給予筆者不少啓發，在此謹致謝忱！

巡撫富德題前事，內開，該臣看得唐縣私鑄案內李林瑞，經臣審擬斬決，石得福審擬絞決，援赦具題部覆奉旨，李林瑞改為應斬，石得福改為應絞。俱著監候，秋後處決。欽此。欽遵轉行，去後，詎意南汝道李慎修於乾隆元年拾月貳拾陸日未奉部覆之先巡縣查監，因各犯俱係援赦人犯，隨檄飭唐縣取保候釋，並未令解回原籍，而該縣知縣汪運正亦未先即詳明，遽將李林瑞遞回原籍江南阜陽縣關移取保候釋，該犯雖未脫逃，即在原籍服毒身死，但不候部覆遽行保釋，殊屬違例。所有署唐縣知縣汪運正、分巡南汝二府光州一州道李慎修理合指參。茲據署布政使司布政使溫而遜按察使司按察使隋人鵬揭報前來相應具題，伏乞敕部議處施行。再照南汝道檄飭唐縣牌內原係七犯，除毆妻身死之閭仁私鑄案內之黃奇高、郭甫、曹自新四犯已奉恩旨免罪無庸拿禁，其私鑄案內之石得福現已收監。姦婦被夫殺死將姦夫擬抵之溫而立曾否收禁尚未據詳報，現在飭查合併陳明謹題請旨。乾隆貳年叁月貳拾捌日題，肆月拾玖日奉旨，汪運正等著議處具奏，該部知道。欽此。於乾隆貳年肆月貳拾日抄出到部，該臣等議得原任河南巡撫富德疏稱唐縣私鑄案內李林瑞，經臣審擬斬決，石得福審擬絞決，援赦具題部覆奉旨，李林瑞改為應斬，石得福改為應絞。俱著監候，秋後處決。欽此。欽遵轉行去後詎意南汝道李慎修之先巡縣查監，因各犯俱係援赦人犯，隨檄飭唐縣取保候釋，並未令解回原籍而該縣知縣汪運正亦未先即詳明遽將李林瑞遞回原籍江南阜陽縣關移取保候釋，該犯即在原籍服毒身死，但不候部覆遽行保釋，殊屬違例。所有署唐縣知縣汪運正、分巡道李慎修理合指參等因具題前來。查斬絞人犯應行援赦具題之案理應候部核明奉旨允准始行釋放，今該道李慎修等將私鑄案內人犯李林瑞等不候題覆明文，遽行飭令保釋，殊屬不合，查律內『凡事已奏申不待回報而輒施行者杖捌拾，官員犯杖捌拾，係公罪降貳級留任』等語，應將署唐縣知縣汪運正、分巡道李慎修均照律降貳級留任。查汪運正有加貳級應銷去加貳級抵降貳級，免其降級。恭候命下，臣部遵奉施行，臣等未敢擅便謹題請旨。

　　乾隆貳年伍月叁拾日

　　總理事務……臣張廷玉……等人（後 20 人都是吏部侍郎、員

外郎、主事銜）〔註87〕

本案中署唐縣知縣汪運正、分巡道李慎修沒有等到刑部覆文自作主張先將犯人保釋，「殊屬違例」，故吏部堂官引《大清律例》律條規定議處。本案中所說「查律內『凡事已奏申不待回報而輒施行者杖捌拾，官員犯杖捌拾，係公罪降貳級留任』等語」有所簡省合併，《大清律例》卷七「事應奏不奏」律條規定：「若已奏、已申不待回報而輒施行者，並同不奏、不申之罪。」不奏之罪處罰在前款規定：「事應奏而不奏者，杖八十。」〔註88〕再根據卷四「文武官犯公罪」條：「該杖者……八十，降二級……俱留任。」〔註89〕因此擬判「降二級留任」，之後又根據則例中關於官員級紀抵銷的規定，允許有加二級紀錄的汪運正用其紀錄將此次處罰抵銷。由此案可見吏部處分官員時將則例與《大清律例》配合適用的複雜。

第五節　各部院則例與《大清會典》配合適用

《大清會典》所載多為具體品秩、數額、儀式等，未加罰則，違反規定之罰則仍在則例中規定。同治朝《戶部則例》「凡例」明白說明：「（上諭）其無關例意者，已歸《會典》恭載，例內不復恭錄。」〔註90〕因此，則例與《會典》也有配合適用的情形。因本朝修《會典》耗時較長，則例與《會典》配合適用一般是當朝則例與前朝《會典》配合適用。

乾隆朝《欽定吏部處分則例》卷十二「官員更名復姓歸籍分別題咨」條規定旗員、各省官員請求更名復姓的事件，「俱照《會典》開載按照品級分別咨題，准其更復。如有假冒等情，將該員革職治罪；出結官照代頂冒人員出結例革職。」〔註91〕查雍正朝《會典》卷二十二「更名復姓」條：「凡更復名姓，康熙三年題准，漢軍、漢人、現任官員，在內中、行、評、博，在外知

〔註87〕中國第一歷史檔案館：內閣全宗，檔案號：02-01-03-03434-011。

〔註88〕田濤、鄭秦點校：《大清律例》卷七「事應奏不奏」條，法律出版社 1999 年版，第 160～161 頁。

〔註89〕田濤、鄭秦點校：《大清律例》卷四「文武官犯公罪」條，法律出版社 1999 年版，第 90 頁。

〔註90〕《欽定戶部則例（同治朝）》「凡例」，香港蝠池書院出版有限公司 2004 年版，第 27 頁。

〔註91〕《欽定吏部處分則例（乾隆朝）》卷十二「官員更名復姓歸籍分別題咨」條，香港蝠池書院出版有限公司 2004 年版，第 149 頁。

縣以上，及候選進士，皆令具題。其餘現任及候選官員，止呈堂註冊。旗下取該都統印結；漢人在京，取同鄉京官印結；在外，具呈地方官咨部，准其更復。旗下移咨戶、兵二部，及該都統；漢人止咨戶部。又題准，督撫有更名復姓者，許互相代題。」〔註92〕果然詳細規定了官員更名復姓的操作流程，但懲罰條款還在則例中規定。

乾隆朝《欽定吏部處分則例》卷十九「盤查私茶」條：「凡茶商赴楚買茶照《會典》每茶一千斤准帶附茶一百四十斤……如部引之外有搭行印票及附茶不依所定斤數，多帶私茶者，即查拿，照私鹽律治罪。如查驗地方官故縱失察者，照失察私鹽例議處。」〔註93〕查雍正朝《會典》卷五十三「茶課」條：「十年。覆准：茶商舊例，大引附茶六十簍，小引附茶六十七斤零。今定：每茶一千斤，概准附茶一百四十斤。如有夾帶，嚴查治罪。」〔註94〕《會典》上說「嚴查治罪」，並未有具體罰則，規定在則例中；則例說「照私鹽律治罪」，「私鹽律」又規定在《大清律例》卷十三戶律「鹽法」條中。

光緒朝《吏部處分則例》卷三十一「婚喪務遵定製」條：「嘉慶二十五年十月初四日奉上諭……著步軍統領及直省督撫各飭所屬，將民間婚喪等事悉照《會典》所載規條刊發，遍行曉諭，務令祇遵，不得習尚浮華，有違定製。仍著該管各衙門隨時稽察。如有不遵例制者，嚴行究辦，以副朕敦本務實至意。欽此。」後又有例條：「民間喪祭之事，誦經禮懺仍聽其自便外，其有絲竹管絃演唱佛戲者，地方官失於查禁，罰俸一年。」〔註95〕而在雍正朝《會典》卷六十五「官民婚禮」條中詳細規定了官民婚禮嫁娶禮制：「崇德間……軍民人等，行納幣禮。布衣一襲，布衾、褥一床，銀耳墜全副。定婚日，宴，用牲一。娶日，宴，用牲二。自超品公以下，至軍民人等婚娶，若違定例多用者，多用之物入官。兩家俱議罪。」此處罰則存於崇德年間，至下面順治、康熙、雍正均只規定規制，並無罰則。〔註96〕

〔註92〕《大清五朝會典》第三冊《雍正會典》卷二十二「更名復姓」條，線裝書局
　　　　 2006 年版，第 266 頁。

〔註93〕《欽定吏部處分則例（乾隆朝）》卷十九「盤查私茶」條，香港蝠池書院出版
　　　　 有限公司 2004 年版，第 233 頁。

〔註94〕《大清五朝會典》第四冊《雍正會典》卷五十三「茶課」條，線裝書局 2006
　　　　 年版，第 806 頁。

〔註95〕《吏部處分則例（光緒朝）》卷三十一「婚喪務遵定製」條，香港蝠池書院出
　　　　 版有限公司 2004 年版，第 413～414 頁。

〔註96〕《大清五朝會典》第五冊《雍正會典》卷六十五「官民婚禮」條，線裝書局

　　據筆者目前所見，則例與《大清會典》配合適用的情形主要有四種：第一種是關於禮儀方面的規定，此方面規定所佔比重最大；第二種是關於官員職位、品級、身份、籍貫變動的規定；第三種是關於商人合理經營許可的規定；第四種是關於辦理管轄地理區域內案件事宜的規定。

　　第一種關於禮儀方面的規定。前引光緒朝《吏部處分則例》卷三十一「婚喪務遵定製」條的內容就是關於民間婚喪嫁娶禮儀、規制的規定。所防範者怕其僭越失禮。再如道光朝《欽定禮部則例》卷三十二「親王以下凡品官冠服」條的按語也規定嘉慶五年以後八九品官員和未入流的官員的帽頂「俱當謹遵《會典》分別戴用，毋許僭越……」〔註97〕雍正朝《欽定吏部處分則例》卷三十一「相見不遵儀注」條也規定督撫、提鎮等官相見「務遵《會典》所載儀注」，朝衣與補服的穿戴各有場合，不需擅穿，「違者均照錯誤儀注例議處。」〔註98〕其他如直省督撫、主事等內外衙門大小官員關於儀從器杖、數珠的使用，也要遵守《大清會典》定製，如果違反均會「照違制律議處」。〔註99〕

　　第二種關於官員職位、品級、身份、籍貫變動的規定。上面所引乾隆朝《欽定吏部處分則例》卷十二「官員更名復姓歸籍分別題咨」條即是例證。

　　第三種關於商人合理經營許可的規定。乾隆朝《欽定吏部處分則例》卷十九「盤查私茶」條所引茶引的數額規定即是《大清會典》所載，此限額即是合理經營許可範圍，超出《會典》所載茶引份額就要受到懲罰。

　　第四種關於辦理管轄地理區域內案件事宜的規定。乾隆朝《欽定吏部處分則例》卷四十一「司坊官按地分理事宜」條規定五城司坊各官職守區域範圍「仍遵《會典》舊例」，按地分理指揮人命、竊盜案件云云。〔註100〕

　　以上四種情形係筆者所見則例與《大清會典》配合適用的領域，其他領域則例適用是否仍有遵從《大清會典》定製之處，尚待有識君子披尋發掘。

　　　　2006 年版，第 1044 頁。
〔註97〕《欽定禮部則例（道光朝）》卷三十二「親王以下凡品官冠服」條，香港蝠池書院出版有限公司 2004 年版，第 234 頁。
〔註98〕《欽定吏部處分則例（雍正朝）》卷三十一「相見不遵儀注」條，香港蝠池書院出版有限公司 2004 年版，第 260 頁。
〔註99〕《欽定吏部處分則例（乾隆朝）》卷二十九「督撫儀從器杖違制」條，卷三十一「越分擅用數珠」條，香港蝠池書院出版有限公司 2004 年版，第 339、346 頁。
〔註100〕《欽定吏部處分則例（乾隆朝）》卷四十一「司坊官按地分理事宜」條，香港蝠池書院出版有限公司 2004 年版，第 448 頁。

第六節　各部院則例與上諭配合適用

上諭是形成則例條款淵源之一，本文在第二部分已述及。在中國古代，皇權至上，皇帝詔旨即是法律淵源之一，且效力往往最高。但皇帝統治國家，法條穩定也必不可少。因此皇帝也不是隨意隨時都是破壞既有法律規定，凌駕於法律之上。在前朝流傳下來法官抗皇命不遵的故事都能說明這個道理。〔註101〕清朝統治者亦不例外。皇帝在某種程度上具有創制、修改法律的權力，甚至有凌駕法律之上的特旨、特恩，但也有一定範圍內遵守法律的固有規定的情況。因此上諭與則例的關係也很微妙複雜。

首先，律例均無正條，亦無可比之案時，吏部需「司員與堂官公同定議，上奏請旨，著爲定例，以備引用。」具體已見前引光緒朝《吏部處分則例》卷一「公罪私罪案律定議」條。

其次，官員不得擅用「加倍」字樣，否則按故入人罪論。亦見前述。皇帝方有加倍靈活處罰或特旨、特恩減等等權力。這時則凌越了既有的則例規定。

再其次，皇帝將案件交給吏部或三法司、九卿等討論，吏部領銜議覆後，皇帝予以或認可「依部議」，或予以辨析矯正。

最後，吏部每年辦理五萬七千多件案件，〔註102〕更多的是按照既有則例辦理，上奏，如果皇帝認同則批以「知道了」、「依議」，如果不認同，則或直接改判，或發交吏部或別部重審。翻看硃批奏摺，這種情況更普遍。

需要說明的是，即使皇帝裁決與既有律例規定不同，也並不是隨意任性爲之。一般皇帝都會予以解釋，多從例意、天理、人情等方面考量增減，或從程序上指出不當之處。光緒朝《欽定吏部處分則例》卷一「檢舉減議」條在則例條文前記載有三個皇帝意見，即本條則例制定理由及來源。其中第一則係嘉慶皇帝於十一年十二月十七日對吏部免議戶部堂司官失察失職後自行檢舉之案「所辦非是」的指示。吏部是按照則例辦理，但嘉慶皇帝認爲：「此事戶部堂司等官……其疏忽之咎究有難辭……今吏部即因檢舉舊例堂官有免

〔註101〕如張釋之審縣人犯蹕案，帝欲殺之，張釋之僅根據法令處以罰金。他解釋：法者，天子所與天下公共也。今法如是，更重之，是法不信於民也。且方其時，上使誅之則已。今已下廷尉，廷尉，天下之平也，一傾，天下用法皆爲之輕重，民安所措其手足？

〔註102〕《欽定吏部則例（道光朝）》「奏疏」，香港蝠池書院出版有限公司2004年版，第1頁。

議之條，亦止當於本內聲明請旨，何得遽爾免議……所有戶部出結不慎之司官著罰俸一年，失察檢舉之司官著罰俸六個月。其堂官等均著罰俸一個月。吏部堂官率行定議，亦著罰俸一個月，均准其抵銷。欽此。」〔註103〕從這則諭旨中可以看出，吏部、戶部辦案是要遵行則例規定，但皇帝有權根據自己判斷，或天理，或國法，或人情，對吏部所做符合則例的處理進行更改，予以改判。上諭的法律效力最高。另外還需要注意皇帝的個人想法。「家天下」使皇帝更加認眞，反倒會責怪臣子圖安逸簡單了事，或假手書吏，被書吏幕賓營私舞弊的行爲蒙蔽。不必看檔案奏摺，則例中所載上諭，語氣皆諄諄教誨、鼓勵防弊，比比皆是。

本章小結

本章總結了清代則例適用的具體方式，可謂多樣且複雜。則例大體可分爲指導性條款和懲罰性條款。指導性條款和直接規定具體罰則的懲罰性條款作爲各部院日常辦理案件、參處辦事人員的依據，多數是獨立適用的條款。隨著立法技術的成熟，立法中的指示技巧助成了則例在適用中既有本則例條款之間的配合適用，還有各部則例之間的配合適用，當然也包括與其他法律形式——《大清律例》、《大清會典》的配合適用。各部院則例之間的配合適用較多表現是吏部、兵部《處分則例》幾乎囊括規定了所有違犯其他各部院則例的處罰條款，加上內府系統《宗人府則例》、《欽定宮中現行則例》，以及咸豐朝以後王公適用的《欽定王公處分則例》，涵蓋了除皇帝以外所有人員的職責規範及其處分標準。則例與《大清會典》配合適用的條款、例證較少，集中在禮儀、官員身份籍貫變動、商人經營許可、官員管轄界域四個方面，其中關於禮儀方面的配合適用最多。與則例配合適用最多的是上諭和《大清律例》。上諭不僅是則例的制定來源之一，它在適用上有時維護則例的效力、保障則例的實施，有時又凌越則例的規定、憑己意加減恩免。則例與《大清律例》的配合適用最爲廣泛，也最複雜。二者既可互相轉化，共同配合懲治某種犯罪，又有互相競合優先適用何者的情形。在則例中多有適用《大清律例》條款，尤其是在雍正朝以前《處分則例》罰則不完善時，或者針對無官

〔註103〕《吏部處分則例（光緒朝）》卷一「檢舉減議」條，香港蝠池書院出版有限公司2004年版，第7頁。亦見光緒朝《欽定六部處分則例》卷一「檢舉減議」條，文海出版社1971年版，第33頁。

職之監生、舉人、幕友、書吏、普通民眾、奴僕等人，多指示適用《大清律例》。在《大清律例》方面，有些規定疏漏簡省，並不如則例詳細，有時需要參看則例規定進行審斷。

第四章　清代則例適用的一般原則

　　對法條進行抽象概括反映人們對律意認識的深化，律典中「名例」篇即是對律典一般原則的概括規定。探討作爲清代重要法律形式之一的則例的適用，在上一章討論了適用的具體方式之後，我們也有必要對其適用的一般原則進行探析。

　　在討論之前，先需說明一個問題：本章所要討論的則例適用的一般原則實基於對懲處性則例進行探討。理由如下：則例的指導性條款大多具體而微，其適用方式盡如前一章多言，或單獨適用，或條款配合，或與其他則例、《大清律例》等配合，用以指導各部院日常工作。適用方式較爲簡單，基本都是一事一則模式，不易歸納提煉一般適用原則。而懲處性條款的適用非常複雜，其內部適用的邏輯關係，層層深入，環環相扣，其突出表現在「公式」門的適用。則例的「公式」門之地位相當於律典的「名例」篇。並非所有則例都有「公式」一門，目前就筆者掌握近百種則例中只有六種則例有「公式」（實爲七種，《欽定王公處分則例》有兩個版本）——道光朝《兵部處分則例》、《欽定中樞政考》，光緒朝《吏部處分則例》（蝠池書院將其錯誤標爲《欽定吏部則例（嘉慶朝）》）、《欽定六部處分則例》、咸豐朝《欽定王公處分則例》（另有不詳朝代版本《欽定王公處分則例》〔註1〕）、乾隆朝《欽定戶部旗務則例》。當然這裡需要澄清的是，第一，並非說有「公式」一門才有類似「公式」的條款。「公式」門內的條款有很多均形成於乾隆、嘉慶朝，甚至還有少量形成於雍正朝。據筆者所見，雍正朝、乾隆朝《欽定吏部處分則例》無「公式」

〔註1〕　《欽定王公處分則例（朝代不明）》，載楊一凡、田濤主編：《中國珍稀法律典籍續編》第六冊，黑龍江人民出版社 2002 年版，第 307～383 頁。

門，這些此時形成的條款散佈在「降罰」等門。因有「公式」一門的集中纂輯，其一般規則的邏輯性更容易窺見、提煉。第二，筆者掌握則例版本有限，尚不及十幾分之一，但也基本涵蓋了各個部院常用則例，所缺多是各朝版本問題。乾隆朝《欽定戶部旗務則例》雖有「公式」之稱，仍偏於指導性質，討論俸銀發放扣繳問題，與「名例」意義上的「公式」有很大區別。光緒朝《欽定吏部處分則例》、《欽定六部處分則例》均有「公式」，雖然缺乏道光、咸豐、同治等朝版本，但可以想見，道光四年及其以後時間的《吏部處分則例》應均有「公式」一門。另外，光緒朝《欽定吏部處分則例》、《欽定六部處分則例》除了卷一「公式」，尚有部分類似「公式」條款規定在卷二「降罰」中。因此，需將此部分納入考察範圍。第三，咸豐朝《欽定王公處分則例》「公式」附在奏疏之後，但不詳朝代版本《欽定王公處分則例》「公式」僅有一條，且是具體條款，其類似「公式」的規定俱載在卷首「查例章程」、「議處舊章」等目之內。綜上所言，本章所探討的則例一般適用原則主要依據的材料是道光朝《兵部處分則例》八旗、綠營「公式」，道光朝《欽定中樞政考》「公式」，光緒朝《欽定吏部處分則例》、《欽定六部處分則例》「公式」及「降罰」部分條款，咸豐朝《欽定王公處分則例》「公式」及不詳朝代《欽定王公處分則例》「查例章程」、「議處舊章」等目；輔之以乾隆朝《欽定戶部旗務則例》「公式」門及其他則例等材料。

第一節　優先適用則例與不得裁減徵引法條

　　各部院為辦理國家政事重要機構，它的辦事依據便是則例。如嘉慶十九年理藩院堂官所言：「部院衙門為政事總匯之區，慎守紀綱，必以定例為憑。」〔註2〕可知例有專條明確規定辦案必依則例辦理。然則例不能事事周遍，在例無專條時如何辦理？當依《大清律例》，律例俱無專條，得比照援引。比照援引不得裁剪徵引法條。請分述之。

一、優先適用則例

　　光緒朝《吏部處分則例》卷一「公罪私罪案律定議」條第二款規定：「凡

〔註2〕《欽定理藩院則例》「原修則例原奏」，香港蝠池書院出版有限公司2004年版，第2頁。

公罪私罪，俱案照本例議處定擬。其例無正條者，方准引律。若律文又無可引，則將例內情事相近者援引比照。倘律例俱無正條，又無可比照之例，該司員將案情詳細察核酌議處分，回明堂官，公同定議，於本內聲明，請旨，著為定例，以備引用。」〔註3〕咸豐朝《欽定王公處分則例》「引律議處」條亦有相同規定。〔註4〕可見官員、王公犯罪優先適用《處分則例》，例無正條才引《大清律例》斷罪；律例無正條，比照例內相近案例；上述三者均無，請旨裁定。對於八分公以上王公、守護陵寢者、特旨交宗人府議處者之處分在咸豐六年《欽定王公處分則例》修成之前亦均遵循吏、兵二部《處分則例》辦理（視王公所領職任文武而定），《欽定王公處分則例》纂成之後則照此辦理。「嗣後本府凡遇王公處分……如係本府應議者，先查分門則例，例有專條，照例核議，例無專條，查其情節輕重，核准應得笞杖罪名，分別公、私，按律科斷。」〔註5〕

　　《大清律例》懲罰手段係用五刑——笞、杖、徒、流、死，《處分則例》懲罰方式乃罰俸、降級留任、降級調用、革職留任、革職數種，引用《大清律例》斷罪，二者如何換算？第三章第四節所引光緒朝《吏部處分則例》卷一「公罪私罪案律定議」條第一款有詳細規定：「……係公罪笞一十者，罰俸一個月……杖七十者，降一級留任……係私罪，笞一十者，罰俸兩個月……杖一百者，革職。」〔註6〕道光朝《兵部處分則例》卷之一八旗、綠營「引律議處」條也有此項規定，只是文字有繁略之差：「凡議處官員例無正條援引律文按照笞杖等罪定擬者，分別公私予以處分。係公罪，笞一十，議以罰俸一個月；笞二十，議以罰俸兩個月……杖一百，議以革職留任。係私罪，笞一十，議以罰俸兩個月……杖一百，議以革職。」〔註7〕同樣的記載亦見

〔註3〕　《吏部處分則例（光緒朝）》卷一「公罪私罪案律定議」條，香港蝠池書院出版有限公司2004年版，第2頁。亦見光緒朝《欽定六部處分則例》卷一「公罪私罪按律定議」條，文海出版社1971年版，第24頁。

〔註4〕　《欽定王公處分則例（咸豐朝）》「引律議處」條，香港蝠池書院出版有限公司2004年版，第364～365頁。

〔註5〕　《欽定王公處分則例（朝代不明）》卷首「查例章程」，載楊一凡、田濤主編：《中國珍稀法律典籍續編》第六冊，黑龍江人民出版社2002年版，第309頁。

〔註6〕　《吏部處分則例（光緒朝）》卷一「公罪私罪案律定議」條，香港蝠池書院出版有限公司2004年版，第2頁。亦見光緒朝《欽定六部處分則例》卷一「公罪私罪按律定議」條，文海出版社1971年版，第24頁。

〔註7〕　《兵部處分則例（道光朝）》八旗卷一、綠營卷一「引律議處」條，中國基本古籍庫（電子數據資源），第2、162頁。《欽定中樞政考（道光朝）》、《欽定

於《欽定王公處分則例》卷首「查例章程」:「引律議處（須看「查例章程」內載小字何為公罪私罪）:一凡議處例無正條援引律文，按照笞杖等罪定議者，分別公私予以處分。公罪:笞一十，議以罰俸一個月;笞二十，議以罰俸兩個月;……杖一百，議以革職留任。私罪:笞一十，議以罰俸兩個月……杖六十，議以降一級;……杖九十，議以降四級，俱調用;杖一百，議以革職。（其如何分別應得笞、杖罪名，均有定律詳載於後。惟笞一十至笞三十，律載未備，蓋非減等科斷不能有此罪名。）」〔註8〕吏部、兵部、都察院及宗人府議處官員、王公時，有時會援引《大清律例》。當把《大清律例》作為審斷依據時，《大清律例》懲罰方式需轉換成《處分則例》適用。具體可參見第三章第四節。在兩種處罰方式換算之後，列舉了違制、違令等罪懲罰轉換，既是特意標出重要條款，亦算對此換算舉以例證。光緒朝《吏部處分則例》規定:

一、律載:制書有違，杖一百。凡官員違制者，係公罪，革職留任;係私罪，革職。

一、律載:違令者，笞五十（凡違詔旨者坐違制，違奏准事例者坐違令）。係公罪，罰俸九個月;係私罪，罰俸一年。

一、律載:事應奏而不奏者，杖八十。係公罪，降二級留任;係私罪，降三級調用。

一、律載:事應申上而不申上者，笞四十。係公罪，罰俸六個月;係私罪，罰俸九個月。

一、律載:凡不應得為而為之事，理輕者，笞四十。係公罪，罰俸六個月;係私罪，罰俸九個月。事理重者，杖八十。係公罪，降二級留任;係私罪，降三級調用。

一、律載:上書奏事錯誤者，杖六十。係公罪，罰俸一年。

一、律載:申文錯誤者，笞四十。係公罪，罰俸六個月。〔註9〕

王公處分則例（咸豐朝）》「引律議處」條規定措辭與《兵部處分則例（道光朝）》相同。見《欽定中樞政考（道光朝）》八旗卷十「引律議處」條，香港蝠池書院出版有限公司2012年版，第1115～1117頁。《欽定王公處分則例（咸豐朝）》「引律議處」條，香港蝠池書院出版有限公司2004年版，第363～364頁。

〔註8〕 《欽定王公處分則例（朝代不明）》「議處舊章」，載楊一凡、田濤主編:《中國珍稀法律典籍續編》第六冊，黑龍江人民出版社2002年版，第312頁。

〔註9〕 《吏部處分則例（光緒朝）》卷一「公罪私罪案律定議」條，香港蝠池書院出

上述條文亦見《欽定王公處分則例》。〔註10〕第三章第四節「各部院則例與《大清律例》配合適用」所引例證「乾隆二年吏部議處署唐縣知縣汪運正、分巡道李愼修」即是引用「事應奏不奏」爲依據擬的處分結果。道光朝《兵部處分則例》、《欽定中樞政考》除列舉「犯違制律」、「犯違令律」之外，還列舉了「犯不應重律、不應輕律」例證：「官員犯不應重律，杖八十。公罪，降二級留任；私罪，降三級調用。犯不應輕律，笞四十。公罪，罰俸六個月；私罪，罰俸九個月。」〔註11〕之所以將這九項單獨列出，是因爲在辦理處分官員案件中，這幾項是最常用罪名。

咸豐朝《欽定王公處分則例》爲此提供了一些例證：「嘉慶二十五年多羅貝勒奕紹於已革欽天監司書遽補食量天文生成案，係引例（照違令笞五十公罪罰俸九個月）。」〔註12〕「道光二年宗人府堂官議處和碩莊親王綿課，處分失之過輕成案，引例（照違令公罪例罰俸九個月）。」〔註13〕「道光十八年奉恩輔國公奕顥爲揀選佐領向功普囑託，將前鋒校吉慶選入成案，查律載，監臨勢要爲人囑託者，杖一百。又例載官員犯私罪杖一百，革職離任等語，係照例……」〔註14〕前兩例均是按「違令律」審斷，後一例違犯「監臨勢要爲人囑託」律結合律例折算予以「革職」處分。《欽定王公處分則例》還有不少這樣的例證，請參看筆者整理的附錄。

二、不得裁剪徵引法條

光緒朝《吏部處分則例》卷二「降罰」第一條「議處事件不得增刪例文」

　　　版有限公司 2004 年版，第 2～3 頁。亦見光緒朝《欽定六部處分則例》卷一
　　　「公罪私罪按律定議」條，文海出版社 1971 年版，第 24～25 頁。
〔註10〕　《欽定王公處分則例（朝代不明）》「議處舊章」，載楊一凡、田濤主編：《中
　　　國珍稀法律典籍續編》第六冊，黑龍江人民出版社 2002 年版，第 312～313
　　　頁。
〔註11〕　《兵部處分則例（道光朝）》八旗卷一、綠營卷一「引律議處」條，中國基本
　　　古籍庫（電子數據資源），第 2、162 頁。亦見《欽定中樞政考（道光朝）》八
　　　旗卷十「引律議處」條，香港蝠池書院出版有限公司 2012 年版，第 1116 頁。
〔註12〕　《欽定王公處分則例（咸豐朝）》「挑補未協」條下案例，香港蝠池書院出版
　　　有限公司 2004 年版，第 31 頁。
〔註13〕　《欽定王公處分則例（咸豐朝）》「議處失輕」條下案例，香港蝠池書院出版
　　　有限公司 2004 年版，第 27 頁。
〔註14〕　《欽定王公處分則例（咸豐朝）》「囑託營私」條下案例，香港蝠池書院出版
　　　有限公司 2004 年版，第 89 頁。

條規定：「承辦議處事件，務將律例正條或全文或一段或數語載入稿內，不得徒取字面相似以滋高下之弊。」〔註15〕並對不遵守此條的「自作」、「書吏舞弊而失察」等行為規定了罰則：「若將別條割裂增刪援引比照，致應行議處之員或免議或減議者，將承辦之員參革審擬（私罪）。係失察書吏舞弊照失察書吏舞文弄法例分別議處（例載書役門）。若將應議之員不引情罪相符之例，將別條割裂增刪加重處分，以致被議之員革職降調離任者，別經發覺，除將本員處分改正外，將承辦之員照所議之降革議處。如將應行免議、減議之員增刪例文致令降革離任者，亦照此例行（俱私罪）。係失察書吏舞弊亦照前例議處。如於未經發覺之先自行查出改正，准其免議。」〔註16〕此規定在於防範書吏任意裁剪、高下其手，官員故入人誤參。制定重處條款亦是保證則例威重令行。《欽定王公處分則例》亦將此條規定照搬載入，唯將指示詞「例載書役門」改為「例載部例書役門」，即指《吏部處分則例》「書役」門。〔註17〕

則例在議處官員犯罪時不僅優先適用，還要嚴格具引例文，尤其是在比照援引例文定擬時不得增刪所引例文以滋高下，可見則例適用規矩之嚴。雍正帝曾就援例議處發過諭旨，要求不可用「新例」字樣，要標出定例年份（不必具體月日），一是不必強調新舊聳人視聽，一是避免含糊牽混。「雍正二年閏四月奉上諭：嗣後本內援引新例之處不可用新例字樣，係何年所定之例只將年份寫出。」〔註18〕

雖然則例比律典優先適用，且可比照，但是否如學界有些學者所言「以例破律」？謹請略辨之。律典除了規範作用，還有宣化教育作用，律條越少，越顯示王朝皇帝仁慈，所以很多條款都是綱領性的。且王朝草創之初，一切從簡，譬如劉邦初入帝都僅「約法三章」就可以，但到王朝後期，社會穩定，

〔註15〕《吏部處分則例（光緒朝）》卷二「議處事件不得增刪例文」條，香港蝠池書院出版有限公司2004年版，第13頁。

〔註16〕《吏部處分則例（光緒朝）》卷二「議處事件不得增刪例文」條，香港蝠池書院出版有限公司2004年版，第13頁。光緒朝《欽定六部處分則例》卷二「議處事件不得增刪例文」條亦有此規定，唯將「照失察書吏舞文弄法例分別議處（例載書役門）」改為具體罰則「降二級調用（公罪）」。

〔註17〕具見《欽定王公處分則例（咸豐朝）》「議處事件不得增刪例文」條，香港蝠池書院出版有限公司2004年版，第379頁。《欽定王公處分則例（朝代不明）》卷首「議處事件不得增刪例文」，載楊一凡、田濤主編：《中國珍稀法律典籍續編》第六冊，黑龍江人民出版社2002年版，第321頁。

〔註18〕《欽定中樞政考（道光朝）》八旗卷十「援例議處不可用新例字樣」條，香港蝠池書院出版有限公司2012年版，第1101頁。

經濟發展，日常法律需求日益增多，而律文「乃祖宗之法」，不可變更，象徵意義更大於實際規範意義，因此要解決複雜的社會情況，就出現了諸多例文。但所有例文的例意，即法理均不超出律典所制，律典規定雖然是綱領，但卻全面且根本，所以後世制定例無不根據法理，僅在輕重緩急上有所偏重。這就是說則例與律典具有相同法源。《欽定王公處分則例》卷首「查例章程」有言：「要知例之專條係以辦過與律相符之案，纂爲則例，以作後世之則……蓋例因案入，例實由律出也。」〔註19〕故例即使被優先適用，也非破律。但是，例文繁多，更全面詳細覆蓋法律層面，更易被應用到解決社會問題上，不得不說這是例比律更優長的特點。

第二節　因身份不同而差別適用

則例雖因部門或事務纂輯成冊，但在適用上，也便出現了因身份不同而差別適用的情況，且成爲一種基本原則。其包含有三個含義：第一，不同身份的人適用不同的則例；第二，不同品級的官員適用不同的參奏方式；第三，不同身份的人犯罪懲處方式不同。

一、不同身份的人適用不同的則例

則例乃是各部院日常辦理公事的指導依據，多局限於本部院工作範圍，與《大清律例》調適社會生活不一樣。雖然則例數量龐大，適用對象也囊括了多種身份人群，吏部、兵部《處分則例》也針對官員犯罪跨部門適用，但從單獨則例及其規範對象來看，其適用仍因身份不同而由不同則例完成。比如官員與百姓不同，其有俸祿、級紀折抵，八旗與軍人與普通民人也不同，因此，《吏部處分則例》規範對象多爲文職官員，《兵部處分則例》規範對象則是八旗、綠營等武職官員和兵丁。再如，俸祿乃因職任所給，普通文武官員依憑全在此，但對於王公來說俸祿並不是唯一依憑，他們還有普通官員沒有的世職，因此，王公與普通官員懲罰也不同。另如太監、宮女等，與普通奴僕不同，其日常管理獎懲適用《欽定宮中現行則例》。當然，則例與律典並非替代關係，其相輔相成、互補關係（律例如何配合適用已如第三章所述，

〔註19〕　《欽定王公處分則例（朝代不明）》卷首「查例章程」，載楊一凡、田濤主編：《中國珍稀法律典籍續編》第六冊，黑龍江人民出版社 2002 年版，第 309 頁。

請參見）共同織成了清代龐大的法律網絡，在則例調整的範疇，因身份差別
適用不同，但若在律典的調整範疇，則適用同一。《欽定王公處分則例》在卷
首「查例章程」即指出了適用律與例的不同：「向來文武官員處分，吏、兵二
部，原有定例。惟王公多係世職，處分固亦相同，爵俸原屬有間，是以不能
一體辦理。本府特定《王公處分則例》，其例雖與文武各員有殊，而其律仍與
文武各員無異。何則？律者，法也。如笞杖罪名，自王公以至庶人同一，按
法科斷，律無二致。例者，比也。如罰俸、降留、降調、革留、革職等罪，
在王公應比照庶人，如何分別折罰，例有專條。」〔註 20〕雖然此節闡述的是
王公與文武官員、庶人在適用律與例的同與不同，但其所闡發的意義可通推
至所有不同身份人對律與例的適用，也可從中理解律與例的適用差別。具體
而言，《欽定王公處分則例》適用於八分公王室以上人群，八分公以下王室仍
根據文武職任適用《吏部處分則例》或《兵部處分則例》，遇世職，方按《王
公處分則例》折罰換算，比照辦理。這不僅涉及則例適用對象的問題，也關
係到宗人府和吏部、兵部受理案件管轄及適用則例原則問題。具體如朝代不
明《欽定王公處分則例》卷首「議處舊章」規定，已在第二章第一節則例適
用主體「宗人府」一節引用說明了，請參看。文武官員懲處適用《吏部處分
則例》、《兵部處分則例》，滿族人適用《八旗則例》、《旗務則例》，書吏、幕
賓、平民則多適用《大清律例》。

二、不同品級的官員適用不同的參奏方式

　　即使同是官員，因品級大小不同，在犯罪參奏時使用方式亦有差別。
五品以上用題參，六品以下用咨參。道光朝《欽定中樞政考》八旗卷十一
「降罰等案分別題咨」條對此區別作了明確規定：「內外五品以上武職旗員
遇有議處案件□（即？）經各部院核實查取職名者，毋庸復行題參……至
六品以下等官降革罰俸等案俱令咨參兵部彙題完結。」〔註 21〕其後又規定
了適用題參、咨參方式錯誤對承辦官員的懲罰：「五品以上旗員遇有緣事議
處應題參而誤用咨參者，將承辦各官並該管大臣均照例分別議處（例載《處

〔註20〕《欽定王公處分則例（朝代不明）》卷首「查例章程」，載楊一凡、田濤主編：
　　　　《中國珍稀法律典籍續編》第六冊，黑龍江人民出版社 2002 年版，第 309 頁。
〔註21〕《欽定中樞政考（道光朝）》八旗卷十一「降罰等案分別題咨」條，香港蝠池
　　　　書院出版有限公司 2012 年版，第 1251 頁。

分則例》公式門）。」〔註22〕查道光朝《兵部處分則例》八旗卷一（公式門）「降罰等案分別題咨」條果然規定有具體的罰則：「五品以上旗員遇有緣事議處應題參而誤用咨參者，將承辦各官罰俸一年（公罪），該管大臣罰俸九個月（公罪）。」〔註23〕

另外王等屬員斥革、各省駐防休革官員辦理適用分別奏咨。道光朝《欽定中樞政考》八旗卷九「王等屬員斥革分別奏咨」條記載了本條形成的道光朝兩道諭旨，從道光四年以後王等屬員斥革即分別適用奏咨：「道光四年八月十四日奉上諭，前據兵部奏惇親王門上二等護衛恒廉遺誤膳牌，咨部革退。經該部查明舊例，王等所屬五品以上官員如有過犯應行斥革者，該王等參奏後交部查議，入於半月彙題。自嘉慶三年以後，王等從未參奏交部，該部亦即據咨斥革，歸入彙題，與例不符，當經降旨仍照舊例辦理。惟思此項官員究係王府所屬，遇有過犯，該王等動輒奏聞，未免煩瑣。其應如何變通成例，分別應奏不應奏之處。著兵部妥議具奏。欽此。」〔註24〕至二十日兵部回覆後得旨：「嗣後王等所屬長史、司儀長等官遇有過犯應行斥革者，由該王等據實參奏，如奉旨交部查議，由兵部專案具體。至護衛五品典儀以上等官應行斥革者，無庸具奏，即由該王等轉咨兵部核議彙題，並著兵部於接到該王等咨文時仍覈其過犯情節，如果輕重懸殊，該部即行據實奏聞請旨。其六品以下等官如有過犯應行斥革者，仍照舊例咨行兵部革退，並著該部纂入則例。欽此。」〔註25〕

各省駐防休革官員亦以五品為分線是否專案題奏或隨時咨部：「各省駐防及東三省、察哈爾、新疆等處遇有告休革退官員，如五品以上者由該管大臣或奏或題，聲明請旨。俟奉旨後再行開缺。至六品以下所犯情節較重仍照舊例參奏，如僅止年老技庸、差使懶惰准令該管大臣隨時咨部入於彙題，毋庸專案題奏。」〔註26〕由此可見，五品與六品是分野，其所適用的參奏方式

〔註22〕《欽定中樞政考（道光朝）》八旗卷十一「降罰等案分別題咨」條，香港蝠池書院出版有限公司 2012 年版，第 1251～1252 頁。

〔註23〕《兵部處分則例（道光朝）》八旗卷一「降罰等案分別題咨」條，中國基本古籍庫（電子數據資源），第 4 頁。

〔註24〕《欽定中樞政考（道光朝）》八旗卷九「王等屬員斥革分別奏咨」條，香港蝠池書院出版有限公司 2012 年版，第 1091～1092 頁。

〔註25〕同上，第 1092～1093 頁。

〔註26〕《欽定中樞政考（道光朝）》八旗卷十一「各省駐防休革官員分別奏咨辦理」條，香港蝠池書院出版有限公司 2012 年版，第 1249 頁。

的差別，反映了身份與等級的區別。

三、不同身份的人犯罪懲處方式不同

　　古代身份等級所享有的權利義務差別，在《吏部處分則例》、《兵部處分則例》中體現得非常明顯。比如前引《吏部處分則例》「公罪私罪案律定議」條，文武官員犯罪優先適用則例，例無正條方准引律。當然我們從這條並不能說律的懲罰比則例更重，但我們從同等條件下比較，笞、杖、徒、流、死五刑還是要比罰俸、降級、革職殘酷。官員優先用行政懲罰代替刑罰，無論如何，懲罰還是比平民等要輕，而且官員還有紀錄、捐納等折抵，王公宗室更有世職可抵。在《吏部處分則例》中，幾乎對待書吏、幕賓、平民犯錯都是交刑部治罪。如乾隆朝《欽定吏部處分則例》卷六「部院衙門案卷交代」條對與官合夥作弊盜改案卷的經管書吏「交刑部治罪。」〔註27〕再如同書卷一「貢監期滿考職」條對索取陋規倒提年月的書吏等人要求「嚴加治罪。」〔註28〕另如卷三「狥私保舉幕賓」條：若被保舉幕賓出身不正，「將保送官降二級調用；保題之督撫均罰俸一年；本人（幕賓）送刑部治罪。」〔註29〕還有前已述及「考校律例」按律笞罰書吏〔註30〕、「降革官員督撫保留」條中將為首保留之百姓「交刑部治罪」。〔註31〕就筆者所見，關於不同身份人犯罪懲處方式不同情況可以做如下總結：王公和文武官員多數適用罰俸、降級等處罰；書吏、幕賓、平民等適用五刑體系的懲罰，即多適用《大清律例》；旗人以及領催、族長、兵丁還單獨適用鞭刑處罰。〔註32〕

〔註27〕《欽定吏部處分則例（乾隆朝）》卷六「部院衙門案卷交代」條，香港蝠池書院出版有限公司 2004 年版，第 94 頁。

〔註28〕《欽定吏部處分則例（乾隆朝）》卷一「貢監期滿考職」條，香港蝠池書院出版有限公司 2004 年版，第 14 頁。

〔註29〕《欽定吏部處分則例（乾隆朝）》卷三「狥私保舉幕賓」條，香港蝠池書院出版有限公司 2004 年版，第 48 頁。

〔註30〕《欽定吏部處分則例（乾隆朝）》卷一「考校律例」條，香港蝠池書院出版有限公司 2004 年版，第 15 頁。

〔註31〕《欽定吏部處分則例（乾隆朝）》卷三「降革官員督撫保留」條，香港蝠池書院出版有限公司 2004 年版，第 47 頁。

〔註32〕《兵部處分則例（道光朝）》八旗卷一「領催族長議處通例」條，中國基本古籍庫（電子數據資源），第 11～12 頁。《欽定中樞政考（道光朝）》八旗卷十「領催族長議處通例」條，香港蝠池書院出版有限公司 2012 年版，第 1133～1135 頁。

第三節　區分公罪私罪

公罪、私罪，在《大清律例》卷四「名例律上」中有「文武官犯公罪」、「文武官犯私罪」兩條，並就什麼是公罪、什麼是私罪從爲公還是爲己角度給出了定義：「凡一應不係私己而因公事得罪者，曰公罪。」「凡不因公事，己所自犯，皆爲私罪。」〔註33〕《欽定王公處分則例》卷首「查例章程」從有心還是無心犯錯的角度給了如下定義：「何爲公罪，無論公事、私事，凡一切無心錯誤罪非自取者，皆是。」「何爲私罪，無論公事、私事，凡一切有心錯誤罪由自取者，皆是。」〔註34〕二者同異須略辨明。在行爲達到犯罪程度前提下，按照《大清律例》規定，只有因公事不係私己者方算公罪；不因公事無論如何，和因公事私己者均是私罪。《欽定王公處分則例》則認爲，無論公事、私事，無心錯誤（相當於今世的過失）都是公罪，有心錯誤（相當於今世的故意）都是私罪。仔細比較二者定義差異非常有意思，不僅能看出古人制定法律用詞嚴謹，還能看出不同法律文本背後反映的不同哲學。細繹文本，二者有以下幾點值得注意的地方：第一，《大清律例》只用了公事，沒用私事（「因公事」、「不因公事」）；《欽定王公處分則例》用了公事、私事。第二，《大清律例》用「不係私己」作爲公罪要件，私罪沒有相關要件；《欽定王公處分則例》用了「有心」、「無心」。第三，按照《大清律例》，不因公事均爲私罪，無公罪；《欽定王公處分則例》則認爲公事、私事中均有私罪、公罪。

首先我們要瞭解《欽定王公處分則例》如何定義「公事」、「私事」：「所謂公事者，其過非由該爵家事所致」、「所謂私事者，其咎非因辦理國事而得」。〔註35〕該則例用了否定句式闡述了「公事」、「私事」形成的原因，不算眞正定義。但由此及結合後面王公「公事」、「私事」懲罰與《大清律例》規範對象不同，我們可知，王公身份與普通官吏不同，他們享有更多特權，處罰方式與普通官吏不同（見後），而針對他們的「公事」、「私事」、「國事」、「家事」也與普通官員的「公事」、私人之事不盡相同。

〔註33〕田濤、鄭秦點校：《大清律例》「文武官犯公罪」條，法律出版社1999年版，第90頁。
〔註34〕《欽定王公處分則例（朝代不明）》卷首「查例章程」，載楊一凡、田濤主編：《中國珍稀法律典籍續編》第六冊，黑龍江人民出版社2002年版，第310頁。
〔註35〕同上。

其次，《大清律例》用「私己」、《欽定王公處分則例》用「有心」、「無心」反映了法律文本背後不同的哲學。「有心」、「無心」強調的是故意與否，反映的是樸素的行為哲學、思考模式。而「私己」顯然是程朱理學一脈下來的儒家哲學，「天理」大公、「人欲」狹私。規範調整滿蒙王公的《欽定王公處分則例》用的是樸素的接近少數民族自然哲學的術語，而調整漢地官吏（僅就此條而言）的《大清律例》則用的是儒家哲學。這種哲學支撐也便有了第三個結果：在《大清律例》中，公事中尚有私欲，不因公事全是私心，自然都是私罪。而在《欽定王公處分則例》中則無論「家事」、「國事」、「公事」、「私事」都有有心之過、無心之過，對有心為者定私罪，對無心為者定公罪。

正是因為公罪與私罪性質存在很大不同，二者的懲罰也不同。從《吏部處分則例》、《兵部處分則例》、《王公處分則例》、《大清律例》規定條款看，王公犯公事於職任議處、犯私事於世爵議處，犯公罪准許抵銷（有三種雖係公罪不准抵銷特例），犯私罪不准抵銷。〔註36〕在文武官職，無世爵，都在職任俸上處罰，但同樣公罪可用級紀抵銷，私罪不准抵銷。乾隆三十三年議處古州總兵德興時確定此條款，以後議處區分公罪、私罪，均適用公罪可抵銷、私罪不可抵銷原則。「因公者，事雖重大，其情實輕；因私者，事雖細微，其情實重。自來宥過無大，刑故無小，真古今不易之論。」〔註37〕另外犯同樣罪，其懲罰折算，公罪比私罪低一等，如「犯公罪，該笞者，一十，罰俸一個月……」而私罪「笞十」則「罰俸兩個月」，其他依此類推。〔註38〕「然罰俸有公罪、私罪之分，而降留、革留內無私罪，降調、革職內無公罪。

〔註36〕《欽定王公處分則例》卷首「查例章程」規定：「所謂公事者……是以例應只就職任議處。所謂私事者……是以例應即由本爵議處。」「何為公罪……所以例准抵銷者，因其情有可原，亦宥過無大之意也。何為私罪……所以例不准抵者，因其情不可恕，亦刑故無小之意也。惟武圍弓刀、石力不符，守護陵寢失於防範，與奉特旨罰俸者，雖係公罪，不准抵銷。」詳見《欽定王公處分則例（朝代不明）》卷首「查例章程」，載楊一凡、田濤主編：《中國珍稀法律典籍續編》第六冊，黑龍江人民出版社2002年版，第310頁。

〔註37〕《欽定中樞政考（道光朝）》八旗卷九「分別公私抵銷處分」條，香港蝠池書院出版有限公司2012年版，第998頁。亦見《吏部處分則例（光緒朝）》卷一「級紀抵銷分別公罪私罪」條，香港蝠池書院出版有限公司2004年版，第3頁。光緒朝《欽定六部處分則例》卷一「級紀抵銷分別公罪私罪」條，文海出版社1971年版，第25頁。

〔註38〕田濤、鄭秦點校：《大清律例》「文武官犯公罪」、「文武官犯私罪」條，法律出版社1999年版，第90～91頁。

蓋按律科罪之時，因係公罪，始議降留、革留；因係私罪，始議降調、革職。」
〔註 39〕在《大清律例》實際條文之下，並未標明公罪、私罪，需要斷案者
根據律意案情判斷擬罪，這樣就很容易忽略公罪與私罪的性質差別，混淆犯
罪性質，致使懲罰不當，以致「公罪繁多，賢吏或因之廢黜，不肖者巧於規
避，部書得以舞文納賄，皆由於此」。〔註 40〕則例則在第一卷第一條開明宗
義明確規定「處分條例注明公罪私罪」，接下來才規定「公罪私罪案律定議」。
其具體規定源自嘉慶二十五年十月二十四日的一道上諭：「軍機大臣六部議
覆整飭部務條陳一摺所議甚是。六部律令務在持其大綱則政清易理……嘉慶
十年曾敕吏、兵二部刪減條例，該部未能實力遵行；又諭題調要缺不計因公
處分，而該部續議章程仍復牽混。殊不知公罪從嚴，則中材以下之官益多巧
避……著吏、兵二部各將《處分則例》悉心確核，於各條下皆注明公罪、私
罪字樣。其公罪有至降調革職非事關重大者，酌改從寬。各部凡苟無當處分
例文互商裁汰，務歸簡明。其公罪處分除盜案及正項錢糧停升外，餘皆不罣
推升。至題調要缺，則一切因公處分皆無庸計算。各纂成例冊呈覽等因。欽
此。」〔註 41〕從流傳後世所見的則例文本看，絕大多數條款下均標明了「公
罪」、「私罪」字樣，〔註 42〕甚至或在援引則例條款時將「公罪」、「私罪」嵌
入例條名使用，或在援引則例時也將「公罪」、「私罪」字樣一併抄寫。〔註 43〕

〔註 39〕　《欽定王公處分則例（朝代不明）》卷首「查例章程」，載楊一凡、田濤主編：
　　　　　《中國珍稀法律典籍續編》第六冊，黑龍江人民出版社 2002 年版，第 310 頁。
〔註 40〕　《吏部處分則例（光緒朝）》卷一「處分條例注明公罪私罪」條，香港蝠池書
　　　　　院出版有限公司 2004 年版，第 1 頁。
〔註 41〕　《吏部處分則例（光緒朝）》卷一「處分條例注明公罪私罪」條，香港蝠池書
　　　　　院出版有限公司 2004 年版，第 1～2 頁。道光朝《兵部處分則例》《欽定中樞
　　　　　政考》也收錄了該道諭旨，見《兵部處分則例（道光朝）》八旗卷一、綠營卷
　　　　　一「議處官員分別公私」條，中國基本古籍庫（電子數據資源），第 1、161
　　　　　頁。《欽定中樞政考（道光朝）》八旗卷九「議處官員分別公私」條，香港蝠
　　　　　池書院出版有限公司 2012 年版，第 1001～1003 頁。亦見光緒朝《欽定六部
　　　　　處分則例》卷一「公罪私罪按律定議」條，文海出版社 1971 年版，第 23 頁。
〔註 42〕　道光朝以後編纂的涉及犯罪行為定性的地方都用小字標明「公罪」、「私罪」。
　　　　　因這種現象極其普遍，此處不再列舉。
〔註 43〕　此種例證也較多，略舉一二以為佐證。嵌名使用例證如咸豐朝《欽定王公處分
　　　　　則例》「派人進內探聽公事」條例證處罰即用了「照不應重公罪降二級留任例」
　　　　　字樣，援引抄寫例證如同書「倉庫苦短」條，「查例載……查出虧空者，將該
　　　　　道府革職分賠私罪等語……」分別見《欽定王公處分則例（咸豐朝）》「議處事
　　　　　件不得增刪例文」條，香港蝠池書院出版有限公司 2004 年版，第 85、95 頁。

可見該諭旨自此以後執行得非常好，也說明區分公罪、私罪對於則例適用判斷極其重要。

　　區分公罪、私罪，相當於今世犯罪區分「故意」與「過失」，適用法條懲處有輕重之別、是否允抵、原宥之分。對因公事犯無心之過之官員持諒解態度，在法律規定「纖細密佈、動輒有犯」的情況下，對官員的辦事態度和效率有一定的鼓勵作用，對其人身財產有一定的保護作用。而對私罪重處的一面又反映出對儒家哲學的落實，對國家利益的至上保護，也達到了宣化示警作用。

第四節　罪名相因

　　前面討論的都是一案一罰，但在法律的適用中還會遇到一個犯罪觸犯數個法條，還有數個案件多個懲罰，即今天法律所謂的「法條競合」與「數罪並罰」，在清代這些情況叫「罪名相因」。《欽定王公處分則例》卷首「查例章程」規定：「一案而有兩層罪名者，或應罪不重科，或應分款核議，須查『罪名相因』專條，覈其情節，照例辦理。」〔註44〕

　　兩部《欽定王公處分則例》及光緒朝兩部《處分則例》——《吏部處分則例》與《欽定六部處分則例》均含有「罪名相因」一條，其內容一致。而在道光朝《兵部處分則例》、《欽定中樞政考》中並沒有「罪名相因」專條，類似規定有「罪不重科」條：「一事有兩罪名者，不便重科，惟按罪名大者議處。至事非一案或一時同發或先後並發參送到部者，俱逐款查議。不得援『罪不重科』之例致有遺漏。」〔註45〕相比之下，咸豐朝以後的吏部、王公等四部處分則例規定更明確，且舉有例證幫助理解：「議處案件，有實係一事而其中有兩罪名相因而致者，從其重者議處（如承審事件錯擬罪名，一案內有失出而復有失入者，則從失入例議處，不必再科失出之罪）。若一案內犯罪各有數人，或先發覺者一起，後發覺者一起，查參既分二次，失察亦屬各項，即應分款議處（如一案內失察書吏舞弊，又失察家人得贓，是所犯之人不同，

〔註44〕《欽定王公處分則例（朝代不明）》卷首「查例章程」，載楊一凡、田濤主編：《中國珍稀法律典籍續編》第六冊，黑龍江人民出版社 2002 年版，第 310 頁。

〔註45〕《兵部處分則例（道光朝）》八旗卷一、綠營卷一「罪不重科」條，中國基本古籍庫（電子數據資源），第 11、169 頁。亦見《欽定中樞政考（道光朝）》八旗卷十「罪不重科」條，香港蝠池書院出版有限公司 2012 年版，第 1127 頁。

先經該上司以失察書吏舞弊查參議處，事後又究出家人得贓，仍應按其罪名照例議處，不得以本案先經議處遂可免其再議也）。再如列款糾參一案之內而罪名實不相同，刑名錢穀一人之事而款件各不相涉，俱應分款核議。」〔註46〕上述條款辨析了三種犯罪並分別規定了懲罰：第一種犯罪情形是一罪觸犯數條法律，即法條競合，從重一條處罰。第二種犯罪情形是一案數人犯數罪，第三種犯罪情形是一案一人犯數罪，後兩種都是數罪並罰情形，則例也規定了「分款核議」並罰。這一點也可以看出古今法律適用所遇問題具有一定的相似性，對我們研討則例適用這樣的議題的意義也是一種證明、鼓勵。

第五節　加等與減免

　　「議處」乃是按照則例規定的處罰強度正常科斷。「議處者，照例議處。」〔註47〕「交部議處」、「照例議處」字樣在各部院則例及各朝實錄中經常看到，一般都是皇帝給予臣下的批覆或指令，此種指示如果是給予除刑部以外的各部院，尤其是吏部、兵部時即是按照則例（刑部適用《大清律例》附例）規定程度擬斷，不需加減。

　　有正常「照例議處」，就有非完全照例議處的情況。正如《欽定王公處分則例》卷首「查例章程」所言：「所奉諭旨猶有嚴議、議處、察議之分。」〔註48〕「議處」是「照例議處」，什麼是「嚴議」、「察議」？「嚴議者，加等議處；察議者，減等議處。」〔註49〕以上三種情形常用，如在光緒朝《欽定臺規》卷十一「憲綱三」一條內即可全見：「方澤大祀……所有本日來園並未陪祀之各部院堂官等俱著查明，交部議處。其查班之科道等亦未查奏並著交部察議。五年奉上諭：嗣後壇、廟大祀執事官員遇有錯誤，於參奏

〔註46〕《吏部處分則例（光緒朝）》卷一「公罪私罪按律定議」條，香港蝠池書院出版有限公司 2004 年版，第 6～7 頁。亦見光緒朝《欽定六部處分則例》卷一「公罪私罪按律定議」條，文海出版社 1971 年版，第 31 頁。《欽定王公處分則例（咸豐朝）》「議處事件不得增刪例文」條，香港蝠池書院出版有限公司 2004 年版，第 387～388 頁。《欽定王公處分則例（朝代不明）》卷首「查例章程」，載楊一凡、田濤主編：《中國珍稀法律典籍續編》第六冊，黑龍江人民出版社 2002 年版，第 310 頁。

〔註47〕《欽定王公處分則例（朝代不明）》卷首「查例章程」，載楊一凡、田濤主編：《中國珍稀法律典籍續編》第六冊，黑龍江人民出版社 2002 年版，第 310 頁。

〔註48〕同上。

〔註49〕同上。

時應請交部嚴議。」〔註50〕諭旨中除了這三種議處方式，還有恩詔免除議處的情況。

其實奉旨嚴議、察議或恩詔免除只是部院辦理案件議處加減、寬免的其中一個原因，還有其他或則例中直接規定或斟酌情節應該加等、減等、免除議處的情況。以下即就加等議處、減等議處、恩免免議三個方面予以分別論述。

一、加等議處

在「加等議處」方面，奉旨嚴議是最重要也是最常見的原因，因在則例條款規定中很少見「加等議處」情況，即使有也多數來源於皇帝諭旨，以諭旨形式記載在則例中，有的甚至經過不久即被皇帝新的諭旨取消。一般均是在實際處理案件時斟酌案情情節重大方才使用。但在實際督撫參劾中，有時督撫會認為正常規定不足蔽辜，使用「嚴加議處」字樣，但在部議往往會遵從則例規定予以駁斥；在皇帝，認識也因人而異，有時認為則例規定自有道理，將「加等議處」作為特權收在皇帝掌控之中，有時也認為規定不靈活，適當將「加等議處」權力放鬆，這也都是則例適用加減調適的過程。請分別言之。

1、奉旨嚴議

許是「嚴議」等字樣在皇帝批覆奏摺時使用較為頻繁，而皇帝的旨意亦具有最高法律效力，各部院在《處分則例》（包括兵部《欽定中樞政考》）中專門制定了「特旨嚴議」或「奉旨交部嚴議處分」條款。

道光朝《兵部處分則例》「奉旨交部嚴議處分」條第一款規定：「官員議處有奉旨交部嚴加議處者，自當加等仿照刑部加等之例一體辦理。《處分則例》內罰俸之例……凡七等。降級留任之例……凡四等。降調之例……凡五等。有奉旨交部嚴議，查照本例酌量加等。其由罰俸加等者，止於降一級留任。由降留加等者，止於革職留任。仿照刑律徒杖加等罪止滿流之意，不得加至降調。由降調加等，仿照刑律絞不加斬之意，不得加至革職。其應否抵銷之處，仍分別公私，照例辦理。」〔註51〕此條規定了「嚴議」操作標準，在基

〔註50〕《欽定臺規（光緒朝）》卷十一「憲綱三」條，香港蝠池書院出版有限公司2004年版，第142～143頁。

〔註51〕《兵部處分則例（道光朝）》八旗卷一、綠營卷一「奉旨交部嚴議處分」條，中國基本古籍庫（電子數據資源），第10、168頁。

準點上如何加等，不同懲罰之間如何過渡，加等上限如何等均有規定。道光朝《欽定中樞政考》與咸豐朝《欽定王公處分則例》與之規定一致。〔註 52〕另一版《欽定王公處分則例》卷首「奉旨交部嚴議處分」正文雖相同，但在文末有一行小字：「至奉旨加等嚴議，自應由嚴議處分上再加一等。」〔註 53〕又規定了在「嚴議」基礎上再「加等」的情形。

　　光緒朝《吏部處分則例》與《欽定六部處分則例》用「特旨嚴議」題目規定了上述情形，內容略有不同〔註 54〕：「官員有奉旨交部嚴加議處者查照本例酌量加等。罰俸之例自一個月……凡七等。降級留任之例……凡四等。降調之例……凡五等。其由罰俸加等者，自一個月至二年酌量遞加，止於降一級留任，不得加至革留。由降留加等者，自一級至三級酌量遞加，止於革職留任，不得加至降調。由降調加等者，自一級至五級酌量遞加，不得加至革職。除本例原係不准抵銷者仍不准抵銷外，其餘均不得議以不准抵銷。」〔註 55〕

　　上述兩個版本在加等截至點規定上是一致的，惟《兵部處分則例》、《欽定中樞政考》與《欽定王公處分則例》將截至理由道明——仿照刑部之例及其法意立此規定。《吏部處分則例》與《欽定六部處分則例》則略此解釋，直奔主題，依本例辦理即可。在是否允許抵銷方面，《兵部處分則例》、《欽定中樞政考》與《欽定王公處分則例》規定「照例辦理」，《吏部處分則例》與《欽定六部處分則例》則在適用範圍上予以放寬：本例規定不准抵銷的仍不准抵銷，其他規定可以抵銷或沒有規定可否抵銷情節的都允許抵銷。至於另一版《欽定王公處分則例》規定的「加等嚴議」情形恐實際操作中並不普遍，抑

〔註 52〕 詳見《欽定中樞政考（道光朝）》八旗卷十「奉旨交部嚴議處分」條，香港蝠池書院出版有限公司 2012 年版，第 1127 頁。《欽定王公處分則例（咸豐朝）》香港蝠池書院出版有限公司 2004 年版，第 371～372 頁。

〔註 53〕 《欽定王公處分則例（朝代不明）》卷首「奉旨交部嚴議處分」條，載楊一凡、田濤主編：《中國珍稀法律典籍續編》第六冊，黑龍江人民出版社 2002 年版，第 318 頁。

〔註 54〕 光緒朝《吏部處分則例》與《欽定六部處分則例》內容一致，二者與道光朝《兵部處分則例》、《欽定中樞政考》、咸豐朝《欽定王公處分則例》內容稍略不同。

〔註 55〕 《吏部處分則例（光緒朝）》卷一「特旨嚴議」條，香港蝠池書院出版有限公司 2004 年版，第 5 頁。亦見光緒朝《欽定六部處分則例》卷一「特旨嚴議」條，文海出版社 1971 年版，第 29 頁。

或王公與普通官吏不同，「加等嚴議」僅適用於有世職的王公，因在當時的觀念裏，王公、旗人有特權，若「不知自愛」，給予更嚴屬一等的處罰或者有之。〔註56〕比如下面「加減調適」所引的乾隆五十五年的諭旨就反映了這種觀念。雖然很快在五十六年糾正到平等處罰，並在以後均以五十六年諭旨作爲援引依據，五十五年諭旨不准再被援引，但其對王公處罰有偏重處的傾向已露出端倪（因王公一般有世爵、職任雙份俸祿，對剝奪生命亦有特權保護，因此在財產懲罰上略偏重處。這一點從以一品將軍俸祿折算即可看出）。〔註57〕

2、加減調適

對於案件的「加等議處」與「平允」的權衡，即使「睿鑒」「金口」的皇帝也不能每次都把握準確，有時也難免偏於一方面考慮，率爾遽行，時隔不久，又覺不妥，再發諭旨改變。由此也可見通過加減實現平當也不容易，需要有調適的過程。《欽定王公處分則例》卷首「處分條款」便記錄了兩道反映「聖明」的乾隆皇帝權衡平允加減調改議處的調適過程的諭旨。

乾隆五十五年，在審議綏遠城將軍興兆、副都統七十五犯罪時，乾隆皇帝發佈諭旨：

> 據兵部所議，綏遠城將軍興兆、副都統七十五承審失入一案，向例「各省秋審人犯，問擬情實者，由刑部改擬緩決，即照承審失入例，實降一級調用，不准抵銷」等語。此案興兆、七十五俱應降級調用，因興兆身係宗室公爵，議以折罰將軍俸二年，抵降一級，免其降調；七十五議以實降一級調用。此兵部雖係照例辦理，但過同罰異，似與成例未符。嗣後宗室王公等有兼將軍、都統之任者，如遇與副都統一體降級留任之咎，仍著照例罰俸。若因獲重咎與副都統應降級調用者，其王公倍加一等，著罰職任俸四年，以昭平允。興兆即按此例辦理。七十五著照部議降一級調用，仍送部引見。著爲令。欽此。〔註58〕

而在乾隆五十六年審議因管轄內庫銀兩被盜一案受懲的崇向、斌英時則

〔註56〕在懲治旗人犯罪的案例裏常常看到「不知自愛」等加重理由。

〔註57〕當然，偏重歸於偏重，多用「嚴議」已足反映偏重之念。目前材料所見，「嚴議」較多，「加等嚴議」僅見數例，尚不多見。

〔註58〕《欽定王公處分則例（朝代不明）》卷首「處分條款」，載楊一凡、田濤主編：《中國珍稀法律典籍續編》第六冊，黑龍江人民出版社2002年版，第314～315頁。

－92－

又停止了五十五年諭旨中頒佈的「著爲令」的「加倍罰俸抵銷之例」：

> 向來定例，兼將軍、副都統之宗室王公等，遇有案件，應與同
> 事大臣降調者，每降一級，俱加倍罰，該管職任俸四年抵銷。第念
> 因一案將同事大臣等既行實降，王公等僅于謙管職任內罰俸抵銷，
> 並不降級，仍行留任，未免於宗室王公等稍有袒護，殊失平允。本
> 日因偷盜內庫銀兩一事，業經降旨，將崇尚、斌英所兼職任俱行實
> 降，著交宗人府及該部。嗣後凡兼其職任之宗室王公等，遇有案件，
> 應與同事大臣降級調用者，均著照此次之例，將宗室王公等所降職
> 任實行議降。其加倍罰俸抵銷之例，著即停止。況所降者，僅兼任
> 之級，於伊等承襲原爵殊無干涉。欽此。〔註59〕

《欽定王公處分則例》在這兩道諭旨下分別記載了一行小字。在乾隆五十五年諭旨下寫道：「謹按：次年又奉諭旨，將此加倍罰俸抵銷之例，業經停止。以後議處，自不准再引此例。」〔註60〕在乾隆五十六年諭旨下標識：「此條自應欽遵諭旨辦理。惟敬繹諭旨內，係將所兼職任實行議降，並非全行議降。嗣後謹按公事降調專條引用。」〔註61〕宗人府對皇帝諭旨的遵行隨其調整而變得格外小心謹愼，因爲一旦錯引便得咎罰。

另外，法律制定以後，在執行過程中，並非所有執行者均能明白立法意圖，往往在適用過程中會出現認爲既有法律規定對犯罪懲罰不力這種認識。清代則例在適用過程中也出現過這種情況。「奉旨嚴議」本是皇帝對「加等議處」特權的持有，平常臣工奏請均照例辦理。但「嚴議」使用頻繁時，臣工也或受「嚴刑峻法」觀念影響或觀上峰風候，漸漸在奏請中使用「嚴加議處」字樣。皇帝對此也有不同態度。基本在嘉慶八年以前特權持保留默認態度，之後予以一定收權。嘉慶八年發佈諭旨重申了「奉旨嚴議」效力，並對臣工奏請使用「嚴加議處」進行了限制，要求愼用，「不得輕用」，並制定了臣工參劾屬員輕用「嚴加議處」及議處擅用「加等」的處罰規定。

> 嘉慶八年十一月十八日奉旨：前因御史喬達瑛奏，本年查辦貴
> 州陝西經理軍需各員案內有原參「嚴加議處」而吏部仍照常例核議
> 者，有原參「分別嚴議」而吏部不案（筆者注：同按，下同）銀數

〔註59〕 《欽定王公處分則例（朝代不明）》卷首「處分條款」，載楊一凡、田濤主編：
　　　　《中國珍稀法律典籍續編》第六冊，黑龍江人民出版社2002年版，第315頁。
〔註60〕 同上。
〔註61〕 同上。

多寡，概議以降五級調用者，特發交該部詳查軍需處分例案妥議具奏。茲據奏稱，定例：各省督撫參劾屬員不得用「嚴加議處」字樣，吏部辦理此二案時覈其情節均屬濫支濫應，各員經理不善，咎實相同，而例無案其銀數多寡分別輕重之例，是以均照軍需錢糧擅自動用常例一律定議等語。外省參劾屬員定例固有不應奏請「嚴加議處」之條，但既有此請，經朕閱看，其中或有不應嚴議者，朕必即行更改，若既發交部議，即同「奉旨嚴議」，豈可不遵？該部如以嚴議一節惟特旨交部之員照例加等，若係臣工奏請者仍照常例辦理，即當隨案聲明，或將違例參劾之大員據實參奏，方爲正辦。今吏部於黔、陝軍需兩案未經詳晰聲敘，未免拘泥。嗣後除特旨交部嚴議之案仍加等核議外，其各省參劾屬員如有情節本輕而上司遽請嚴議，或情節較重僅請議處者，著該部即將奏請處分未協之原參督撫隨摺聲明，候朕定奪。欽此。〔註62〕

後載因此論旨下達制定的兩條則例：「一、督撫參劾屬員不得輕用『嚴加議處』字樣，違者照誤揭屬員例議處（例載舉劾門）。一、凡議處官員俱照本條律例，不得擅用『加倍』字樣，違者以故入人罪論。」〔註63〕由此可見，嘉慶八年以后皇帝將「嚴加議處」的加權權力收歸己有，嚴格限制官員使用。要求官員無論是參劾還是議處都要遵循則例規定，按照則例規定辦理，不得擅自加重。如果再有違犯均予以相應處罰。

二、減等議處

在則例適用過程中，除加等議處外，尚有減等議處情況。上文所述「察議」（還包括「減等察議」，與「加等嚴議」情況相對，律意相同）即是減等議處情況之一，另有恩詔寬減（詳見「恩免免議」一節）亦是出於皇帝特恩減等議處。除此，比照適用相似例文、官員自行檢舉、鄰境獲犯、護任官失職，以及部分失察獲犯行爲〔註64〕都是比照正條減等議處的原因。

〔註62〕 《吏部處分則例（光緒朝）》卷一「特旨嚴議」條，香港蝠池書院出版有限公司 2004 年版，第 6 頁。亦見光緒朝《欽定六部處分則例》卷一「特旨嚴議」條，文海出版社 1971 年版，第 29～30 頁。

〔註63〕 同上。

〔註64〕 光緒朝《吏部處分則例》和《欽定六部處分則例》「失察處分分別核辦」條中對官員失察獲犯行爲分幾種情況，有的適用減等議處，有的照例議處，有的

1、比照適用相似例文

咸豐朝《欽定王公處分則例》「照例減議」條明白規定了與則例條文相似但案情差別較大的議處事件予以加減定擬的標準：「係革職之案，改爲降三級調用。降五級、四級調用之案，改爲降二級調用。降三級、二級調用之案，改爲降一級調用。其降一級調用並革職留任之案，俱改爲降一級留任。降級留任之案，俱改爲罰俸一年。其止於罰俸二年、一年、九個月、六個月、三個月者，均依次遞減。（如內外官員被參及自請議處，奉旨交部察議者，亦應減等。然須按其應得處分遞減一等爲止。）若例輕而案情較重者，即照加等之例辦理。至奉旨減等察議，自應由察議處分上再減一等。」〔註65〕本條雖用「照例減議」標題，但在條末附帶規定了例輕案重適用加等議處和減等察議兩種情形。在道光朝《兵部處分則例》、《欽定中樞政考》中的類似規定記載在「奉旨交部嚴議處分」條第二款。除了並未規定「加等察議」情況外，在闡述上也較愼重：「凡議處事件有與例文相似而案情過殊者，即照本條處分加減定議。」〔註66〕後面規定「應減者」如何減等議處及「例輕案重」的加等議處規定。雖然《王公處分則例》題目與內容不完全吻合，但從法律文本宣教效果看，「減等議處」要比「奉旨交部嚴議處分」好。上述規定在光緒朝《吏部處分則例》、《欽定六部處分則例》中未見。

2、官員自行檢舉

自行檢舉在今天相當於「自首」，能自我糾錯及自請處分自應減等處分（有意作假爲之掩飾及斷罪失入論決再自行檢舉者除外）。

道光朝《兵部處分則例》八旗卷一「自行檢舉」條規定了大小員弁自行檢舉處分減等的執行標準：「在京副都統以上、在外將軍、都統、副都統等，如辦理事件始初失於覺察，後經自行查出檢舉者，兵部將照例減等處分及寬免之處兩議，請旨。在京參領等官以下，其無心錯誤自行檢舉者，各按應得處分減議。如應革職者，即革職留任。應革職留任者，即降三級留任。應降

〔註65〕《欽定王公處分則例（朝代不明）》卷首「照例減議」，載楊一凡、田濤主編：《中國珍稀法律典籍續編》第六冊，黑龍江人民出版社2002年版，第319頁。
〔註66〕《兵部處分則例（道光朝）》八旗卷一、綠營卷一「奉旨交部嚴議處分」條，中國基本古籍庫（電子數據資源），第10、168～169頁。亦見《欽定中樞政考（道光朝）》八旗卷十「罪不重科」條，香港蝠池書院出版有限公司2012年版，第1120～1121頁。

級調用者，即降一級留任。應降級留任及罰俸二年者，即罰俸一年。應罰俸一年、九個月者，及罰俸六個月。應罰俸六個月者，即罰俸三個月。應罰俸三個月者，即行免議。本員既經檢舉減等，其失察之該管上司，兵部仍將照例減等處分及寬免之處兩議，請旨。倘有意營私，別經發覺，希圖寬免、倒提月日及斷罪失入已經論決者，雖自行檢舉，不准寬免。再，該管上司並未隨同檢舉已經離任者，仍照本例議處。」〔註67〕此處《兵部處分則例》主旨是規定「自行檢舉」適用減等處分，但仍有但書：如果官員犯了有意營私掩飾或斷罪失入論決這兩種情況，即使自行檢舉也仍然不准許減等議處。咸豐朝《欽定王公處分則例》除本員檢舉由「該衙門」即宗人府而不是兵部以外，其他規定完全相同。〔註68〕但在《欽定王公處分則例》卷首「查例章程」內強調了適用時要分別真偽自行檢舉情況，照例辦理，不得率爾為之：「如實係自行檢舉者，應查自行檢舉之條，按例減等，不得以自請議處，率皆誤作自行檢舉，巧為開脫。」〔註69〕光緒朝吏部對文官自行檢舉減等議處的適用條款則規定在光緒朝《吏部處分則例》、《欽定六部處分則例》「檢舉減議」條：「官員辦理事件始初失於覺察後經自行查出檢舉，在內自京堂以上、在外自藩臬以上，該部將照例應得處分及檢舉後可否寬免之處聲明請旨。其餘在京各員處分可否寬減亦聲明請旨。在外道府以下等官凡自行檢舉案件各案（筆者注：同按）本例應得處分酌加寬減。例應革職者，即減為革職留任……若所犯之事實係有意營私或雖經檢舉而其事已不可改正者仍不准寬減。」〔註70〕

〔註67〕《兵部處分則例（道光朝）》八旗卷一「自行檢舉」條，中國基本古籍庫（電子數據資源），第 10～11 頁。《兵部處分則例（道光朝）》綠營卷一「檢舉處分」條規定與八旗卷一「自行檢舉」條內容類似，只不過是將規範對象改為「提督總兵大員」，詳見《兵部處分則例（道光朝）》綠營卷一「檢舉處分」條，中國基本古籍庫（電子數據資源），第 169 頁。亦見《欽定中樞政考（道光朝）》八旗卷十「檢舉處分」條，香港蝠池書院出版有限公司 2012 年版，第 1109～1113 頁。

〔註68〕詳見《欽定王公處分則例（咸豐朝）》「自行檢舉」條，香港蝠池書院出版有限公司 2004 年版，第 397～399 頁。亦見《欽定王公處分則例（朝代不明）》卷首「自行檢舉」，載楊一凡、田濤主編：《中國珍稀法律典籍續編》第六冊，黑龍江人民出版社 2002 年版，第 319～320 頁。

〔註69〕《欽定王公處分則例（朝代不明）》卷首「查例章程」，載楊一凡、田濤主編：《中國珍稀法律典籍續編》第六冊，黑龍江人民出版社 2002 年版，第 310 頁。

〔註70〕《吏部處分則例（光緒朝）》卷一「檢舉減議」條，香港蝠池書院出版有限公司 2004 年版，第 8 頁。亦見光緒朝《欽定六部處分則例》卷一「檢舉減議」條，文海出版社 1971 年版，第 32 頁。

當屬員減等處分，失察之上司則適用本條第二款，京堂藩臬以上官員請旨聽皇帝是否允許寬免，其他級別官員直接按照則例減等：「屬員過誤上司例有失察處分者，其屬員既因檢舉減議，該上司在內係京堂以上在外藩臬以上失察處分可否寬免之處，聲明請旨。其餘失察之各上司仍案失察所屬本例減等議處。」〔註71〕

辦理完結一件案件後上奏奏摺末尾往往署名十數個承辦部院官員，有時辦錯的是同一案件，但承辦部院有的官員上奏自行檢舉，有的並未隨同檢舉，這時對自行檢舉的官員適用「減等議處」，對並未隨同自行檢舉者仍照原例規定議處，不予減等。嘉慶二十二年諭旨對此有規定，應予適用。〔註72〕

3、鄰境獲犯減議

「王事之急莫急於賊盜。」緝拿賊與盜也是地方官最重要的職責之一。案件之多，動輒得咎，因此對於一些承緝盜案情節或有減議，如鄰境獲犯即予減議；對於部分失察之行為亦適用減議。《兵部處分則例》「鄰境獲犯酌減議處」條規定了武職緝犯減等議處的適用：「凡承緝盜案及各項限緝人犯，其初參、二參、三參、四參限內並非該汛武弁自行拿獲（如犯被鄰境別汛拿獲，或經文職拿獲，或經事主拿獲送官及盜犯自行投首之類），承緝之員應行酌減議處。」〔註73〕具體減法如下：「限滿應議降職、降俸者，以罰俸一年完結。住俸、停升者以罰俸六個月完結。罰俸三個月者以罰俸一個月完結，罰俸六個月者以三個月完結，罰俸九個月者以六個月完結。一年者以九個月

〔註71〕同上。
〔註72〕具體規定如下：「嘉慶二十二年四月二十九日奉旨：向例，各衙門辦理事件錯誤後經自行檢舉，京堂以上各官該部將照例處分及檢舉後寬免之處兩議請旨內閣票擬雙簽進呈。原以該員失誤於前後經自行查出檢舉，是以朕披閱時每多加恩寬免。若前此辦理錯誤及查出檢舉時該員已經離任，並未隨同具奏亦一體免其處分，殊未平允。此案刑部辦理減等遺漏之堂司各官內彭希濂、成格、崇祿係自行檢舉者，所議罰俸處分俱著加恩寬免。帥承瀛、穆克登、額成寧、熙昌、宋鎔、韓崶、章煦並未隨同檢舉，俱著照例議罰。嗣後如有似此之案均著照此分別辦理。餘依議。欽此。」詳見《吏部處分則例（光緒朝）》卷一「檢舉減議」條，香港蝠池書院出版有限公司2004年版，第7～8頁。亦見光緒朝《欽定六部處分則例》卷一「檢舉減議」條，文海出版社1971年版，第33頁。
〔註73〕《兵部處分則例（道光朝）》八旗卷一、綠營卷一「鄰境獲犯酌減議處」條，中國基本古籍庫（電子數據資源），第7～8、167頁。亦見《欽定中樞政考（道光朝）》八旗卷九「鄰境獲犯酌減議處」條，香港蝠池書院出版有限公司2012年版，第1083頁。

完結，二年者以一年完結。其限滿應降級留任者，以罰俸二年完結。其本係降級留任限滿再留任一年緝拿者，以罰俸三年完結。應罰俸一個月者即免議。其限滿應革職留任者以降三級留任完結。其應降級調用者，改爲照所降之級留任，三年無過開復。應行革職者，改爲革職留任，四年無過開復。至兼統上司係所屬員弁代爲拿獲，仍照舊例免議。係別屬員弁拿獲，照承緝官酌減例於各該上司本例酌減議處。令該管大臣將是否所屬員弁之處隨案聲明辦理。如一案盜犯拿獲首夥及半，內有承緝武職拿獲數名，又有鄰境別汛文武拿獲數名或事主拿獲，及盜犯自行投首□□（筆者按：此處缺失二字當爲「數名」）〔註 74〕者（如一案盜犯十人、九人，均以拿獲五名爲及半。承緝官僅拿獲一二名之類）（筆者按：此處缺失之字當爲「承」）〔註 75〕督緝各官於酌減之中再行酌減議處（如應議降職、降俸減爲罰俸一年者，再減則爲罰俸九個月。其餘照此遞減。）〔註 76〕在罰俸、降級留任減等議處上，外委官「俱照千把總應得處分酌減議處」。〔註 77〕如果係革職留任三年、四年開復者，外委官革去頂戴三年、四年開復。〔註 78〕在地方文職官員緝盜減等議

〔註 74〕 筆者據《兵部處分則例（道光朝）》綠營卷一、《欽定中樞政考（道光朝）》八旗卷九「鄰境獲犯酌減議處」條補，詳見《兵部處分則例（道光朝）》綠營卷一「鄰境獲犯酌減議處」條，中國基本古籍庫（電子數據資源），第 167 頁。《欽定中樞政考（道光朝）》八旗卷九「鄰境獲犯酌減議處」條，香港蝠池書院出版有限公司 2012 年版，第 1084 頁。另需要說明的是，《兵部處分則例（道光朝）》係電子資源，其在轉化過程有許多錯誤，錯字、串行……比比皆是，原版係武英殿刻本，應該沒有這麼多錯誤，因無原本比較，只能用手中現有其他則例予以互校。

〔註 75〕 筆者據《兵部處分則例（道光朝）》綠營卷一、《欽定中樞政考（道光朝）》八旗卷九「鄰境獲犯酌減議處」條補，詳見《兵部處分則例（道光朝）》綠營卷一「鄰境獲犯酌減議處」條，中國基本古籍庫（電子數據資源），第 167 頁。《欽定中樞政考（道光朝）》八旗卷九「鄰境獲犯酌減議處」條，香港蝠池書院出版有限公司 2012 年版，第 1084 頁。

〔註 76〕 《兵部處分則例（道光朝）》八旗卷一、綠營卷一「鄰境獲犯酌減議處」條，中國基本古籍庫（電子數據資源），第 8、167 頁。《欽定中樞政考（道光朝）》載有「至兼統上司」以下規定，未載前面這段具體規定，其用指示條款規定：「詳《處分則例》公式門」。「一案盜犯拿獲首夥及半……」關於承督官的懲罰適用條款舉例亦用此指示規定。詳見《欽定中樞政考（道光朝）》八旗卷九「鄰境獲犯酌減議處」條，香港蝠池書院出版有限公司 2012 年版，第 1083 頁。

〔註 77〕 《兵部處分則例（道光朝）》綠營卷一「鄰境獲犯酌減議處」條，中國基本古籍庫（電子數據資源），第 167 頁。

〔註 78〕 《兵部處分則例（道光朝）》綠營卷一「鄰境獲犯酌減議處」條，中國基本古籍庫（電子數據資源），第 167 頁。

處標準與武職基本相同，僅有以下幾種情況不同：第一，期限已滿再被留任一年繼續緝拿的文官官員罰俸二年完結，武官罰俸三年完結。第二，期限滿後仍然沒有抓獲盜賊應該被議以降級調用的官員改爲照應降的級別留任。第三，應該議以革職的官員改爲革職留任，並且允許開復。第四，如果是承緝官，協同緝獲盜賊則免除議處。〔註 79〕該管上司所屬州縣、別屬州縣拿獲適用條款與兼統上司係所屬員弁、別屬員弁相同。「其有應緝人犯自行投首者承督各官亦照此例減等議結。」〔註 80〕此處「減等議結」是指在此減等規定基礎上再行減等，即如《兵部處分則例》所舉例子「應議降職降俸減爲罰俸一年者再減則爲罰俸九個月，其餘照此遞減」〔註 81〕之意。至於失察官員處分則有減等議處、免議，以及仍照例議處之分別。《吏部處分則例（光緒朝）》、光緒朝《欽定六部處分則例》卷一「失察處分分別核辦」條就規定了這種情況——如果是官員自己訪聞拿獲罪犯予以寬免；如果是別人告訴隨即自己拿獲，或者是自己在前已有訪聞，後任據此拿獲罪犯的，比照鄰境獲犯例減等議處；如果雖有訪聞信息卻沒有拿獲罪犯則仍然要照例議處。〔註 82〕《兵部處分則例》綠營卷一「協緝官員丁憂回籍接任官獲犯酌減議處」條亦規定：「各省總督、巡撫參奏降調革職留於地方協緝奉旨准行及奉特旨革職留緝官員，協緝限內遇有丁憂治喪事故，准其給假百日回籍經理喪事。假滿仍赴協緝地方協緝。如接任官將應緝人犯拿獲者，其給假回籍守制等官限滿應降調革職

〔註 79〕　《吏部處分則例（光緒朝）》卷一「鄰境獲犯減議」條，香港蝠池書院出版有限公司 2004 年版，第 9 頁。亦見光緒朝《欽定六部處分則例》卷一「鄰境獲犯減議」條，文海出版社 1971 年版，第 34 頁。

〔註 80〕　《吏部處分則例（光緒朝）》卷一「鄰境獲犯減議」條，香港蝠池書院出版有限公司 2004 年版，第 9 頁。亦見光緒朝《欽定六部處分則例》卷一「鄰境獲犯減議」條，文海出版社 1971 年版，第 34 頁。

〔註 81〕　《兵部處分則例（道光朝）》八旗卷一、綠營卷一「鄰境獲犯酌減議處」條，中國基本古籍庫（電子數據資源），第 8、167 頁。

〔註 82〕　《吏部處分則例（光緒朝）》卷一「失察處分分別核辦」條，香港蝠池書院出版有限公司 2004 年版，第 9 頁。亦見光緒朝《欽定六部處分則例》卷一「失察處分分別核辦」條，文海出版社 1971 年版，第 34 頁。《兵部處分則例》無「若自行訪聞並未獲犯究辦因卸事而移交後任仍未獲犯則訪聞係屬空言，應不准減議，仍照例議處」，其他規定相同，詳見《兵部處分則例（道光朝）》八旗卷一、綠營卷一「鄰境獲犯酌減議處」條，中國基本古籍庫（電子數據資源），第 8、167 頁。亦見《欽定中樞政考（道光朝）》八旗卷九「鄰境獲犯酌減議處」條，香港蝠池書院出版有限公司 2012 年版，第 1084～1085 頁。

並革職留任者，悉照鄰境拿獲之例酌減議結。」〔註83〕如果因失察官員武弁、
衙役、旗丁、兵丁、家人等滋事釀成人命案件則不予減等，「雖訪獲究辦仍應
照例議處。」〔註84〕沒有釀成人命案件經訪獲究辦仍適用免議條款，「其未經
釀命而訪獲者仍免議。」〔註85〕

4、護任官失職

武職有暫行委護之護任官，其某些失職行為均照正印官例減一等議處。
《兵部處分則例》「護任官減等議處」條：「武職護任官於屬員年衰技疏、差
使怠惰等事不隨時揭報者，均照正印官例減一等議處。正印官議以降調者，
護任官議以降留；正印官應議降留者，護任官議以罰俸。該將軍等於題參時
將該員係暫行委護之處於疏內聲明。」〔註86〕

此條款在光緒朝咸豐《欽定王公處分則例》與光緒朝《吏部處分則例》、
《欽定六部處分則例》中未見。但其同樣被記載在《欽定中樞政考》中，條
目亦相同，並且在該條下還記載了此則例的來由，富德也是第一個適用此條
罰則的護任官。〔註87〕

以上四種乃是除了上論「特旨減議」以外的減等議處情況，其適用條款
雖或在此或在彼處，並未全部收入到同一版本中，但其減等議處的精神是一

〔註83〕 《兵部處分則例（道光朝）》綠營卷一「協緝官員丁憂回籍接任官獲犯酌減議
　　　　處」條，中國基本古籍庫（電子數據資源），第 168 頁。
〔註84〕 《吏部處分則例（光緒朝）》卷一「失察處分分別核辦」條，香港蝠池書院出
　　　　版有限公司 2004 年版，第 9 頁。亦見光緒朝《欽定六部處分則例》卷一「失
　　　　察處分分別核辦」條，文海出版社 1971 年版，第 34 頁。《兵部處分則例（道
　　　　光朝）》八旗卷一、綠營卷一「鄰境獲犯酌減議處」條，中國基本古籍庫（電
　　　　子數據資源），第 8、167 頁。亦見《欽定中樞政考（道光朝）》八旗卷九「鄰
　　　　境獲犯酌減議處」條，香港蝠池書院出版有限公司 2012 年版，第 1085 頁。
〔註85〕 同上。
〔註86〕 《兵部處分則例（道光朝）》八旗卷一、綠營卷一「護任官減等議處」條，中
　　　　國基本古籍庫（電子數據資源），第 5、165 頁。亦見《欽定中樞政考（道光
　　　　朝）》八旗卷九「護任官減等議處」條，香港蝠池書院出版有限公司 2012 年
　　　　版，第 1060 頁。
〔註87〕 「嘉慶四年十一月內奉旨：兵部議處太原鎮印務參將富德降一級調用一本，
　　　　固屬按例辦理，但此案若係本任總兵狥庇自聽按例降調。富德係參將暫護總
　　　　兵，未必不以官職與恩特赫默相等，是以不行揭報。若竟予降調與本任總兵
　　　　無所區別。富德著改為降二級從寬留任。嗣後遇有似此案件皆當分別本任、
　　　　護任，照此辦理。並著該部纂入例冊。欽此。」詳見《欽定中樞政考（道光
　　　　朝）》八旗卷九「護任官減等議處」條，香港蝠池書院出版有限公司 2012 年
　　　　版，第 1059 頁。

致的，不妨礙我們將之放到此處共同探討。

三、恩免免議

除了加等、減等議處，尚有免議。免議亦有奉旨免議和照例免議兩種情形。

1、奉旨免議

奉旨免議又分為針對個人赦免處分和實施普遍恩詔寬免。針對個人赦免處分往往處於皇帝對犯罪人以往表現、功績，或情理法權衡考慮，打破部院照例議處的結果，這也往往是新則例形成的原因之一。此種例證較為常見，在硃批奏摺、錄副奏摺中常見「免議」。因出於個人考慮，未形成制度，故此處不予篇幅討論。恩詔一般出於登基、祝壽、冊封、災害，或對法網繁密反思、出於慈恩等情況普遍適用的情況。對於恩詔寬免已形成辦理程序，並已載入則例，可以說則例形成以後後世再按恩詔辦理也算「照例免議」，但考慮其來源，仍將之歸為「奉旨免議」。在道光朝《兵部處分則例》與《欽定中樞政考》中規定了「恩詔寬免處分」和「遇赦處分」，到了光緒朝《吏部處分則例》、《欽定六部處分則例》則豐富成洋洋十數條大觀的「恩詔核辦事宜」和「寬免章程」，請分別述之。

據《兵部處分則例》與《欽定中樞政考》「恩詔寬免處分」條規定，受革職留任、降留、罰、停、住俸處分的官員遇有與恩詔並符合詔內寬免情形就予查銷辦理，不用再具題。但是實降、實革的普通官員，以及用半俸抵免實降的世職之官，則不在寬免之限。〔註 88〕此將職任罰與世職罰分別對待，恩詔寬免僅適用於職任罰，對於世職罰不適用恩詔寬免。

《兵部處分則例》與《欽定中樞政考》「遇赦處分」條亦分別規定了原議限滿和展參兩種適用情況：「官員原議處分遇恩旨赦免，其承緝限滿應行議結之案與赦款相符者，均免其處分，毋庸起限外，至展參案件無論初參、二參、三參、四參限內遇赦，均准其自內閣頒詔之日另起限期，限滿仍照例議處。」〔註 89〕原議限滿之案免除處分，而展參案件所免係恩詔頒發以前的期限，頒

〔註 88〕　《兵部處分則例（道光朝）》八旗卷一、綠營卷一「恩詔寬免處分」條，中國基本古籍庫（電子數據資源），第 7、166 頁。亦見《欽定中樞政考（道光朝）》八旗卷十「恩詔寬免處分」條，香港蝠池書院出版有限公司 2012 年版，第 1163 頁。

〔註 89〕　《兵部處分則例（道光朝）》八旗卷一、綠營卷一「遇赦處分」條，中國基本

詔之日以後另起限期核算仍照例議處，並不免除處分。《兵部處分則例》綠營卷一「武職員弁獲罪遇赦」條又分別規定了武職員弁遇赦赦免治罪不包括革職處分：「各省武職員弁，該總督、巡撫、提督、總兵參奏有以暴虐兵丁、巡防怠惰、盜劫頻聞諸事、廢弛私離汛地等項革職治罪者，如遇恩赦，只免治罪。其革職之處不准援免。」〔註90〕官員辦差欽奉恩旨也適用寬免處分條款，應繳銀兩覈其完繳與恩詔日期給還與否，在《兵部處分則例》綠營卷一「辦差寬免處分」條也有規定。〔註91〕

到了光緒朝，辦理恩詔事宜成為較常規事件〔註92〕，寬免與不免情況變得複雜，道光朝幾條寬免赦免條款已不敷使用，遂吸收二款形成十數條「章程」規模。光緒朝《吏部處分則例》與《欽定六部處分則例》「恩詔核辦事宜」對如何辦理恩詔事宜進行了指導：

　　　　一、承催督催錢糧欽奉恩旨赦免，該員雖在原任已無承督之責，應將現參及原參各案一併查銷。

　　　　一、官員恭遇恩詔開復原議處分，凡歷任現任內所定降革等項事故，但與詔內開復之款相符者即予銷冊，毋庸具題（宗人府、內務府各官處分不由吏部核議者居多，應聽本衙門自行查銷）。若恩詔寬免現議處分，凡任內承督未完事件已無展參之責處分與詔內寬免之款相符者，即予援免，至尚有展參之案如於初參、二參限內遇有恩詔，准其另起。三參、四參限期，俟限滿日仍照例議處。

　　　　一、官員承審交代已逾初參例限，適於二參限內恭遇恩詔，准將詔前遲延月日扣除不計，止將詔後遲延月日計算議處。

　　　　一、聖駕時巡各省，地方官恭奉恩旨開復處分者，係督撫藩臬大員，俟咨冊彙齊到日另本具題。其四五品以下各官令該督撫造冊

　　　　古籍庫（電子數據資源），第7、166頁。亦見《欽定中樞政考（道光朝）》八旗卷十「遇赦處分」條，香港蝠池書院出版有限公司2012年版，第1165頁。

〔註90〕《兵部處分則例（道光朝）》綠營卷一「武職員弁獲罪遇赦」條，中國基本古籍庫（電子數據資源），第167頁。

〔註91〕「官員辦差欽奉恩旨寬免處分應議降革留任及降俸罰俸等項，覈其事犯在欽奉恩旨以前、議處在恩旨以後者均一體寬免。其已經議結處分應繳降罰銀兩，覈其完繳日期在欽奉恩旨以後者准其繳過銀兩給還，若完繳在欽奉恩旨以前者毋庸給還。」詳見《兵部處分則例（道光朝）》綠營卷一「辦差寬免處分」條，中國基本古籍庫（電子數據資源），第167頁。

〔註92〕據筆者所見，即有嘉慶、道光、光緒朝數次恩詔寬免。

送部歸入彙題，無庸俟到齊再辦。其未經造冊以前遇有升調，該督撫隨本另備咨文，逐案聲敘，吏部即於議覆本內夾明開復，仍令入於彙咨冊內備查。

一、各省恭辦大差人員欽奉恩旨開復處分或加級或議敘者，該督撫於差竣之日起限三個月內查明造冊報部分別夾辦，如有遲逾，將該督撫照欽部事件遲延例議處（例載限期門）。〔註93〕

上述五款指導核辦恩詔事宜可分三個層次理解：第一至三款係第一層，規定了恩免對象。第四款係第二層，核辦彙報操作。第五款係第三層，核辦期限及遲延懲罰標準。其中催督錢糧單獨列為第一款，可見徵收錢糧責任之重，從側面也反映了此項任務不易完成，官員常常因此受處分。如果此為經常之事或是常態，〔註94〕皇帝不得不對此處分時常進行赦免。

《欽定六部處分則例》在此「恩詔核辦事宜」指導意見基礎上形成了具體操作條款——《寬免章程》九條，詳晰了各種應予寬免和不應寬免以及或自行或照例辦理的情況：

一、京外四品以下官員從前部議降革留任奉旨改為從寬留任限年開復，並引見復用原官其降革帶於本任之案，以及降職、降俸、住俸、罰俸、帶罪停升例無展參事在恩詔以前者，將來到部亦予免議。

一、京外三品以上官員欽奉特旨交議尚未議結之案雖在恩詔以前仍照例辦理，四品以下官員現議處分仍行寬免。

一、丁憂終養告病及候補候選試用並已經降調人員，所有從前正署任內前項處分，現在之員一體准其開復。

一、例有展參之案免其從前處分，仍於恩詔之日另行起限查參限開照例議處。

一、已經革（職）人員有另案試冊處分不准開復，現議註冊處分亦不准寬免。

一、例應實降實革處分仍照例辦理。

一、文職兼武職人員，如有武職任內處分及內務府、宗人府自

〔註93〕《吏部處分則例（光緒朝）》卷一「恩詔核辦事宜」條，香港蝠池書院出版有限公司 2004 年版，第 10～11 頁。亦見光緒朝《欽定六部處分則例》卷一「恩詔核辦事宜」條，文海出版社 1971 年版，第 35～36 頁。

〔註94〕不少學者認為明清徵收錢糧均不能足額完成，黃仁宇為其代表。

行議處之案應由兵部及各該衙門自行查辦。

　　一、現議降調人員因帶有革職留任之案應行革任者，恭逢此次恩詔，其革留處分准予開復，仍議降調；如應查詢居官者，仍准查詢居官；如已開缺者，會同文選司照例辦理。其自嘉慶二十五年八月二十七日以後應行降調人員因有革留之案革任者，事越多年，員數不一，其間或已經病故，或案經捐復補缺後有升遷降革事故，礙難據冊開復，應由各督撫專案奏請，或由本員自行具呈到部再行核辦。再，此次人員革留由恩詔開復，與本案開復革留改議者不同，所有原任內加級紀錄不准給還，及革職後聲請議敘各案，一概不准再行覈辦。

　　一、各省盜案經該督撫奏請勒限嚴緝之案，覈其勒限，應於此次恩詔之後限滿者，其勒限日期仍照原參限期於恩詔之日另行起限，限滿查參，照例議處。

　　一、承審交代已逾初參例限，適於二參限內恭遇恩詔，准將詔前遲延月日扣除不計，止將詔後遲延月日計算議處（通行內開其自嘉慶廿五年八月十七日以後應行降調人員因有革留之案革撤者，飭令自行開明案由即日呈請專案詳咨）。〔註95〕

　　此《寬免章程》係道光三十年增修，一直被記載至光緒朝，可見其一直被實踐操作中所適用。它強調了這樣幾點：第一，規定恩詔寬免適用的範圍。並不是所有的罪名處分都適用恩詔，有些處分或官員狀態不適用恩詔寬免。第二，辦理主體及方式有吏部、兵部辦理和宗人府、內務府自行辦理之別。第三，准許恩免的事項如何辦理及其後果如何。

　　綜合以上「恩詔核辦事宜」、「寬免章程」兩條則例可以看出，恩詔所寬免的對象有的是處分本身，有的是治罪，有的是期限，有的是開復與否的條件。恩詔適用較為複雜。也並非所有案件都適用恩詔，與「常赦所不原」意同。具體如何適用，各部院則需遵查此二條覈辦。

　　至於恩免案件在當時實踐中是如何辦理的，我們可以通過道光六年吏部尚書文孚辦理寬免綿課等員因銓選錯誤自行檢舉一案作一管窺。

〔註95〕光緒朝《欽定六部處分則例》卷一「寬免章程」條，文海出版社 1971 年版，第 36～38 頁。此章程僅見光緒朝《欽定六部處分則例》，其他幾部則例均未見記載。

　　吏部等衙門經筵講官太子少保吏部尚書鑲藍旗滿洲都統臣文孚等謹題爲查議具題事。該臣等會議得准宗人府咨稱，據經歷司掌印理事官宗室祥康稟稱，本衙門現出有選缺理事官一缺，例應論俸銓選，按照選冊俸次應以本衙門副理事官宗室文山擬正，其次應以戶部員外郎宗室綿能擬陪。惟詳查，綿能從前歷俸年分，係由理事官緣事降肆級調用，於嘉慶拾壹年玖月補授七品筆帖式，應除其以前食俸年分例不接算外，於拾肆年伍月題升委署主事，於拾柒年玖月因病呈請開缺，貳拾年貳月又呈遞病痊，是年拾月內補缺，貳拾壹年拾壹月題升經歷，貳拾叁年貳月選升戶部員外郎，統計該員自嘉慶拾壹年玖月降補筆帖式食俸起扣至本年計食俸拾玖年零兩個月，此內應扣去告病假貳年零肆個月，又病痊候補在候補任內捌個月，共應扣除叁年未食俸不計俸外，是該員實食俸僅止拾陸年零兩個月。此次所出選缺理事官一缺即不應以綿能擬陪，應以食俸已歷拾陸年零玖個月之吏部員外郎宗室博揀擬陪。再查，嘉慶貳拾貳年拾月選升副理事官將該員擬正，均係自其降補筆帖式年分起統計其食俸，並未詳查將其告病年分暨病痊候補月分扣去以致誤行銓選。今查出稟明更正等語，臣等復行確查無異，惟從前選用時因未能將綿能告病年分暨病痊候補月分詳細扣算，以致誤行銓選。今既查出自應據實檢舉奏明更正，並請旨將從前兩次承辦銓選錯誤之堂司各官交部照例分別查議等因，於道光伍年拾貳月初肆日具奏本日奉旨依議。欽此。欽遵。於道光伍年拾貳月初伍日知照到部，當經查取職名，去後，今於道光伍年拾貳月初拾日咨送到部。查定例，「凡遇不應升選之員誤擬升選者，將承辦錯誤之司員降壹級留任。」又定例，「官員辦理事件始初失於覺察後經自行查出檢舉在內，自京堂以上該部將照例應得處分及檢舉後可否寬免之處聲明請旨。其餘在京各員，凡自行檢舉案件各按本例應得處分酌加寬減，例應降級留任者即減爲罰俸壹年，或雖經檢舉而其事已不可改正者仍不准寬減」等語。除貳拾叁年戶部員外郎缺出，將綿能擬正之承辦官宗人府副理事官已升翰林院侍講學士宗室德遐例止降留，業經休致，應免其查議。及前任宗人府左宗正和碩成親王永瑆、右宗正和碩肅親王永錫均經病故毋庸議外，此案宗人府堂司各官於嘉慶貳拾貳年副理事

官缺出未將綿能告病病痊候補年分詳晰扣除，將該員誤行擬陪貳拾叁年戶部員外郎缺出，復將該員擬正，實屬升選錯誤，經該堂司官自行檢舉奏請交部分別查議。臣等公同核議，查其事已不可改正，雖經自行檢舉仍應照例議處，應將貳拾貳年副理事官缺出將綿能擬陪之承辦官前任宗人府理事官現任理藩院郎中宗室玉昌照例降壹級留任，該堂官前任宗人府宗令和碩莊親王綿課、前任宗人府左宗人多羅貝勒永珠、右宗人今綏遠城將軍宗室奕顥，及貳拾叁年戶部員外郎缺出將綿能擬正之堂官左宗人固山貝子已襲和碩定親王現任右宗正奕紹均應於理事官玉昌降壹級留任例上各減爲罰俸壹年。綿課、奕顥又於貳拾叁年戶部員外郎缺出將綿能擬正，應照例各再罰俸壹年。所有此案降留處分俱事在嘉慶貳拾伍年拾月貳拾貳日欽奉恩詔以前，應行寬免，恭候命下，臣部等衙門遵奉施行。再，此本咨文於道光伍年拾貳月初拾日到部，於拾貳月拾貳日送都察院會議，於拾柒日送回，又於道光陸年正月貳拾壹日送兵部會議，於貳拾伍日送回，臣部於叁月初叁日辦理具題，此本係吏部主稿，合併聲明。臣等未敢擅便，謹題請旨。

道光陸年叁月初叁日

經筵講官太子少保吏部尚書……鑲藍旗滿洲都統臣文孚……等人（後38人皆是吏部侍郎、郎中、主事等銜，以及兵部尚書、侍郎，都察院都御史等銜）

（檔案前奉諭旨批覆）綿課、永珠、奕顥、奕紹罰俸之處俱著准其寬免，餘依議。〔註96〕

此案先是援引《吏部處分則例》予以處罰，之後因其在嘉慶二十五年恩詔以前，其處分應行寬免，據此聲明請旨，最后皇帝將罰俸之處分根據恩詔情節予以寬免。但因事不可更改自行議處仍不減議而得降一級留任處分之玉昌未在寬免之限。從整個議定處分過程看，吏部均照則例規定適用執行，皇帝在最後決策時也充分考慮了則例規定以及恩詔適用因素，但在寬免範圍取捨上又加入了個人的考量。此案件較完整地再現了清代吏部處分官員辦事的過程，既體現了則例在吏部辦理官員處分案件中被單獨適用的做法，又體現了上諭與則例適用的複雜關係，從中可以看到在辦理案件的整個過程中則

〔註96〕中國第一歷史檔案館：內閣全宗，檔案號：02-01-03-09645-007。

例、恩詔、皇帝諭旨起到的作用。

2、照例免議

除了奉旨免議以外，則例中亦有免議條款，比如前面「失察處分分別核辦」條中「失察家人未經釀成命案而訪獲者免議」規定，除此之外，因公外出、新上任官員不及一月失察行為亦係則例規定的免議行為，應適用免議處罰條款。

道光朝《兵部處分則例》八旗卷一和《欽定中樞政考》八旗卷十「因公他往免議」條規定了因公他往分別先後適用免議與否的情況：「內外八旗官員因公他往，遇有失察事件，該管大臣將本員公出日期隨咨報部查核，如在公出以後者，免其議處。如發覺在公出以後，而失察在公出以前者仍行議處。」〔註97〕

在光緒朝《吏部處分則例》與《欽定六部處分則例》「因公出境免議」條中將此犯罪構成要件規定得更為詳細具體：一是外出理由縮小：上級指派或者是親自赴省當面稟報機宜，必須是公出且是要事才成；二是已經離開轄境：州縣等級官員出本州縣直轄之境，道府等級官員已出道府衙門所屬之境；三是遇有特種案情：包括疏防、失察等性質的案件。符合以上條件才允許受處分之官員向上司申明公出事由、日期、去向處所等，沒有虛捏、情況屬實，免議。〔註98〕若虛捏謊報如何處罰？失察上司、接任官如何處罰？適用如下標準：「係規避罰俸並降留、革留處分將該員降一級調用（私罪）。失察之上司罰俸一年（公罪）。例應實降、實革者即照規避例革職（私罪），失察之上司降二級調用（公罪）。若接任之員於前官公出月日失於查核，誤將前官職名開送者罰俸一年（公罪）。因而致前官降革離任者，除將前官處分開復外，將誤開之接任官降二級調用（公罪）。」〔註99〕道光朝《兵部處分則例》綠營卷一「因公出境」條對此有類似規定，只是較之光緒朝懲罰之具體，其對上述

〔註97〕 《兵部處分則例（道光朝）》八旗卷一「因公他往免議」條，中國基本古籍庫（電子數據資源），第 7 頁。亦見《欽定中樞政考（道光朝）》八旗卷十「因公他往免議」條，香港蝠池書院出版有限公司 2012 年版，第 1137 頁。

〔註98〕 《吏部處分則例（光緒朝）》卷一「因公出境免議」條，香港蝠池書院出版有限公司 2004 年版，第 8～9 頁。亦見光緒朝《欽定六部處分則例》卷一「因公出境免議」條，文海出版社 1971 年版，第 34 頁。

〔註99〕 同上。

行爲的懲罰規定更具有概括性的特點。〔註100〕

　　除了因公外出免議，京內衙門堂官新上任不及一月失察行爲也適用免議條款。〔註101〕同樣內容的規定在光緒朝《吏部處分則例》中並未獨立成條，而是作爲「失察處分分別覈辦」條第二款被規定記述下來。〔註102〕署事官員署任不到一個月也是同樣享有免議待遇，這一點記載在道光朝《兵部處分則例》八旗、綠營卷一與《欽定中樞政考》八旗卷九「歷任署事官員分別議處」條中。〔註103〕

第六節　官員特權

　　官員在古代是優秀的人才，國家出於保護人才的考慮予以官員階層以特權。此種考量也反映在立法及法律適用上。作爲以官員爲主要適用對象的則例，其適用中最突出的一個原則就是官員特權原則，這一點與其他法律形式如律典所有的等級特權原則〔註104〕近似，但其具體表現與律典原則不盡相同。則例適用中的官員特權原則主要表現在三個方面：第一，級紀可以抵罪；第二，降處官員限期無罪許開復、捐復；第三，議敘議處僅就一任。

一、級紀抵罪

〔註100〕「……如並未因公出境捏報規避者，按其規避何項處分照本例加等議處。如屬員捏報公出，上司狥情轉報者，照本員一律議處。若止於失察者，照本員應得處分減一等議處。其升遷降調及有事故離任之員原任內遇有疏防失察等案，果係因公出境，接任官……如將前官公出之處誤行開送，照誤揭屬員例分別議處。」《兵部處分則例（道光朝）》綠營卷一「因公出境」條，中國基本古籍庫（電子數據資源），第 176 頁。

〔註101〕「在京堂司各官遇有失察之案，如到任不及一月者免其議處（新增）。」見光緒朝《欽定六部處分則例》卷一「在京官員失察免議」條，文海出版社 1971年版，第 35 頁。

〔註102〕詳見《吏部處分則例（光緒朝）》卷一「失察處分分別覈辦」條，香港蝠池書院出版有限公司 2004 年版，第 9～10 頁。

〔註103〕《兵部處分則例（道光朝）》八旗卷一、綠營卷一「歷任署事官員分別議處」條，中國基本古籍庫（電子數據資源），第 5、165 頁。亦見《欽定中樞政考（道光朝）》八旗卷九「歷任署事官員分別議處」條，香港蝠池書院出版有限公司 2012 年版，第 1061 頁。

〔註104〕錢大群《唐律研究》中總結唐律有四個基本原則，其一就是等級特權原則。《大清律例》也保有此項原則。關於唐律基本原則見錢大群：《唐律研究》第四章，法律出版社 2000 年版，第 75～108 頁。

　　則例區分公罪、私罪的其中一個原因就是公罪可以用級紀抵銷，私罪不准抵銷。誠如《欽定王公處分則例》卷首「查例章程」所言：「例准抵銷者，因其情有可原，亦宥過無大之意也……例不准抵者，因其情不可恕，亦刑故無小之意也。」〔註105〕該原則係因兵部於乾隆三十三年處分古州總兵德興案件確立。道光朝《欽定中樞政考》八旗卷九「分別公私抵銷處分」條載有此案。〔註106〕道光朝《兵部處分則例》「分別公私抵銷降級罰俸處分」條通過份別部議、特旨交議和各衙門核議三種應否准抵的來源進而申述了是否准許抵銷處分的條件及操作步驟：「官員遇有部議降調、降留、罰俸各處分，覈其所犯情節實係因公者，准其將任內加級紀錄按次抵銷外，若係私罪，不准議抵。至不□（由）〔註107〕部議欽奉特旨降調、降留、罰俸之件，毋庸復行請旨抵銷。若係特旨交議之案，由部於摺內聲明，係私罪毋庸議抵外，若係公罪，應於摺內聲明，恭候欽定。其部議降調奉旨加恩改爲降留，部議降留奉旨加恩改爲罰俸，部議罰俸奉旨加恩改爲減半議罰，如係公罪奉旨准其抵銷，由部查明加級紀錄抵銷具

〔註105〕《欽定王公處分則例（朝代不明）》卷首「查例章程」，載楊一凡、田濤主編：《中國珍稀法律典籍續編》第六冊，黑龍江人民出版社 2002 年版，第 310頁。

〔註106〕「乾隆三十三年十一月內奉上諭，兵部議處古州總兵德興一案，前經降旨，俟德興來京再降諭旨。今德興到京，覈其被劾情節乃係囑令屬員買物發價遲延，又將隨帶使令之人拔補名糧，皆係自犯私罪，非因公罣誤可比。該部議以降調題覆內外文武各官遇有承辦事務如失察遲延之類，其錯誤本屬因公，自應將加級紀錄准其抵銷。若意涉營私，於政事、官箴皆有關係，而該員得借加級紀錄爲護身符，吏意不能持其後，殊非黜陟公明本義。況內閣票擬現以公罪、私罪分別夾簽，獨吏、兵二部所定准抵條例，未能明晰周備，豈獨書吏得以爲撞騙之媒，苟非朕留心察查，即堂司官亦得以高下其手。且因公者事雖重大其情實輕；因私者，事雖細微，其情實重。自來宥過無大，刑故無小，眞古今不易之論。嗣後吏部、兵部議處文武各官一以公罪、私罪爲斷，其被議之事本屬因公者，仍照例准抵外，其因私罪交部議處者，一概不准抵銷。庶辦公者得邀寬典而營私者不致長奸，於澄敘官方之道更爲允協。著爲令。欽此。（凡公罪內有例內聲明不准抵銷者仍不准抵銷。）」《欽定中樞政考（道光朝）》八旗卷九「分別公私抵銷處分」條，香港蝠池書院出版有限公司 2012 年版，第 997～999 頁。亦見《吏部處分則例（光緒朝）》卷一「級紀抵銷分別公罪私罪」條，香港蝠池書院出版有限公司 2004 年版，第 3 頁。光緒朝《欽定六部處分則例》卷一「級紀抵銷分別公罪私罪」條，文海出版社 1971 年版，第 25～26 頁。

〔註107〕據《欽定中樞政考（道光朝）》八旗卷九「分別公私抵銷降級罰俸處分」條補。見《欽定中樞政考（道光朝）》八旗卷九「分別公私抵銷降級罰俸處分」條，香港蝠池書院出版有限公司 2012 年版，第 1017 頁。

題。若不由部議經各該衙門核議處分（如領侍衛內大臣議處侍衛之類），亦令各該衙門於具奏時分別敘明公罪、私罪，奉旨依議者移咨到部，由部查明遵旨分別應否准其抵銷具題。」〔註108〕可見抵銷是有一定條件的，要看案件的性質和來源，且很多情況能否抵銷是需要請旨待皇帝裁決的。

按照《欽定王公處分則例》歸類，罰俸處分有時可抵有時不可抵，降留、革留可抵，降調、革職不可抵，因為「罰俸有公罪、私罪之分，而降留、革留內無私罪，降調、革職內無公罪。蓋按律科罪之時，因係公罪，始議降留、革留；因係私罪，始議降調、革職。」〔註109〕如此，則有罰俸抵銷，降級抵銷，降級兼罰俸分別抵銷三種情形。至於公罪不准抵銷者，則需查照開復條款予以辦理，留待下一節討論。本節僅就以上三種准抵的情況予以論述。因《兵部處分則例》與《吏部處分則例》將罰俸、降級抵銷合在一條規定，為行文方便，不致裁剪零碎，本文亦將罰俸、降級議抵合併討論，將降級兼罰俸分別抵銷單獨討論。

1、罰俸、降級議抵

級紀與罰俸、降級的抵銷次序及其標準則例有明文規定。《兵部處分則例》八旗卷一「加級紀錄分別抵銷」條：

> 官員因公罣誤，遇有議處之案應降一級者，以加一級或紀錄四次抵銷。應罰俸一年者以紀錄二次抵銷。應罰俸六個月者，以紀錄一次抵銷。如係軍功，紀錄二次准其抵銷降一級，紀錄一次准其抵銷罰俸一年。如遇有罰俸六個月之案，將軍功加一級准其抵銷，降二級如遇有降一級調用之案，將軍功加一級抵銷，免其降調，仍給還軍功紀錄二次。凡議處官員任內有軍功並隨帶加級紀錄及尋常加級紀錄例准抵銷者，兵部於議處時查明，將該員任內所有之加級紀錄分別先將尋常加級紀錄抵銷，再將軍功隨帶加級紀錄議抵。同日到部之案纍其犯事日期，先後議抵。係同日犯事先僅處分重者議抵；

〔註108〕《兵部處分則例（道光朝）》八旗卷一「分別公私抵銷降級罰俸處分」條，中國基本古籍庫（電子數據資源），第 4 頁。亦見《欽定中樞政考（道光朝）》拔去卷九「分別公私抵銷降級罰俸處分」條，香港蝠池書院出版有限公司 2012 年版，第 1017～1019 頁。

〔註109〕《欽定王公處分則例（朝代不明）》卷首「查例章程」，載楊一凡、田濤主編：《中國珍稀法律典籍續編》第六冊，黑龍江人民出版社 2002 年版，第 310 頁。

其事涉營私及例有專條不准抵銷者，於議處本內將不准抵銷之處聲明；若例無專條，比照議處者，除實係私罪外，其餘所比之例，雖原有不准抵銷字樣，仍准其抵銷。如任內遇有因公降級調用之案，因級紀不敷抵銷者，或任內有俸滿保送引見，奉旨記名遇有缺出陞用一次或保送應升之缺擬陪引見奉旨記名遇有應升缺出坐補一次，或保送堪勝綠營引見奉旨記名照例陞用一次或保薦卓異一次等項亦俱准其銷去一次抵降一級調用。〔註110〕

尋常加級、紀錄和軍功加級、紀錄與罰俸、降級的抵銷比例以及它們之間的換算、四者議抵適用先後順序、可能遇到的特殊情況均在此條中予以清晰規定。《欽定中樞政考》八旗卷九「加級紀錄分別抵銷」條與此規定完全相同。〔註111〕《兵部處分則例》綠營卷一「加級紀錄分別抵銷」條與之規定大略相同，惟於「級紀不敷抵銷」後規定略有不同，綠營規定得更爲具體：「如任內遇有因公降級調用之案，因級紀不敷抵銷者，或任內有卓異薦舉、保舉堪勝保列一等邊俸俸滿豫行保舉、俸滿甄別保送分別營衛回任候升，並漕糧全完議敘陞用、孳生馬匹、承築土壩、辦理工程保題陞用，及拿獲各項案犯以應升之缺陞用並引見，奉旨記名陞用人員亦應照吏部奏定章程俱准其銷去陞用一次抵降一級調用。」〔註112〕另該書同卷「功加作爲軍功加級抵免降級」條規定了營衛各官功加作爲軍功加級可以抵免降級：「營衛各官有軍功議敘功加遇有降級之案，准將功加一等作爲軍功加一級議抵。若係降一級者，銷去功加一等抵免，仍給還軍功紀錄二次。」〔註113〕咸豐朝《欽定王公處分則例》「加級紀錄分別抵銷」條規定了其中一部分，計有尋常紀錄與軍功紀錄抵銷先後，以及同日犯案、不准抵銷情況。〔註114〕光緒朝《吏部處分則例》與《欽定六部處分則例》「級紀抵銷分別公罪私罪」條與《兵部處分則例》八旗卷一

〔註110〕《兵部處分則例（道光朝）》八旗卷一「加級紀錄分別抵銷」條，中國基本古籍庫（電子數據資源），第2～3頁。

〔註111〕《欽定中樞政考（道光朝）》八旗卷九「加級紀錄分別抵銷」條，香港蝠池書院出版有限公司2012年版，第1023～1026頁。

〔註112〕《兵部處分則例（道光朝）》綠營卷一「加級紀錄分別抵銷」條，中國基本古籍庫（電子數據資源），第163～164頁。

〔註113〕《兵部處分則例（道光朝）》綠營卷一「功加作爲軍功加級抵免降級」條，中國基本古籍庫（電子數據資源），第164頁。

〔註114〕《欽定王公處分則例（咸豐朝）》「加級紀錄分別抵銷」條，香港蝠池書院出版有限公司2004年版，第377～378頁。

「加級紀錄分別抵銷」條規定大致相同，[註115]但補有其他條款輔助施行。

第一，現任恩詔議敘加級准許抵銷以前案件處分，但新任恩詔不抵舊任案件；捐輸所得級紀不准抵銷以前案件。光緒朝《吏部處分則例》卷二「恩詔議敘加級准抵前案降留」條：「其現在各官任內有降級留任之案，事後遇有恩詔加級、議敘加級俱准其呈明抵銷。其罰俸之案事後遇有議敘紀錄亦准其呈明抵銷。若係捐級捐紀仍不准抵銷前案。至京外四品以下各官有部議降調奉旨從寬改爲留任並赴部引見，以原官復用，將降級之案帶於新任者，遇有恩詔加級、議敘加級均不准其抵銷。」[註116]在雍正三年以前，恩詔加級不能抵銷前案，後來雍正皇帝認爲這不是准許官員補過自新之本義，於是在雍正三年規定除了處分以後捐納所得加級不准抵銷之外，恩詔加級和議敘加級都准許以加一級抵銷降一級，用以鼓舞勉勵吏治。[註117]道光朝《欽定中樞政考》八旗卷九「因公降級留任罰俸案件抵銷」條下亦記載了此道諭旨，[註118]但到了道光朝，除了恩詔加級、議敘加級仍然准許抵銷以前的案件以外，對於捐納所得加級紀錄抵銷以前案件也在一定條件下放寬了。「部議降級留任之員除戴罪圖功並承督未完等案應俟本案完結日開復，不准先行抵銷外，其因公罣誤降級留任隨案議結者加級紀錄俱准抵銷。至降級留任以後遇有恩詔加級及議敘加級俱准抵銷。如罰俸案件並無展參事屬因公者，續

[註115] 詳見《吏部處分則例（光緒朝）》卷一「級紀抵銷分別公罪私罪」條，香港蝠池書院出版有限公司 2004 年版，第 3～4 頁。光緒朝《欽定六部處分則例》卷一「級紀抵銷分別公罪私罪」條，文海出版社 1971 年版，第 25～27 頁。

[註116] 《吏部處分則例（光緒朝）》卷二「恩詔議敘加級准抵前案降留」條，香港蝠池書院出版有限公司 2004 年版，第 24～25 頁。亦見光緒朝《欽定六部處分則例》卷一「恩詔議敘加級准抵前案降留」條，文海出版社 1971 年版，第 60 頁。咸豐朝《欽定王公處分則例》「因公降級留任罰俸案件抵銷」條規定有其中部分條款，但該書此條款在《欽定王公處分則例（朝代不明）》中則被吸收至「降級兼議罰俸分別抵銷」條，詳見《欽定王公處分則例（咸豐朝）》「因公降級留任罰俸案件抵銷」條，香港蝠池書院出版有限公司 2004 年版，第 373 頁。《欽定王公處分則例（朝代不明）》卷首「降級兼議罰俸分別抵銷」，載楊一凡、田濤主編：《中國珍稀法律典籍續編》第六冊，黑龍江人民出版社 2002 年版，第 317 頁。

[註117] 《吏部處分則例（光緒朝）》卷一「恩詔議敘加級准抵前案降留」條，香港蝠池書院出版有限公司 2004 年版，第 24 頁。亦見光緒朝《欽定六部處分則例》卷一「恩詔議敘加級准抵前案降留」條，文海出版社 1971 年版，第 60 頁。

[註118] 《欽定中樞政考（道光朝）》八旗卷九「因公降級留任罰俸案件抵銷」條，香港蝠池書院出版有限公司 2012 年版，第 993～994 頁。

有議敘紀錄亦准抵銷。若捐納加級紀錄查其上庫日期如在該將軍、都統、副
都統等未經具奏及初次具題、初次出咨之前者，准其抵銷。若已在該將軍等
題奏出咨以後者概不准抵銷。至命案四參降級之案，其未起四參之前捐納加
級准其抵銷；已起四參之後捐納加級不准抵銷。」〔註119〕此條細化且部分
改變了之前捐納加級紀錄不能抵銷以前案件的具體標準，變成有條件地准許
捐納加級紀錄抵銷以前案件且使適用操作變得更加容易。

　　第二，加級與紀錄可以合計抵銷處分。《欽定中樞政考》八旗卷九「旗員
紀錄合計抵銷」條規定旗員級紀合計抵銷適用情況：「內外旗員因公議處罰俸
一個月至五個月，不至銷去紀錄一次者俱准注於紀錄，再遇罰俸合計抵銷。
如任內有紀錄四次，又有罰俸注抵之案，再遇因公降級處分仍准其將紀錄四
次抵銷降一級。其前議罰俸注抵之案改為補行實罰。」〔註120〕紀錄一次按標
準可抵罰俸六個月，如果罰俸處分低於六個月，用不上紀錄一次，則允許將
犯罪標注積累，再遇罰俸處分合併用紀錄抵銷；紀錄四次按標準能抵銷降一
級，如果有紀錄四次，但處分卻有降級和罰俸兩種，則將紀錄抵免大處分降
級，罰俸仍實罰。此條則例是據乾隆七年六月上諭制定。〔註121〕《欽定中樞
政考》據此上諭制定了適用旗員罰俸一至五個月合併記錄抵銷以及再遇降級
罰俸抵銷的情況。乾隆八年又發佈諭旨，因在京衙門均有滿漢職官公同辦理
事務，漢員也照旗員例准合計抵銷。因此形成了京官合計抵銷適用的條款。
此諭旨與條款在光緒朝仍被適用，規定在光緒朝《吏部處分則例》與《欽定

〔註119〕《欽定中樞政考（道光朝）》八旗卷九「因公降級留任罰俸案件抵銷」條，香
　　　　港蝠池書院出版有限公司2012年版，第994～995頁。亦見《兵部處分則例
　　　　（道光朝）》綠營卷一「因公降級留任罰俸案件抵銷」條，中國基本古籍庫（電
　　　　子數據資源），第163頁。
〔註120〕《欽定中樞政考（道光朝）》八旗卷九「旗員紀錄合計抵銷」條，香港蝠池書
　　　　院出版有限公司2012年版，第1022頁。亦見《兵部處分則例（道光朝）》八
　　　　旗卷一「降級兼議罰俸分別抵銷」條第二款，中國基本古籍庫（電子數據資
　　　　源），第3～4頁。
〔註121〕「乾隆七年十月內奉諭：定例，官員紀錄一次抵罰俸半年。若遇罰俸一個月
　　　　至五個月者，因不至銷去一次紀錄，遂不准抵銷，照常罰俸。又有因兩三案
　　　　並發，所罰之俸雖至銷去一次紀錄，亦不准抵銷。但官員等有因公事（類繩
　　　　去絲）勉議敘紀錄乃因所罰俸少不至銷去紀錄，遂不准抵銷，照常罰俸於伊
　　　　等生計亦屬無益。嗣後旗員應罰之俸不銷去一次紀錄者，照王等紀錄之例
　　　　暫行註冊，俟再遇罰俸案件合計抵銷，以示朕體恤之至意。欽此。」《欽定中
　　　　樞政考（道光朝）》八旗卷九「旗員紀錄合計抵銷」條，香港蝠池書院出版有
　　　　限公司2012年版，第1022頁。

六部處分則例》卷二「京官罰俸合計抵銷」條中。〔註122〕據此，所有王與滿員、京官漢員均准將級紀合計抵銷處分。

第三，軍營及翰詹大考議抵適用。光緒朝《欽定六部處分則例》卷一「軍營因公處分抵銷分別核辦」條：「官員處分事關軍務惟失守城池、統帶兵勇所得處分不准查抵，其餘因公處分仍照例准其抵銷。」〔註123〕此條係咸豐十一年七月呈堂備案新增。同書繼軍營條後又記有咸豐二年六月十七日奏定新增「翰詹大考罰俸不准抵銷」條款。〔註124〕

除了現任降罰議抵，降補官員於兩任之間級紀議抵如何適用？《兵部處分則例》、《欽定中樞政考》「加級紀錄分別抵銷」條第二款規定：「降補官員所有前任內加級紀錄俱准其帶於降補任內，若原任內有卓異加級應即銷除，不准隨帶。至軍政議降各官雖任內有軍功加級及各項加級紀錄，均不准抵銷，降補時仍准隨帶。」〔註125〕

關於文武官員因公罪級紀准抵與否及其議抵次序，《吏部處分則例》與《欽定六部處分則例》作了總結性規定：

> 一、官員任內有加數級，如遇降級處分，先將捐納加級案上庫年月先後抵完，再將恩詔加級、議敘加級、隨帶加級及錢糧軍功加級挨次查抵，或軍功紀錄二次及尋常紀錄四次亦各准抵降一級（此係通指降留、降調而言）。若降調之員級不數抵方以不論俸滿即升一次，或俸滿即升一次，或卓異保題一次，或俸滿保薦一次議抵。

〔註122〕「乾隆八年六月十二日奉上諭：在京各衙門事務俱係滿漢堂司公同辦理，至遇罰俸處分，旗員則註冊核算，漢員則照常罰俸，例未畫一。嗣後凡在京臣工有罰俸案件不至銷去紀錄一次者俱照旗員之例註冊合算。欽此。」該條則例規定：「京官罰俸案件例應合計抵銷，如該員只有紀錄四次先有罰俸之案注抵，又遇降級處分，將紀錄四次銷去，即將原議罰俸之案補行罰俸。」《吏部處分則例（光緒朝）》卷二「京官罰俸合計抵銷」條，香港蝠池書院出版有限公司2004年版，第26頁。光緒朝《欽定六部處分則例》卷二「京官罰俸合計抵銷」條，文海出版社1971年版，第62～63頁。

〔註123〕光緒朝《欽定六部處分則例》卷一「軍營因公處分抵銷分別覈辦」條，文海出版社1971年版，第27頁。

〔註124〕「翰詹因大考罰俸者不准抵銷。」見光緒朝《欽定六部處分則例》卷一「翰詹大考罰俸不准抵銷」條，文海出版社1971年版，第27頁。

〔註125〕《兵部處分則例（道光朝）》八旗卷一、綠營卷一「加級紀錄分別抵銷」條，中國基本古籍庫（電子數據資源），第3、163頁。《欽定中樞政考（道光朝）》八旗卷九「加級紀錄分別抵銷」條，香港蝠池書院出版有限公司2012年版，第1026頁。

一、官員有議處降級之案，其捐納加級紀錄上庫日期，係京官，在各部院參奏奉旨之前者准其抵銷，在參奏之後者不准抵銷。係外官在該督撫題參咨參之前者准其抵銷，在題參咨參之後者不准抵銷。至部中查取職名之案總以該督撫初次具題、初次出咨之月日爲斷，在前者准其抵銷，在後者不准抵銷。

一、經徵錢糧未完例應降調之員如有軍功加級紀錄、錢糧加級紀錄方准抵銷，其別項級紀俱不准抵銷。

一、凡降級之案係戴罪完納、戴罪承追督催督運，賠補賠修，及限年承督等案，必俟本案限滿之日方可照例議結，現在雖有級紀不准抵銷（案限滿之日方准查級抵銷，所以杜規避取巧，如例有展參捐升不准離任人員於未經限滿之先呈請作爲限滿將加級紀錄先行抵銷原案者應照此例不准行）。

一、地方官承緝情重命案（擅殺期功尊長之類）於未經報官以前捐納加級者准其抵銷，既經報官以後者不准抵銷。

一、地方官承緝盜案於未經失事之前捐納加級者准其抵銷，在疏防之後者不准抵銷。

一、地方官承緝搶奪良家婦女之案於未經報官以前捐納加級者准其抵銷，既經報官以後者不准抵銷。

一、刑部會稿到部時，如該員例應降罰即案到部先後挨次查明級紀抵銷，於會稿內敘入，毋庸俟刑部將原稿送改事故時始行查抵。

〔註126〕

據此總結可以看出三個突出特點：第一，捐納加級雖是加級中最易得可效力不高，但此時已經擴大了不少允許抵銷處分的領域，且被優先適用，雖然仍受不少限制。第二，軍功加級和錢糧加級仍較恩詔、議敘、隨帶等其他加級紀錄效力高，適用抵銷範圍最廣。第三，適用加級紀錄抵銷處分對於聲明時間要求較多，要把握恰當。

〔註126〕《吏部處分則例（光緒朝）》卷二「級紀抵銷次第」條，香港蝠池書院出版有限公司 2004 年版，第 23～24 頁。光緒朝《欽定六部處分則例》卷二「級紀抵銷次第」條無最後一款「刑部會稿」，該書將之作爲道光十九年六月初三日奏定新增之條款單獨列爲一款「刑部會議處分抵銷」，放置在卷一「公式」門中。詳見光緒朝《欽定六部處分則例》卷二「級紀抵銷次第」條，卷一「刑部會議處分抵銷（新增）」條，文海出版社 1971 年版，第 58～60、27 頁。

在實踐中，用加級紀錄抵罪的情況非常多，謹以嘉慶五年吏部議處禮部尚書管理太常寺事務之德明等人事爲證，一窺文武官員罰俸降級議抵情形。

> 經筵講官太子太傅文淵閣大學士內大臣暫領吏部尚書管理戶部二庫事務正藍旗滿洲都統臣慶桂等謹題爲遵旨查議具題事。該臣等議得先經內閣抄出大學士慶桂等奏稱，遵旨詢問德明等於繕寫儀注內因何將「恭代」「行禮」字樣三抬之處，據稱向來典禮本章奏摺內凡遇遣官恭代俱將「恭代」二字雙抬，此次所進儀注係皇上恭代高宗純皇帝行禮，是以將「恭代」二字三抬。但德明等未能悉心斟酌，拘泥成式，率行繕寫，實屬疏忽。今蒙皇上指示，不勝惶悚，請旨將德明等交部議處。謹奏。嘉慶五年閏四月二十九日奉旨，著從寬改爲交部察議。欽此。欽遵。抄出到部，臣部隨箚行太常寺將應議職名開送過部，以便查辦。去後，於嘉慶五年六月初九日開送前來。查定例，「本章錯誤者，罰俸一個月」等語。今禮部尚書管理太常寺事務德明等於繕寫儀注奏摺內將應行雙抬之「恭代」二字誤寫三抬，其繕寫錯誤之處應行議處。應將禮部尚書管理太常寺事務德明、禮部左侍郎管理太常寺事務多永武、內閣學士管理太常寺事務札郎阿、太常寺卿聞嘉言、少卿哈寧阿、曹師曾均照例罰俸一個月。多永武有紀錄壹次，聞嘉言有紀錄貳次，哈寧阿、曹師曾俱有紀錄三次，均應注於紀錄，合計抵銷。恭候命下，臣部遵奉施行。臣等未敢擅便，謹題請旨。

> 嘉慶伍年柒月初貳日
> 經筵講官……臣慶桂……等人（後 24 人均署吏部侍郎、郎中、員外郎、主事、行走等銜）
> 德明、札郎阿俱著罰俸一個月，多永武、聞嘉言、哈寧阿、曹師曾罰俸一個月之處俱著注於紀錄抵銷。〔註127〕

此案判決依據本不重，罰俸一個月已是最低懲罰，故仍照例未按察議減等，最終照例判決得旨亦基本依議，其處罰不重，均爲罰俸一個月，與紀錄一次允許准抵的罰俸六個月標準較遠，故有紀錄的官員均將此次處罰注於紀錄，與以往或未來的處罰合計一起亦俟將來加夠六個月數再行抵銷。如果沒有紀錄的官員則實行實罰。

〔註127〕中國第一歷史檔案館：內閣全宗，檔案號：02-01-03-08421-009。

至於王公議抵，與普通文武官員不同，除有職任紀錄可予抵銷，尚有世爵折抵。

《欽定王公處分則例》對罰俸、降級的因公准抵情況均規定在「處分條款」之罰俸、降級本條之下，欲明如何適用，當往尋之。

《欽定王公處分則例》卷首「處分條款」之罰俸、降級留任等本條規定了王公處分如何抵銷辦法：

> 公罪准抵者，查其係因公事，每職任俸一年以紀錄二次抵免。若罰俸六個月者，以紀錄一次抵免。不及六個月者，註冊。如只有加級而無紀錄者，每一級改爲紀錄四次。若軍功紀錄一次，准抵罰俸一年。如罰俸六個月，亦以軍功紀錄一次抵罰，仍給還尋常紀錄一次。如並無級紀，仍應實罰。或雖有級紀，不敷抵者，除將所有級紀准抵外，其不敷抵者，仍實罰。（查其無級紀可抵之職任俸，若干年月有職任者，於職任俸內計數實罰；無職任者，按武職一品俸計數扣罰。）王公本爵內有勤勞議敘，每紀錄一次，抵本爵俸二年。（如遇罰職任俸准其抵銷者，應將現罰職任俸若干註於紀錄，合計作抵非抵。至本爵俸二年之數，不得銷去紀錄一次。）私罪不准抵者，查其應罰之俸若干年月，私事罰本爵俸，公事罰職任俸。若未兼職任之王公因公罰俸，即照武職一品職任，於本爵俸內計數扣罰。私事公罪亦應准其抵銷。（如級紀不敷抵者，應由本爵俸內計數實罰。）〔註128〕

該條規定的王公處分抵銷情形很複雜，歸納起來有這樣幾個要點：第一，對王公而言，原則上與普通官員相同，多數公罪都可以使用級紀抵銷，私罪不准抵銷。第二，有職任的王公無論公事還是私事，只要是公罪都允許用職任級紀抵銷，用職任俸實罰，其標準與普通官員相同（普通官員不分公事私事，公罪都是公事），不同的是，職任級紀、職任俸不夠時，允許用本爵俸實罰。第三，私罪不准抵銷的情況下，所有王公都用本爵俸實罰。第四，無職任王公無論公罪還是私罪都罰本爵俸。第五，罰本爵俸的適用標準是按武職

〔註128〕《欽定王公處分則例（朝代不明）》卷首「處分條款」，載楊一凡、田濤主編：《中國珍稀法律典籍續編》第六冊，黑龍江人民出版社 2002 年版，第 313～314 頁。咸豐朝《欽定王公處分則例》「現定則例」條規定與此大致相同。詳見《欽定王公處分則例（咸豐朝）》「現定則例」條，香港蝠池書院出版有限公司 2004 年版，第 351～352 頁。

一品俸標準計算扣罰。從後文看，一般是罰半俸。第六，本爵也有議敘級紀，凡遇實罰本爵俸情況均可用本爵內的議敘級紀抵銷。第七，職任級紀、職任俸與本爵級紀、本爵俸有一定的換算關係，可以換算加減代抵、續抵，但職任級紀與本爵俸不直接換算抵免。

該條也規定了幾種雖是公罪但仍不准議抵的情況：「惟武圍弓刀、石力不符，守護陵寢失於防範，與奉特旨罰俸者，雖係公罪，不准抵銷。」〔註129〕「降級留任」本條下又有規定：「（按律，降留內無私罪，蓋因公罪乃科留任，自應准其抵銷。然須摺尾聲明，請旨可否准其抵銷。）公事准抵者，每一級以加一級或紀錄四次抵銷，軍功紀錄二次，准抵降一級。軍功加一級，准抵降二級。如遇有降一級之案，將軍功加一級註銷抵免降一級外，仍給還軍功紀錄二次。無級紀及不敷抵者，照不准抵例按級實罰。（查其無級紀可抵者，係屬幾級兼職任者，於所兼職任按級扣罰。不兼職任者，亦照武職一品職任俸，按級扣罰。均罰一年爲止，與私罪罰俸三年開復者以示區別。）公事如奉旨改爲不准抵者，現兼職任之王公，即照兼攝職任品級按級實罰。未兼職任之王公，照武職一品職任按級扣俸，均於王公本爵俸內計扣，三年開復。（其每一級應扣俸銀若干，應由戶部辦理，按級扣罰。）」〔註130〕這裡除了重申尋常級紀與軍功級紀抵銷處分的標準以外，還規定了王公兼職者得抵銷罰職任俸、本爵俸的具體標準。

降級調用處分本無公罪，故不涉及議抵適用，但有時奉特旨改爲降級留任，此時雖然改爲降留，但仍不准抵銷，「應照降留不准抵辦理」。〔註131〕

2、降級兼議罰俸分別抵銷

一般情況下均是罰俸與降級罰則分別適用，但有時也有降級兼議罰俸的情況。此種情況如何抵銷？道光朝《兵部處分則例》八旗卷一、《欽定中樞政考》八旗卷九「降級兼議罰俸分別抵銷」條規定：「官員緣事處分應降一級二

〔註129〕《欽定王公處分則例（朝代不明）》卷首「處分條款」，載楊一凡、田濤主編：《中國珍稀法律典籍續編》第六冊，黑龍江人民出版社 2002 年版，第 313 頁。

〔註130〕《欽定王公處分則例（朝代不明）》卷首「處分條款」，載楊一凡、田濤主編：《中國珍稀法律典籍續編》第六冊，黑龍江人民出版社 2002 年版，第 314 頁。亦見《欽定王公處分則例（咸豐朝）》「現定則例」條，香港蝠池書院出版有限公司 2004 年版，第 353～354 頁。

〔註131〕「處分條款」之「降級調用」後小字記載，詳見《欽定王公處分則例（朝代不明）》卷首「處分條款」，載楊一凡、田濤主編：《中國珍稀法律典籍續編》第六冊，黑龍江人民出版社 2002 年版，第 314 頁。

級留任兼罰俸一年二年者，除該員加級紀錄足抵降罰之數均准其抵銷外如加級紀錄不足抵降罰之數，將現有加級先抵降級，仍行罰俸，或現有紀錄僅敷抵銷降級，准其先抵降級，仍行罰俸。如現有紀錄不敷抵銷降級先抵罰俸，仍行降級。所議降級俟三年無過開復。未經開復之先照所降之級食俸。」〔註132〕咸豐朝《欽定王公處分則例》「降級兼議罰俸分別抵銷」條規定與道光朝《兵部處分則例》、《欽定中樞政考》相同。〔註133〕但不明朝代《欽定王公處分則例》卷首「降級兼議罰俸分別抵銷」條規定更多情形，較道光朝《兵部處分則例》與《欽定中樞政考》更為詳細：

　　　　一、緣事處分應議降一級、二級留任，兼罰俸一年、二年者，除該員加級紀錄足抵降罰之數，均准其抵銷外，如加級紀錄不足抵降罰之數，將現有級紀先抵降級，仍行罰俸。或現有紀錄僅敷抵銷降級，准其先抵降級仍行罰俸。如現在有紀錄不敷抵銷降級，先抵罰俸，仍行降級。所議降級俟三年無過，開復。未經開復之先，照所降之級食俸。

　　　　一、未由本府議處欽奉特旨降留罰俸之件，毋庸復行請旨抵銷。若係特旨交議之案，私罪即於摺內聲明，毋庸議抵。公罪應於摺內聲明，例准抵銷。可否准其抵銷之處，恭候欽定。（不得將特旨交議之案，誤作特旨降留、罰俸之件，亦不准其抵銷。）

　　　　一、因公註誤，遇有議處之案，凡議處官員任內有軍功，並隨帶加級紀錄及尋常加級紀錄，例准抵銷者，於議處時查明。將該員任內所有之加級紀錄分別，先將尋常加級紀錄抵銷，再將軍功隨帶加級紀錄議抵。同日到部之案，覈其犯事日期先後議抵。係同日犯事，先僅處分重者議抵。其事涉營私及例有專條不准抵銷者，於議處本內將不准抵銷之處聲明。若例無專條，比照議處者，除實係私罪外，其餘所比之例雖原有不准抵銷字樣，仍准抵銷。

　　　　一、因公註誤，降級留任隨案議結者，加級紀錄俱准抵銷。至降級留任以後，遇有恩詔加級，及議敘加級，俱准抵銷。如罰俸案

〔註132〕《兵部處分則例（道光朝）》八旗卷一「降級兼議罰俸分別抵銷」條，中國基本古籍庫（電子數據資源），第 3 頁。《欽定中樞政考（道光朝）》八旗卷九「加級紀錄分別抵銷」條，香港蝠池書院出版有限公司 2012 年版，第 1027 頁。
〔註133〕《欽定王公處分則例（咸豐朝）》「降級兼議罰俸分別抵銷」條，香港蝠池書院出版有限公司 2004 年版，第 391～392 頁。

件，續有議敘紀錄，亦准抵銷。

　　一、職任兼世職等官，有緣事革去職任仍留世職者，其由世職
任內所得加級紀錄，仍准其隨帶。〔註134〕

　　前已分析，王公處分議抵與文武官員處分議抵有同有異。若王公兼有職任，在職任中議抵抵時銷標準與文武官員相同；若王公無職任，則於世職爵祿議抵是其獨有，與文武官員抵銷不同。上面不明朝代《欽定王公處分則例》卷首「降級兼議罰俸分別抵銷」條所規定的五款內容，均是指導宗人府辦理王公議處案件的大原則，何種案件准許抵銷？何種不許抵銷？何種需要請旨上裁？如何抵銷？例無專條比照議處如何適用級紀抵銷？兼有職任王公世職內所得級紀在其革去職任保留世職時是否允許隨帶？可謂考慮周全精細，眞非熟悉則例適用者不能道也。

　　前面可知加一級與紀錄四次均可以抵銷降一級的處罰，但二者是否允許互換？據筆者所見，有些加級允許轉換成紀錄，但紀錄轉成加級尚不確定可否。另外在旗員，因出征立功所得功牌或不敷議給世職之數情願更換加級紀錄者亦有。道光朝《欽定中樞政考》對此均有規定。前者如該書八旗卷九《加級准改紀錄》條：「內外旗員遇有罰俸案件，若任內有因事出力欽奉特旨恩賞加級，及交部議敘加級願改爲紀錄抵銷罰俸者，准其呈明該管大臣咨部，每一級改爲紀錄四次，照數抵銷……至覃恩所加之級不准改抵。」〔註135〕但升任之官除隨帶之加級，「其餘一切加級每一級改爲紀錄一次。」〔註136〕很多品級相等的官員補放均照升任官之例加級改爲紀錄。例如綠營提督補放八旗都統、各駐防將軍八旗副都統補放前鋒統領、健銳營前鋒校補放委署前鋒參領等。〔註137〕「其餘對品調補各官、本任兼攝各官、委署升銜仍兼本任不開原缺各官任內加級均毋庸改爲紀錄。」〔註138〕升任調任允許加級改爲紀錄各官

〔註134〕《欽定王公處分則例（朝代不明）》卷首「降級兼議罰俸分別抵銷」條，載楊一凡、田濤主編：《中國珍稀法律典籍續編》第六冊，黑龍江人民出版社2002年版，第317～318頁。

〔註135〕《欽定中樞政考（道光朝）》八旗卷九「加級准改紀錄」條，香港蝠池書院出版有限公司2012年版，第1029～1030頁。

〔註136〕《欽定中樞政考（道光朝）》八旗卷九「加級隨帶」條，香港蝠池書院出版有限公司2012年版，第983頁。

〔註137〕《欽定中樞政考（道光朝）》八旗卷九「旗員品級相等加級改紀」條，香港蝠池書院出版有限公司2012年版，第987～989頁。

〔註138〕同上，第989～990頁。

若係軍政卓異之員,「將卓異查銷一併改爲紀錄。」〔註139〕後者如同卷「功牌准換加級紀錄」條:「旗員出征立功所得功牌或不敷議給世職之數有情願送部請換加級紀錄者,一等功牌一個換給軍功加一級紀錄二次,二等功牌一個換給軍功加一級,三等功牌一個換給軍功紀錄三次,四等功牌一個換給軍功紀錄二次,五等功牌一個換給軍功紀錄一次,即將功牌查銷。如遇有降級、罰俸准其抵銷。」〔註140〕

　　探討至此,仍有一個問題需要解答:官員職任不斷流轉,或升或降或平調,其原來的加級紀錄有的准予抵銷處分,有的不准抵銷處分,那麼不准抵銷與抵銷剩餘級紀在官員職任流轉時如何處理?隨帶還是註銷(給還問題容在後節開復捐復時再討論)?

　　道光朝《欽定中樞政考》「加級隨帶」和「加級准改紀錄」條部分回答了此問題。「加級隨帶」條規定了升任和世職加級隨帶情況:「升任各官並滿洲侍衛等官補放綠營,查係升任者,原任內所有軍功加級准其隨帶,其曾經奉旨賞給隨帶之級並議敘,及捐納所加之級原有隨帶字樣者,仍准隨帶……如對品調補之官所有一應加級均准帶於新任。」〔註141〕「世職所得加級後經補授職任官,其職任品級與世職相等,或較小於世職者,俱准隨帶;若職任品級較大於世職者,查明應隨帶者准其隨帶,應改紀錄者改爲紀錄。至職任所得加級後經承襲世職,無論職任兼與不兼,若世職品級與職任相等,或較小於職任者,查明應隨帶者准其隨帶,應改紀錄者改爲紀錄。其佐領所得加級後升參領以上等官,雖仍兼佐領者,亦將加級查明應隨帶者准其隨帶,應改紀錄者改爲紀錄。」〔註142〕可見多數均准許隨帶或改換紀錄,唯有捐納多得加級有的有不許隨帶之限制。「加級准改紀錄」條回答了升任抵銷剩餘紀錄隨帶問題:「內外旗員……遇升任時查係隨帶之級所改者,毋論剩有幾次,仍准隨帶。其非隨帶之級所改者,若在前任抵銷過一次二次或三次者,其餘概行註銷。若所改紀錄並未抵銷罰俸,只准其以紀錄一次帶於新任……」〔註143〕

〔註139〕《欽定中樞政考(道光朝)》八旗卷九「旗員品級相等加級改紀」條,香港蝠池書院出版有限公司 2012 年版,第 990 頁。

〔註140〕《欽定中樞政考(道光朝)》八旗卷九「功牌准換加級紀錄」條,香港蝠池書院出版有限公司 2012 年版,第 1031 頁。

〔註141〕《欽定中樞政考(道光朝)》八旗卷九「加級隨帶」條,香港蝠池書院出版有限公司 2012 年版,第 983 頁。

〔註142〕同上,第 983~984 頁。

〔註143〕《欽定中樞政考(道光朝)》八旗卷九「加級准改紀錄」條,香港蝠池書院出

如此看來，隨帶之級改換的紀錄效力要比尋常紀錄高，允許全額帶到新任，尋常紀錄如果用過，剩餘部分要麼註銷，要麼只准保留一次隨帶。光緒朝《吏部處分則例》卷二「級紀給還隨帶」條對京外各官作上述相同規定時，補有小字但書：「各項升補人員升補咨文到部尚未引見概不准將任內加級改爲紀錄抵銷罰俸。」〔註 144〕光緒朝《欽定六部處分則例》卷二「級紀給還隨帶」條則將此小字但書升格成正條一款。〔註 145〕俱是防範將級紀改換紀錄以便帶到新任的不良企圖。除此之外，二書「級紀給還隨帶」條亦補有對軍功和京察大計降調官員級紀隨帶的規定：「軍功加級不論曾否題明，悉准隨帶新任。」〔註 146〕「京察大計降調官員原任內雖有即升卓異及卓異加級不准抵銷，亦不准隨帶，若別項加級紀錄不准抵銷仍准隨帶。」〔註 147〕

另外需說明的是，本節探討罰俸、降級與降級兼議罰俸議抵三種情況，其革職無論留任或實革，在文武官員、有職任王公均無抵銷之說，在無職任王公則仍以世爵折抵。若將爵職革除，則無從說抵銷。若文武官員、有職任王公死亡，一般「毋庸議」，無職任王公世爵繼承給後代，更無抵銷之說。因此這幾種情況均不在本節討論範圍。

如此大的篇幅討論級紀抵銷處分，可見其複雜。不僅級紀種類多樣，效力存在差異，決定主體多元，准否情況紛繁，換算關係複雜，王公身份特殊，以及流轉升黜隨帶情形不一，每一個因素都會影響到一個層面，可以想像此工作之複雜。在實際政治中如何操作呢？謹舉筆者所見檔案全宗中記載二例，以見級紀抵銷處分複雜之一二。

例證一，乾隆五十七年三月二十六日署吏部事常青題爲遵議乾隆五十六年份各督撫奏報各地方官失察次數依例處分事。

> 經筵講官禮部尚書署理吏部事務鑲藍旗漢軍都統臣常青等謹
> 題爲查議具題事。該臣等議得乾隆四十七年正月二十九日經臣部議

版有限公司 2012 年版，第 1029～1030 頁。

〔註 144〕《吏部處分則例（光緒朝）》卷二「級紀給還隨帶」條，香港蝠池書院出版有限公司 2004 年版，第 25 頁。

〔註 145〕光緒朝《欽定六部處分則例》卷二「級紀給還隨帶」條，文海出版社 1971 年版，第 62 頁。

〔註 146〕《吏部處分則例（光緒朝）》卷二「級紀給還隨帶」條，香港蝠池書院出版有限公司 2004 年版，第 25 頁。亦見光緒朝《欽定六部處分則例》卷二「級紀給還隨帶」條，文海出版社 1971 年版，第 61 頁。

〔註 147〕同上。

奏，各省查禁民間私鑄鳥槍一摺內開，臣部向例「失察私造私藏鳥槍處分地方官僅議罰俸一年」，今請嚴定處分，以儆懈弛。嗣後州縣失察一次者降壹級留任，二次者，降壹級調用。該管道府失察所屬一次者罰俸一年，二次者降壹級留任。各該督撫於年終彙奏時即將該地方失察次數查參，照甄別教職佐雜之例於年內彙摺具奏臣部於彙奏到齊時列爲一本議處具題。再，各省有必需鳥槍之州縣，其編號鳥槍仍准民間備用。該管官失察私造私藏處分應照舊例隨案附參辦理。仍令各督撫查明情形具奏存案，以備查核。其餘應行查禁地方概令收銷。倘收銷未盡，一經查出，即照新例一律處分等因具奏奉旨依議。欽此。嗣據直省督撫將應存應禁各地方情形分別覆奏。臣部俱按照摺內所奏將各該州縣應存應禁之處詳細登註冊檔，以備查覈等因各在案。今乾隆五十六年分據各該督撫將各地方官失察次數開參並聲明並無失察之員陸續彙奏到部。除山西、湖北、江蘇、浙江、江西、廣東、廣西、陝西、甘肅、雲南、貴州各省併無失察之員，山東蒙陰縣並湖南省湘潭縣失察各職名均俟各該撫查明參送到日再議。寧鄉縣知縣夏岳已經病故毋庸議，武職失察職名應聽兵部查議外，應將失察鳥槍一次之州縣官直隸省玉田縣知縣錢端、署撫寧縣事盧龍縣知縣金際會、安徽省六安州知州楊有源、四川省墊江縣知縣許祖武、署大竹縣事名山縣知縣七寶、河南省內黃縣知縣許長浩、福建省漳浦縣知縣阮曙均照例降壹級留任。查楊有源已升廣東肇慶府知府，應於現任內降壹級留任，錢端已經革職，其降級之處應行註冊。失察所屬鳥槍一次之該管官安徽盧鳳道述德、四川忠州直隸州知州吉興、川東道王啓焜、順慶府知府崔修紳、川北道博純、河南署彰德府知府事開封府通判葉大奇、彰衛懷道唐侍陛、福建漳州府知府史夢琦、汀漳龍道特克慎、湖南長沙府知府陳嘉謨、護長寶道事長沙府知府潘成棟均照例罰俸一年。查史夢琦已升汀漳龍道，特克慎已升山西按察使，均於現任內罰俸一年。唐侍陛已治喪卸事，陳嘉謨已升江南河庫道降調援例開復，述德已降調留省以同知用均應於補官日罰俸一年。查楊有源、金際會、許祖武、阮曙俱有加貳級、七寶有加壹級，許長浩有加三級，應各銷去，加壹級抵降壹級，均免其降級。吉興有紀錄捌次，唐侍陛有紀錄貳次，應

各銷去紀錄貳次抵罰俸一年，均免其罰俸。博純有紀錄壹次，應銷去紀錄壹次抵罰俸六個月，仍罰俸六個月。再查，直隸失察之道府職名未據該督一併開送，仍令該督查明補參到日再行核議。恭候命下臣部遵奉施行。臣等未敢擅便，謹題請旨。

乾隆伍拾柒年叁月貳拾陸日

經筵講官禮部尚書署理吏部事務鑲藍旗漢軍都統臣常青……

等人（後 23 人均署吏部侍郎、郎中、員外郎、主事、行走等銜）

特克慎著於現任內罰俸一年，餘依議。〔註148〕

總結起來，此案中共有以下幾種處罰方式：一是現任內處罰。二是已離原職任者在現任內處罰。三是革職的議以降級處罰先註冊。四是治喪卸事、降調援例開復、降調留省的官員的處罰等到補官日再行處罰。以上四種情形加上有紀錄准許議抵，不足者實罰，無紀錄的實罰，組合成多少情形？可以想見級紀抵罪一定是吏部、兵部議處工作最重的一宗。

例證二，道光十七年五月十四日吏部尚書奕經題為查議大學士長齡等失察生員頂名冒考照例處分事。

經筵講官吏部尚書步軍統領正紅旗漢軍都統臣宗室奕經等謹題為核議具題事。該臣等議得先准內閣典籍廳移稱內閣具奏，道光拾陸年拾壹月叁拾日內閣中書齡福著先行革職，交刑部提同全案人證秉公質訊，務得確情，按律懲辦。欽此。查中書齡福於此次考試譯漢官膽敢代塔克興阿冒名入場考試，臣等未能先為覺察均有應得之咎，相應請旨將臣等交部議處。謹奏。道光拾陸年拾貳月初壹日奉旨依議。欽此。相應抄錄原奏移會吏部查照辦理等因。當經臣部移會內閣典籍廳，將應議職名查明開送過部，再行覈辦等因，去後，今於道光拾柒年肆月拾捌日準內閣典籍廳移稱，除將道光拾陸年拾貳月初壹日具奏之時協辦大學士琦善，現任直隸總督協辦大學士王鼎告假毋庸開列外，今將本衙門應議職名係大學士長齡、潘世恩、穆彰阿、阮元開送吏部查照辦理等因到部。查定例「生員代作槍手頂名冒考等弊如在別處槍冒犯案，原籍教官罰俸壹年」等語，除協辦大學士琦善係現任直隸總督協辦大學士王鼎係在告假期內，均毋庸議外，此案內閣中書齡福冒名考試大學士長齡等未能先為覺察自

請交部議處，應將大學士長齡、潘世恩、穆彰阿、阮元均照失察生員在別處槍冒犯案原籍教官罰俸壹年例罰俸壹年。查長齡任內有軍功紀錄貳次、尋常紀錄肆次，穆彰阿任內有軍功紀錄叁次、尋常紀錄貳拾陸次，長齡、穆彰阿應各銷去尋常紀錄貳次，抵罰俸壹年，免其罰俸。潘世恩任內有尋常紀錄壹次罰俸兩個月注抵，今議罰俸壹年，連前共罰俸壹年貳個月，應銷去尋常紀錄壹次，抵罰俸陸個月，仍罰俸捌個月。阮元任內並無紀錄抵銷。恭候命下，臣部遵奉施行。再，臣部左侍郎桂輪係大學士長齡之子，例應迴避未經列銜。此本咨文於肆月拾捌日到部，臣部於伍月拾肆日辦理具題，合併聲明。臣等未敢擅便，謹題請旨。

道光拾柒年伍月拾肆日

經筵講官吏部尚書步軍統領正紅旗漢軍都統臣宗室奕經……

等人（後17人皆是吏部侍郎、員外郎、郎中、主事等銜）

阮元著罰俸一年，潘世恩著銷去尋常紀錄一次，仍罰俸八個月。長齡、穆彰阿俱著銷去尋常紀錄二次，免其罰俸。餘依議。

〔註149〕

看硃批意見似乎此案處分較簡單，但實際上吏部在題請議處時考量的因素或者處斷的方面是多於硃批意見的。首先，議處範圍不包括奏請處分之時該衙門外任和告假之官。其次，自行請議發生在案發之後，故仍照例議處，並未定性為察議改為減等。再其次，有加級紀錄者准許議抵，無有級紀實罰。再其次，級紀議抵中有的和前所註冊合計抵銷，不足處仍實罰。最後有軍功紀錄、尋常紀錄且尋常紀錄夠此次抵銷先用尋常紀錄抵銷，適用次序儼然。

不得不說，抵銷情況非常複雜，在實際適用操作中亦兵部、吏部、宗人府等有處分權職能部門特別大的工作量之一大端。從嘉慶皇帝關於議處適用原則迭降諭旨及對被參職員上司咨送職名加級紀錄與議處辦理官員重抵漏抵制定法律懲罰亦可想見一二。《欽定中樞政考》八旗卷九「議處事件抵銷」條分別記錄了嘉慶十一年五月、十四年四月、二十日年三月發佈的三道上諭，既反映臣工對此複雜繁瑣的工作的牴觸，欲將怨懟推給皇帝，又透露出皇帝對此洞察與不滿，以及對部院議抵的適用和時限、工作次序反覆的指導。

嘉慶十一年五月內奉上諭：近來吏、兵二部於議處文武官員例

〔註149〕中國第一歷史檔案館：內閣全宗，檔案號：02-01-03-10308-024。

應降調者往往有援引定例仍於摺尾聲敘應否准抵，請旨定奪，其意不過以部臣原係聲明雙請，凡從嚴處分者，係屬出自上裁，歸怨於朕，朕為天下共主，原應任怨而諸大臣必欲市恩邀譽，其意何居，文武官員公私罪案處分，如應降若干級及應否留任准抵之處，均有定例可循，部臣自應參酌案情按照定議即或例文有未盡賅備，亦當比照確切酌中定議具奏俟奏上披閱時或其人照例處分本重，經朕特加寬宥，此則恩出自上，其或照例處分較輕而特改從嚴者，朕必降旨宣示，如果部臣原議於定例並未舛誤，朕亦斷不加之責備，若將例應嚴議之案，動以請旨定奪為詞，是部臣欲博寬厚之名，而轉以嚴刻歸之於上，殊非實心任事之道。嗣後吏、兵二部辦理議處案件，務當屏除積習，詳細核例，公同悉心定議，不得輕用請旨定奪字樣，為調停兩可之說。欽此。〔註150〕

自此議處事件應否抵銷不得雙請。〔註151〕嘉慶十四年兵部議處上交之成都副都統東林聲明抵銷辦理不妥，受到嘉慶皇帝申飭，認為「殊屬非是」，兵部堂官「率行議抵」「未免徇情」，遂規定「嗣後再有自行奏請來京者即著照此辦理，亦毋庸再交部議。」〔註152〕竟剝奪了兵部對此類事件的處分議決權。嘉慶二十二年又因抵銷情況複雜，查抵費時，影響公文行轉限期，故發諭旨指導議覆聲明查抵之次序：

> 嘉慶二十二年三月內奉上諭，向來部院遇有議處事件，每因查被議之員有無加級紀錄，以致議奏遲延。嗣後著於奉旨五日之內即行議上，其例不准抵者，於摺尾聲明，即係應以級紀議抵者亦毋庸先行查計，著於摺尾聲敘，均係應行議抵之案，可准其抵銷請旨遵行，如奉旨不准抵銷，毋庸查計，若准其抵銷再行查明覈辦。欽此。
>
> （謹遵嘉慶二十二年三月內欽奉諭旨並奏准條例，凡特旨交議及諭令查參議處事件，均分別公私辦理。如係私罪於摺尾聲明，係屬私罪，毋庸查抵。若係公罪，於摺尾聲明可否將級紀抵銷之處恭候欽

〔註150〕《欽定中樞政考（道光朝）》八旗卷九「議處事件抵銷」條，香港蝠池書院出版有限公司 2012 年版，第 1005～1006 頁。

〔註151〕《欽定中樞政考（道光朝）》八旗卷九「議處事件應否抵銷不得雙請」條，香港蝠池書院出版有限公司 2012 年版，第 1015～1019 頁。

〔註152〕《欽定中樞政考（道光朝）》八旗卷九「議處事件抵銷」條，香港蝠池書院出版有限公司 2012 年版，第 1007～1008 頁。

定。至不由部議欽奉特旨降調降留罰俸之件，兵部毋庸復行請旨抵
銷。）〔註153〕

此論旨後小字標識所奏定則例將嘉慶十四年議處東林之上裁納入其中。

從嘉慶皇帝對此連下聖旨，無論是從心理推測還是實際操作，都可以看
出級紀議抵之複雜費時難辦。故而在程序上不得不越來越簡省，以減輕工作
量，節省時間，提高效率。

爲保證查抵準確無徇私之弊，則例亦對被議之員上司咨送職名加級紀錄
與承辦抵銷官員規定有咨送舛錯、重抵、漏抵的處罰。道光朝《兵部處分則
例》八旗卷一「參處旗員隨案咨送職名加級紀錄」條規定得具體而詳細，並
且直接規定有處罰標準：「武職旗員遇有參處事件，無論題參、咨參，各該上
司將被議之員有無兼銜、世職、加級紀錄，於何年月日、何任內、何項加級
紀錄，曾否將紀錄於別案注抵罰俸，及佐領是否世襲之處，分晰聲明，隨案
另造妥冊送部。至參後復有事故亦即行補報。如有舛錯遺漏將承辦官罰俸三
個月（公罪），轉報官罰俸一個月（公罪）。」〔註154〕《欽定中樞政考》八旗
卷十一「參處旗員隨案咨送職名加級紀錄」條規定了相同情節，只是在具體
罰則上用了指示條款：「如有舛錯遺漏，將承辦官並轉報官均照例分別議處（例
載《處分則例》公式門）。」〔註155〕此時的規定較爲籠統，定罪單一。至光緒
朝《吏部處分則例》、《欽定六部處分則例》卷二「級紀重抵漏抵」條規定時，
在法理上大爲進步：「承辦抵銷降罰事件，如將官員級紀抵過前案又行重抵，
後案或應行抵銷而漏未查抵，係一時失檢者，重抵漏抵，均罰俸兩個月（公
罪）。因漏抵以致該員降調離任者，除更正外，將承辦之員降一級留任（公罪）。
如於未經發覺之先自行查出改正者，免議。如係徇情受賄及有意苛刻者，嚴
參究辦。」〔註156〕此條數行而已，信息量卻非常豐富：首先區分了犯罪的主
觀因素是故意還是過失。其次確定結果犯，根據結果確定議處與否，處罰輕

〔註153〕《欽定中樞政考（道光朝）》八旗卷九「議處事件抵銷」條，香港蝠池書院出
　　　　版有限公司2012年版，第1008～1009頁。

〔註154〕《兵部處分則例（道光朝）》八旗卷一「參處旗員隨案咨送職名加級紀錄」條，
　　　　中國基本古籍庫（電子數據資源），第14頁。

〔註155〕《欽定中樞政考（道光朝）》八旗卷十一「參處旗員隨案咨送職名加級紀錄」
　　　　條，香港蝠池書院出版有限公司2012年版，第1259頁。

〔註156〕《吏部處分則例（光緒朝）》卷二「級紀重抵漏抵」條，香港蝠池書院出版有
　　　　限公司2004年版，第25頁。亦見光緒朝《欽定六部處分則例》卷二「級紀
　　　　重抵漏抵」條，文海出版社1971年版，第62頁。

重。如果結果嚴重致人離任，對漏抵之官處罰也比一般未發生嚴重後果時重得多。二者處罰相差數個等級。如果還沒有發生結果未被別人發覺就改正者，免除處分。再其次，錯辦形式包括重抵和漏抵，二者在主觀不是故意並且沒有發生嚴重後果時處罰是一樣的。但比起來，顯然漏抵容易對被議處對象造成不利後果，因此也就格外規定因漏抵而對被議處人員造成不利後果時的重罰。最後，對主觀故意犯罪的震懾已然超出此條規定的罪名本身，反映了立法者統治者對官吏主觀故意犯罪的嫌惡與重罰的態度。

這幾條規定即可見級紀抵銷之複雜與重要，又可見其對級紀議抵適用落實所起的保駕護航作用。

二、限期無罪許開復捐復

與級紀抵銷同樣複雜且重要的一端即是開復、捐復。從廣義上說，開復包括一切復職，也包括捐復。這裡將開復、捐復並舉，是取開復狹義，即指官員降革以後遵照則例規定正常復職。《欽定王公處分則例》卷首「查例章程」：「若辦降留、革留不准抵銷處分，查明降革奉旨留任官員計案分別開復專條，以定開復年份，方不舛錯。」〔註157〕除照例開復以外，尚有捐復亦是復職途徑之一。什麼樣的罪名或職務准許開復、捐復？什麼情況不准？開復、捐復的條件是什麼？如何辦理？原任、現任及陞降之任的處分、級紀如何恢復、給還、隨帶、流轉？這些都是我們本節要探討的問題。以下分開復、捐復分別討論。

1、開　復

前面《欽定王公處分則例》「查例章程」所說「降革奉旨留任官員計案分別開復」專條，在多種則例中均有，是照例辦理開復的基本條款。它規定了官員降革後正常照例開復的年限以及辦理過程。例如道光朝《兵部處分則例》八旗卷一、綠營卷一「降革奉旨留任官員計案分別開復」條規定：

> 一、內外大小職任及世職各官，緣事降級留任者，三年無過，開復。革職留任者，四年無過，開復。其議以降級留任者，三年內復有降、革留任案件，議以革職留任；四年內復有降、革留任案件，俱以後降後革之日為始，計滿年限，一體開復。

〔註157〕《欽定王公處分則例（朝代不明）》卷首「查例章程」，載楊一凡、田濤主編：《中國珍稀法律典籍續編》第六冊，黑龍江人民出版社 2002 年版，第 310 頁。

　　一、部議革職、降調奉旨從寬改爲留任官員再遇處分，例應革職降調，復奉旨留任者，其留任出自特恩，開復時應逐案扣算，將前案或三年、或四年扣滿，再將後案接扣三年、四年，滿日准其一體開復。有數案俱係奉旨留任者，計案扣算。如特旨留任之案，未經限滿以前再遇有部議留任之案或先有部議留任之案，未經限滿，續有特旨留任之案者，均毋庸逐案扣算。其部議之案□（限）〔註158〕滿，在特旨留任限滿之先，俟扣滿特旨留任之案，將部議留任之案一併開復。若部議留任之案限滿在後，即俟後案計滿年限，准共（其）〔註159〕一體開復。〔註160〕

　　一、緣事降革留任並欽奉特旨降革留任官員年限已滿，經該管大臣聲明，該員降革俸銀及限內另案降罰各項俸銀業經扣繳完結咨請開復者，兵部照例題請開復，仍於題准後移咨戶部查核，若降罰俸銀曾否扣繳完結之處，文內未經聲明者，仍行文戶部查核，已經全完者，准其開復；未經全完者，俟該員完繳之日再行開復

　　一、降級留任、革職留任之員年限以內遇有罰俸者，如將罰俸銀兩全數繳完及按季扣完，免其扣除罰俸年月，各按年限計滿開復。

〔註158〕據《欽定中樞政考》及《欽定王公處分則例》補正。見《欽定中樞政考（道光朝）》八旗卷十「降革奉旨留任官員計案分別開復」條，香港蝠池書院出版有限公司2012年版，第1148頁。亦見《欽定王公處分則例（咸豐朝）》「降革奉旨留任官員計案分別開復」條，香港蝠池書院出版有限公司2004年版，第385頁。《欽定王公處分則例（朝代不明）》卷首「降革奉旨留任官員計案分別開復」條，載楊一凡、田濤主編：《中國珍稀法律典籍續編》第六冊，黑龍江人民出版社2002年版，第318頁。

〔註159〕據《欽定中樞政考》及《欽定王公處分則例》補正。見《欽定中樞政考（道光朝）》八旗卷十「降革奉旨留任官員計案分別開復」條，香港蝠池書院出版有限公司2012年版，第1148頁。亦見《欽定王公處分則例（咸豐朝）》「降革奉旨留任官員計案分別開復」條，香港蝠池書院出版有限公司2004年版，第385頁。《欽定王公處分則例（朝代不明）》卷首「降革奉旨留任官員計案分別開復」條，載楊一凡、田濤主編：《中國珍稀法律典籍續編》第六冊，黑龍江人民出版社2002年版，第318頁。

〔註160〕以上兩條係《欽定王公處分則例》「降革奉旨留任官員計案分別開復」條包含內容，以下數條無。詳見《欽定王公處分則例（咸豐朝）》「降革奉旨留任官員計案分別開復」條，香港蝠池書院出版有限公司2004年版，第383～385頁。《欽定王公處分則例（朝代不明）》卷首「降革奉旨留任官員計案分別開復」條，載楊一凡、田濤主編：《中國珍稀法律典籍續編》第六冊，黑龍江人民出版社2002年版，第318頁。

降革留任各員罰俸銀兩如有未經全完者按未完銀數扣除罰俸年月，
其全未扣繳者，全將罰俸年月扣除，俱令開具事實報部詳覈，題請
開復。

　　一、降級留任、革職留任之員屆當開復年限，本官已經聲明開
復，轉詳官不爲詳請，及轉詳官已經詳請，該管大臣不爲咨請者，
查係轉詳官或該管大臣有心捺擱，罰俸一年（私罪）。若係遺漏稽延，
罰俸六個月（公罪）。若本官隱匿巳（已）〔註161〕身續有降革留任
罰俸事故，遽請開復者，除不准開復外，仍罰俸一年（私罪）。至後
遇有降革案件係在前案年限以外，准其將前案先行開復。〔註162〕

　　一、官員先任文職後任武職，文職任內降革留任處分限滿開
復，由兵部核辦。先任武職後任文職，其武職任內降革留任處分限
滿開復移咨吏部核辦。〔註163〕

《兵部處分則例》這一條六款規定向我們透露了這樣的信息：第一，開
復對象範圍既包括文武官員，也包括世職官。第二，開復的重要條件一個是
時間，一個是處罰的錢數繳納扣除是否完成。第三，降調待開復期內再遇處
分，採用累加原則計算開復期限。特殊者可超越此累加原則不計。第四，申
請開復流程及防治上司抑勒延擱、本任隱匿謊報制定罰則以重其事。第五，
文武官職輪任過的官員開復事宜的辦理主體機構以最後一任屬性爲準，文職
由吏部辦理，武職由兵部核辦。其中最重要的還是第二條和第三條，在實踐
中此二款最爲重要。

《欽定中樞政考》八旗卷十「降革奉旨留任官員計案分別開復」條則例
內容與此相同，只是次序略有不同，及具體罰則用指示條款「照例分別議處
（例載《處分則例》公式門）」規定。〔註164〕另外《欽定中樞政考》該條保

〔註161〕據《欽定中樞政考》補正。見《欽定中樞政考（道光朝）》八旗卷十「降革奉
　　　　旨留任官員計案分別開復」條，香港蝠池書院出版有限公司 2012 年版，第
　　　　1149 頁。
〔註162〕《兵部處分則例（道光朝）》綠營卷一「降革奉旨留任官員計案分別開復」條
　　　　僅有以上數條，後一條無，疑原版有，轉錄時漏錄。詳見《兵部處分則例（道
　　　　光朝）》綠營卷一「降革奉旨留任官員計案分別開復」條，中國基本古籍庫（電
　　　　子數據資源），第 169〜170 頁。
〔註163〕《兵部處分則例（道光朝）》八旗卷一、綠營卷一「降革奉旨留任官員計案分
　　　　別開復」條，中國基本古籍庫（電子數據資源），第 12〜13、169〜170 頁。
〔註164〕《欽定中樞政考（道光朝）》八旗卷十「降革奉旨留任官員計案分別開復」條，

留了雍正六年九月上諭一道規定則例第二款內容，即革職降調留任之員復有續降革處分特恩留任如何適用辦理。〔註 165〕光緒朝《吏部處分則例》、《欽定六部處分則例》卷二「開復降留革留」條規定了上述部分條款，或者更爲具體到職官，或對其中某些條款如何適用進行舉例。後者如對應實革實降官員奉旨留任後又遇實革實降復奉旨留任數案開復時間計算方法舉例：「如甲年正月有奉特旨改降調爲降留之案，應扣至丁年限滿，而乙年十月又有一案則當於丁年正月前案限滿之日再起扣。乙年十月改爲降留之案至庚年正月後案限滿之日方准一併開復。其由革職改爲革留四年限滿開復者亦仿此。」〔註 166〕前者近似第五款規定，但直接針對地方官、督撫、司道府、在京堂司各官。〔註 167〕光緒朝《吏部處分則例》、《欽定六部處分則例》卷二另有「開復降調革職」條則規定了數條道光、咸豐、同治等朝陸續增訂的條款：

> 一、外官緣事降革後經本案開復令該督撫出具考語送部引見，其引見後奉旨准其開復原官人員應比照錢糧開復准其留任留省之例分別辦理（例載「催徵」門）。道光二十九年十月初七日奏定（新增）。

> 一、降調革職官員不應開復，該督撫濫行保題奉旨交議者，將該督撫降一級留任（私罪）。如將應行開復官員遏抑不爲題請者，亦降一級留任（私罪）。

> 一、降革人員或尚未保奏開復或開復之案已駁，或行查尚未議准，或開復之案已准，仍飭令補繳銀兩；如續有勞績保舉令該員將

香港蝠池書院出版有限公司 2012 年版，第 1145～1151 頁。
〔註 165〕《欽定中樞政考（道光朝）》八旗卷十「降革奉旨留任官員計案分別開復」條，香港蝠池書院出版有限公司 2012 年版，第 1145 頁。
〔註 166〕《吏部處分則例（光緒朝）》卷二「開復降留革留」條，香港蝠池書院出版有限公司 2004 年版，第 29 頁。光緒朝《欽定六部處分則例》卷二「開復降留革留」條，文海出版社 1971 年版，第 67 頁。
〔註 167〕「官員限年開復之案，該督撫務將年限內該員有無降罰之案逐一查明咨部詳覈。倘不扣查清楚即爲咨請開復，將督撫罰俸六個月；轉詳之司道府等官罰俸一年（俱公罪）。其在京官員由該堂官出咨者，堂官照督撫例議處。若本員呈請開復而上司有勒掯不行者，將勒掯之員罰俸一年（私罪）。如本員自未扣清遽行呈請開復亦罰俸一年（私罪）。」《吏部處分則例（光緒朝）》卷二「開復降留革留」條，香港蝠池書院出版有限公司 2004 年版，第 30 頁。光緒朝《欽定六部處分則例》卷二「開復降留革留」條，文海出版社 1971 年版，第 67～68 頁。

前案曾否開復有無準駁自行詳細呈明，於保案內聲敘以便稽查。如不呈明前案，致後案朦混照准，一經發覺照規避例革職（私罪）。同治五年十二月二十五日奏定。

　　一、私罪降革人員投效軍營保奏開復並請免繳捐復銀兩，係奉旨允准者即欽遵辦理，係奉旨交議者仍令分別補繳加五、加倍、加倍半捐復銀兩，俟銀兩繳清給咨送部引見，其開復後續有勞績暫行存記，俟引見時一併聲明。咸豐二年九月三十日奏定。

　　一、降革人員開復後續因勞績保奏仍於清單內將開復之案詳細注明，以憑核辦。如並未開復有案遽保官階隨時奏請撤銷，毋庸另給獎敘。〔註168〕

　　這數款規定雖然文字表述與上述條款不相同但其例意仍一脈相承，強調遵從辦理程序、時間扣足罰銀繳足、防治抑勒與錯辦朦混、特例允捐、開復注明等數種情形。二者互為發明，顯示了開復之重要性非同小可。我們今天的研究者也不可輕忽視之。

　　以上係對降留、革留正常照例開復的適用，尚有戴罪圖功官員開復、審慮錯降開復及無級可降微員開復適用專條。

　　道光朝《兵部處分則例》八旗卷一、綠營卷一「開復戴罪圖功」條適用於戴罪圖功官員另立軍功、原案盜賊全獲、逢赦題明即予開復情形：「凡戴罪圖功各官或另立軍功，或將原案盜賊全獲，或遇赦者，題明即准開復，若三年之內原案盜賊拿獲及半、地方安靜並無罪過者亦准其開復。」〔註169〕無級可降之微員或甫經任事未定賢平之員降革是否留任開復及其限期長短端在考察平時居官好壞。〔註170〕

〔註168〕《吏部處分則例（光緒朝）》卷二「開復降調革職」條，香港蝠池書院出版有限公司2004年版，第26～27頁。光緒朝《欽定六部處分則例》卷二「開復降調革職」條，文海出版社1971年版，第63～64頁。

〔註169〕《兵部處分則例（道光朝）》八旗卷一、綠營卷一「開復戴罪圖功」條，中國基本古籍庫（電子數據資源），第13、170頁。道光朝《欽定中樞政考》八旗卷十目錄有「開復戴罪圖功」條目，但正文缺失。詳見《欽定中樞政考（道光朝）》八旗卷十目錄及「檢舉處分」條，香港蝠池書院出版有限公司2012年版，第1097、1153、1113頁。

〔註170〕「內外驍騎校以下無級可降等官如緣事應行降級留任者，仍議以降級留任三年無過開復；因公應行降級調用者，如在三級以內，兵部行查該管大臣將該員平日居官如何之處出具切實考語聲明送部，兵部於議覆本內將居官好者議以革職留任三年無過開復。平常者議以無級可降照例革職。如議處之員甫經

降革後著有勞績亦是開復的重要條件。現在所見，一般因著有勞績開復，均與捐復銀兩有關，故留待下面捐復討論。請往參見。

除了上述真實犯罪受降革處分以外，有時還會出現錯罰或故意誣參審虛而其員已離原職，此種情形如何開復？在乾隆二十四年，兵部議准題請開復參革臺拱營參將鄭純等人之事即屬此情，亦是針對錯罰誣參審虛開複製定則例之緣起。實屬關係吏治之一大情節。〔註171〕且由此制定了「原參降革官員分別開復」條款，防止再發生類似審虛誣參致人離職或抑勒不得開復的冤情：

> 一、被參革職發審之員，本案審係全虛者，俱聲明奏請開復，
> 不得稱已經革職毋庸議；完結，如革職發審之員先經別案降革者，
> 本案審虛，止將審虛之案開復，其前案應降應革之處不得概予開復。
> 其先經別案革職留任、降級留任者，本案審虛，亦止將審虛之案開
> 復，補官之日，仍將從前降革留任之案帶於新任。至原參重罪審虛
> 而該員尚有輕罪應降級罰俸者，該總督、巡撫等〔註172〕將該員原參

　　任事尚未定其賢否，該管大臣聲明到部，議以暫行留任，令該管大臣試看一
　　年，如能供職效力報部註冊，於奉文試看之日扣限起至三年無過開復；如不
　　能供職效力即行參革，如因私罪議以降級調用及一案內所降調之級過於三級
　　者即行革職，不准留任。或已經革職留任未經開復，又遇別案降調即行革任；
　　如遇降級留任之案仍准其留任逐案開復。」《兵部處分則例（道光朝）》八旗
　　卷一「微員因公降調行查居官」條，中國基本古籍庫（電子數據資源），第
　　14頁。亦見《欽定中樞政考（道光朝）》八旗卷十「微員因公降調行查居官」
　　條，香港蝠池書院出版有限公司2012年版，第1143～1144頁。
〔註171〕「乾隆二十四年十一月內奉上諭，兵部議准題請開復參革臺拱營參將鄭純等
　　應照例引見。該員始以侵扣營私經原任總督恒文參革發審，及該撫同人驛審
　　明定讞，實係因公挪移，以限內全完免罪題結。夫因公挪移其去侵冒甚遠，
　　今定案得實，則原參之誣固可知。封疆大臣表率屬員，其責綦重，倘於平日
　　意所不愜者，或因事捏搆重款，登諸白簡，以冀聳聽，即審屬全虛，而其人
　　去官涉訟，經年沉滯，已抱不平之冤，在原參者轉得以風聞未確、立身無過
　　之地。可乎？且即事經昭雪，例當復職而上官又或拘牽斥駁，無可控訴，其
　　情尤屬可憫！即如此案，設非愛必達為之奏請開復，該員等豈不終於廢斥乎？
　　嗣後各省督撫等參劾屬員務在虛公持正，悉心體訪，固不得姑息市恩，亦豈
　　容挾嫌誣奏！倘有所參重款一加審訊全屬子虛者，將原參之人作何議處？至
　　審案已結，該員例得開復而督撫不為題請……欽此。（分別議處各條俱詳載《處
　　分則例》公式門。）」《欽定中樞政考（道光朝）》八旗卷十「原參降革官員分
　　別開復」條，香港蝠池書院出版有限公司2012年版，第1155～1157頁。
〔註172〕道光朝《兵部處分則例》八旗卷一「原參降革官員分別開復」條規定的是將
　　軍、都統、副都統參奏屬員情況。詳見《兵部處分則例（道光朝）》八旗卷一
　　「原參降革官員分別開復」條，中國基本古籍庫（電子數據資源），第13頁。

革職之案，隨本聲請開復，按其所犯輕罪，應降級者降級，應罰俸者罰俸。原任內所有加級紀錄等項應抵銷者仍准抵銷。〔註173〕

一、提督、總兵挾嫌參奏屬員革職，審訊，承審官審明所參重款全屬虛罔者，將該提督、總兵革職（私罪）。查係該管上司挾嫌誣報者，將誣報上司革職（私罪）。〔註174〕

一、凡武職官員被參革職發審者，審係全虛，其案已結，將被參之員聲請開復。倘該上司有意苛駁，不為題請，經本人赴部告理，查覈得實，除將本人照例題請開復外，將有意苛駁不行題請之大臣降二級調用（私罪）。若案已審屬全虛，該大臣及承審官僅止拘泥原參不即聲請開復者，將一級留任（公罪）。其重款審虛，因尚有輕罪應議，未經題請開復者，毋庸議處。如所控虛捏不實，將本人交刑部照例治罪。

一、承審之員因原參上司已經去任，有意審虛，使參員幸圖開復者，革職（私罪）。或原參重罪全屬虛罔，承審官迴護原參上司不行審雪有心鍛鍊者，革職（私罪）。並有重款雖已審虛摭撦一二輕款以實之代原參掩飾者，照徇情例降二級調用（私罪）。〔註175〕

一、被參革職發審之員本案審虛奏請開復並因公挪用銀兩革職，監追限內交贓免罪，及因公緣事降革留於地方效力，案犯未獲緝人員如續立功績，並緝獲本案之犯，總督、巡撫覈其功過相抵請旨開復者，千總以上官員均令該總督、巡撫出與考語，送部引見。其引見時，外海水師官員應請旨仍發往原省，以原官補用。內河水師及陸路官員副將以下衛千總以上或仍發往原省，以原官補用或留

〔註173〕 道光朝《欽定中樞政考》八旗卷十「原參降革官員分別開復」條只有此一條則例，以下諸款均無。詳見《欽定中樞政考（道光朝）》八旗卷十「原參降革官員分別開復」條，香港蝠池書院出版有限公司 2012 年版，第 1157～1158 頁。

〔註174〕 道光朝《兵部處分則例》八旗卷一「原參革官員分別開復」條規定的是將軍、都統、副都統挾嫌參奏屬員情況。詳見《兵部處分則例（道光朝）》八旗卷一「原參降革官員分別開復」條，中國基本古籍庫（電子數據資源），第 13 頁。

〔註175〕 道光朝《兵部處分則例》八旗卷一「原參革官員分別開復」條規定的是承審官迴護原參大臣情況。另八旗卷一「原參降革官員分別開復」條規定至此，比綠營卷一「原參降革官員分別開復」條少下面一款。詳見《兵部處分則例（道光朝）》八旗卷一「原參降革官員分別開復」條，中國基本古籍庫（電子數據資源），第 13 頁。

部選用之處，恭候欽定。營千總請旨仍發回原省，以千總補用。把
總外委微員應請開復之案，兵部覈與定例相符者題請開復，毋庸送
部引見。〔註176〕

　　與前面列舉的條款多爲規定標準、辦理程序、考覈要件多適用正常開復
案件不同，本處所列條款針對的開復對象離職原因完全是審虛誣告，從這一
點上看，此數款具有糾錯機制屬性，針對不正常原因且爲錯誤做法造成嚴重
後果的行爲的補救措施及其程序。這個意義上又有指導屬性，對未來的操議
處權者未嘗不是一種防範、警示。此爲此五款多重意義所在。

　　誤揭屬員是常被引用的則例條款，可見其情形較爲常見。如屬員被誤揭
如何開復與上述條款實有互爲發明之用。光緒朝《吏部處分則例》、《欽定六
部處分則例》卷二「誤揭人員開復分別辦理」條：「誤被揭參官員後經查明開
復，如該員未經離任，即准其仍留本任；若員缺到部業經擬補有人，於尚未
引見之先即已開復者，亦准其仍留本任；如原缺擬補之人已經引見奉旨則令
新任官前往赴任，將原任官留省候補，毋庸送部引見。至誤被揭參之員久離
本省始行查明開復者，該員已無任可回，其在州縣以上則令原籍督撫給咨送
部引見；係佐雜等官則令原籍督撫驗看給咨，仍赴原省補用。」〔註177〕此條
規定可與上面五款互相參看、互相發明，唯此條規定從結果犯著眼，誤揭之
後會發生幾個階段不同結果，如何對誤揭人員開復安置作了細緻周密的規定。

　　開復案件是吏部、兵部辦理較多的案件，謹就二部各舉一開復例，再舉
一不准開復例，以觀實效。

　　例一：吏部承辦恩詔開復。道光十七年七月初八日吏部尚書奕經題爲查
覈各省因公掛誤革職留任應行開復各官事。

　　　　經筵講官吏部尚書步軍統領正紅旗漢軍都統臣宗室奕經等謹
　　題爲查覈具題事。該臣等議得，先准禮部咨稱，道光拾伍年拾月初
　　拾日欽奉恩詔內開內外官員有因公裏誤革職留任處分者，該部查明
　　奏請開復等因。欽此。當經臣部行文各該衙門，將應行開復職名於
　　文到三月內造冊送部，臣部奏請開復，如例有展參者仍于欽奉恩詔

〔註176〕《兵部處分則例（道光朝）》綠營卷一「原參降革官員分別開復」條，中國基
　　　　本古籍庫（電子數據資源），第170～171頁。
〔註177〕《吏部處分則例（光緒朝）》卷二「誤揭人員開復分別辦理」條，香港蝠池書
　　　　院出版有限公司2004年版，第30頁。光緒朝《欽定六部處分則例》卷二「誤
　　　　揭人員開復分別辦理」條，文海出版社1971年版，第68頁。

之日另行起限，俟扣滿例限查參到日照例議處等因在案。今據直隸總督、福建、巡撫、廣西巡撫等衙門將應行開復職名咨送到部。查現據咨送到部之前任直隸豐潤縣告病典史傅廷松等革職留任處分，臣等查係例無展參之案，並非因私獲咎，核與欽奉恩詔內開因公罣誤奏請開復條款相符，理合繕寫清單恭呈御覽，伏候欽定。俟命下之日臣部遵奉施行。臣等未敢擅便謹題請旨。

道光拾柒（？）年柒月初捌（？）日

經筵講官吏部尚書步軍統領正紅旗漢軍都統臣宗室奕經……

等人（後 15 人皆是吏部侍郎、員外郎、郎中、主事等銜）

單並發。〔註178〕

此案較為簡單，遇有恩詔符合恩詔內條款即可奏請開復。這裡提到兩種情況：第一種，如果例有展參的情況，恩詔頒下之日就可以重新起算期限日期，等扣滿以後再照例辦理。第二種，如果不是展參情況，原來的降調處罰也不是因為私罪，那麼與恩詔內條款相符就可以題請辦理開復。此也與《吏部處分則例》卷二「恩詔議敘加級准抵前案降留」條、道光朝《欽定中樞政考》八旗卷九「因公降級留任罰俸案件抵銷」條規定相符。

例證二：兵部照例辦理開復。道光二年九月二十九日兵部尚書那清安為安徽巡撫孫爾准將安徽省嘉慶二十五年分東流縣未完佃欠稻石業已徵收全完所有原議處分題請開復兵吏兩部覈准開復事。

兵部等部經筵講官兵部尚書臣那清安等謹題為續完馬稻開復處分事。兵科抄出，安徽巡撫孫爾准將安徽省嘉慶貳拾伍年分東流縣未完佃欠稻石業已徵收全完，除飭變價造報完結外，所有原議降俸壹級處分應請開復照例具題等因，道光貳年陸月拾陸日題捌月拾壹日奉旨，該部查議具奏。欽此。欽遵。抄出到部。兵部隨定稿於捌月貳拾日，會吏部准，吏部於玖月初柒日會回，又於初捌日仍將原稿咨送吏部更改事故准，吏部於拾伍日將會稿咨送到部，該臣等會議得，安徽巡撫孫爾准將安徽省嘉慶貳拾伍年分東流縣未完佃欠稻石業已徵收全完，除飭變價解司報撥，所有原議降俸壹級處分應請開復，理合照例具題等因。具題前來。查安徽省嘉慶貳拾伍年分徵收馬田租稻，如有佃欠未完稻石按未完分數，於奏銷案內將經徵、

〔註178〕中國第一歷史檔案館：內閣全宗，檔案號：02-01-03-10314-007。

接徵、督徵各職名附疏題參，會同吏部照盛京旗地奏銷未完議處例按照分數議處仍以具題之日為始，勒限壹年照數全完，如有限內照數徵收完結准其開復等語。查該省嘉慶貳拾伍年分馬田租稻奏銷案內佃欠未完稻石之經徵、接徵、督徵各職名，先據該撫附疏分別題參，經兵部會同吏部按照盛京旗地未完議處例分別覈議各在案，茲據該撫疏稱東流縣未完貳拾伍年分佃欠稻壹百玖拾陸石肆斗陸升伍合玖勺業已徵收全完，除飭變價批解照例題請開復等情。兵部覈與該年馬稻奏銷案內該縣佃欠數目相符，應令該撫照例變價報明戶部撥用。所有東流縣改教知縣王吉士嘉慶貳拾伍年分原奉部議降俸壹級戴罪督催，照例題請開復之處。吏部查定例「錢糧未完各官參後續報全完者將該員原參議處之案題請開復」等語，應將續報全完之前任東流縣改教知縣王吉士原議降俸壹級戴罪督催之案照例准其開復。再此本吏部咨文於玖月拾伍日到部，貳拾玖日具題恭候命下，兵部行文該撫並吏部、戶部一體遵奉施行。此案係兵部主稿合併聲明。臣等未敢擅便謹題請旨。

道光貳年玖月貳拾玖日

經筵講官武英殿總裁兵部尚書管理光祿寺事務鑲黃旗漢軍都統臣那清安……等人（後 33 人均是兵部郎中員外郎等銜）

依議。〔註 179〕

此案涉及多個部門，其辦理開復較為複雜。綜合要點，可得如下認識：第一，開復對象雖係知縣但原降原因繫馬稻徵收即屬八旗軍務，故開復題請主體是兵部。第二，辦理依據在《兵部處分則例》中沒有規定，須咨取《吏部處分則例》規定適用。第三，補足續徵租佃要交到戶部，故是否足數需經戶部覈准。所以此案係兵部主稿行文，會同吏、戶二部辦理。另外該開復對象戴罪圖功，其開復條件及其辦理程序均符合《吏部處分則例》與《欽定六部處分則例》卷二「級紀抵銷次第」條第四款規定。可見兵部完全是適用則例規定辦理該案。

例證三：不准開復。乾隆五年七月二十五日大學士兼吏部尚書張廷玉題為遵議原署安徽廬江縣知縣高式矩開復事。

經筵講官太保保和殿大學士三等伯兼管吏部尚書事加拾貳級

〔註 179〕中國第一歷史檔案館：內閣全宗，檔案號：02-01-02-2805-010。

臣張廷玉等謹題爲微員效力年久呈請查案援例開復事。吏科抄出，原署江南總督郝玉麟題前事，內開該臣看得原署廬江縣知縣留南委用人員高式矩，係雍正伍年奉旨以知縣委署試用之員，因初署無錫縣任內相驗不實降貳級調用例得叁年無過開復。今據蘇州布政使徐士林、江寧布政使包括等詳稱，原署廬江縣知縣高式矩丁憂回籍服滿來江，查辦蒙城、太和兩縣賑務，前後效用柒載，據請援照現署石埭縣知縣陶士偰降調留南委用效力無過請題開復之例呈請前來。查現署石埭縣知縣陶士偰於鎮洋縣任內降陸級留南委用，因係無級可降，比照肆年無過開復之例，業蒙題准在案。今高式矩係降貳級例得叁年無過開復。該員於雍正捌年拾貳月差委效力起扣除閒空候委及丁憂並給假回籍各年月，應於雍正拾叁年陸月內叁年屆滿歷俸差委均無貽誤，續奉委署金壇、廬江貳縣印務，繼聞訃丁父憂回籍，服滿來江，詳請開復前來，臣覆查無異，臣謹會同蘇州撫臣張渠、安慶撫臣陳大受合詞具題，伏乞皇上睿鑒，敕部議覆施行。謹題請旨。乾隆伍年陸月拾柒日題，閏陸月初拾日奉旨該部察議具奏。欽此。於乾隆伍年閏陸月拾壹日抄出到部。該臣等議得原署江南總督郝玉麟疏稱，原署廬江縣知縣留南委用人員高式矩係雍正伍年奉旨以知縣委署試用之員，因初署無錫縣任內相驗不實降貳級調用例得叁年無過開復。今據蘇州布政使徐士林等詳稱，原署廬江縣知縣高式矩丁憂回籍服滿來江，查辦蒙城、太和兩縣賑務，前後效用柒載，據請援照現署石埭縣知縣陶士偰降調留南委用效力無過請題開復之例呈請前來。查現署石埭縣知縣陶士偰於鎮洋縣任內降陸級留南委用，因係無級可降，比照肆年無過開復之例，業蒙題准在案。今高式矩係降貳級例得叁年無過開復。該員於雍正捌年拾貳月差委效力起扣除閒空候委及丁憂並給假回籍各年月，應於雍正拾叁年陸月內叁年屆滿歷俸差委均無貽誤，續奉委署金壇、廬江貳縣印務，繼聞訃丁父憂回籍，服滿來江，詳請開復前來，臣覆查無異，相應具題等因前來查原署廬江縣知縣高式矩，該署督雖稱該員於雍正捌年拾貳月差委效力起扣除閒空候委及丁憂並給假回籍各年月，應於雍正拾叁年陸月內叁年屆滿歷俸差委均無貽誤，援照署石埭縣知縣陶士偰降調留南委用效力無過開復之例題請開復等語，但查陶士偰先於

原任江蘇鎮洋縣任內因徵收蘆課未完等案降陸級調用，經升任總督尹繼善奏請該員爲人謹愼，才具可用留於江省差遣效力，酌量委用，奉硃批照該督所請，著留江省酌量委用，欽遵在案。續經升任巡撫趙國麟題請署理石埭縣知縣，臣部查，陶士俶由知縣降陸級調用係無級可降之員，今題請委署知縣應比照肆年無過開復之例題請開復再行實授。又據升任總督那蘇圖以該員奉文留南已經陸年有餘，歷經差委，並無過愆題請開復。臣部將該員罰俸月日照例扣除，已逾肆年之限，與開復之例相符，准其開復在案。今原署盧江縣知縣高式矩前署無錫縣任內相驗不實降貳級調用，奉旨問督撫，好降級從寬留任，平常奏聞。捌年柒月奉旨，該督既稱平常，照部議降調。欽此。是該員係業經降調之員例應照所降之級候補，且該員並未奏准留江與署石埭縣知縣陶士俶奏准留江委用照肆年無過開復之例不符。應將該署督所請高式矩開復之處毋庸議。恭候命下，臣部遵奉施行。臣等未敢擅便，謹題請旨。

　　乾隆伍年柒月貳拾伍日

　　經筵講官太保保和殿大學士叁等伯兼管吏部尚書事加拾貳級臣張廷玉……等人（後 19 人均是吏部侍郎、郎中、主事、行走銜）

　　依議。〔註180〕

　　此案涉及比照前例適用的情形，故需將案中開復對象的情況與比照案例中開復對象的條件加以對比，決定是否可以援引照辦。經比對，並不相同，故最終不准開復。結果說來簡單，但其分析過程實複雜有趣，不妨探析一下。前案開復對象的條件是，一是降六級調用，無級可降；二是總督認爲是有用之才，奉文差委留在南方當地有六年時間之久，且無過愆，扣除罰俸日期也滿四年以上，故按照則例規定比照四年無過開復題請委授實職。而本案中開復對象雖經七年，扣除丁憂等日期也超過三年、四年期限，但因其只是降二級調用，不是無級可降，且督撫評價平常，未被奏准留江，所以最後不能比照援引題請開復，要按照所降之級候補。需要指出的是，這兩案發生在雍正朝和乾隆朝早年，其時尙未制定相應則例條款，故案中並無依據查定例記載之語，皆題請上裁決定，只是後案題請者可以援引比照他認爲前面曾有的相似案件題請，究竟能否允許援引向待吏部審核、皇帝決定。

―――――――――――――――――――――――

〔註180〕中國第一歷史檔案館：內閣全宗，檔案號：02-01-03-03802-007。

2、捐　復

官員降革之後欲復職除照則例規定正常開復以外，亦有通過捐繳銀兩復職的途徑，稱爲捐復。捐復途徑在官員抵罪復職、增加國家收入等方面均有利處，故捐復在官員復職辦理中佔有重要比重。因其除了利處，對吏治亦有很多弊端，所以對其規範格外細緻。

在兵部和吏部《處分則例》中都有針對捐復辦理的基本適用條款。道光朝《兵部處分則例》八旗卷一、《欽定中樞政考》八旗卷十「降革人員分別捐復」條對武職官員能否准許捐復作了基本規定：

一、內外武職降調、革職旗員除一二品大員不准捐復外，三品以下有情願捐復者，在部具呈兵部查核緣事原案，凡事屬因公情節稍輕，俱准其捐復，其事涉營私情節較重者俱不准捐復。

一、軍政參劾及隨時以□（關）〔註181〕冗懦弛等語參劾者，不准捐復。

一、原議永不敘用者不准捐復。

一、降調後業經補官者不准捐復。

一、情願降等報捐者仍聽其便。

一、降革人員呈請捐復原官已經奏駁，後以降等報捐者，准其報捐。如所犯原案有奸贓貪婪、行止不端等情仍不准降捐。

一、內外武職降級留任、革職留任，旗員除一二品大員不堆（准）捐復外，其餘人員降級、革職留任例無展參，事屬因公有情願捐復者俱准其隨時逐案報捐具呈戶部，移咨兵部要（覈）明案由，俱准其捐復，咨覆收捐後，知照兵部彙題銷案。

一、部議降調革職奉旨從寬留任或奉旨留任給與年限開復人員，均照捐復尋常降革留任銀數酌加十分之五一概准其報捐。如部議降革奉旨仍以原官補用，將降革之案帶於新任，並降調、革職後經該管大臣奏留人員亦照此例辦理。

〔註181〕筆者據《兵部處分則例（道光朝）》綠營卷一、《欽定中樞政考（道光朝）》八旗卷十「降革人員分別捐復」條補，詳見《兵部處分則例（道光朝）》綠營卷一「鄰境獲犯酌減議處」條，中國基本古籍庫（電子數據資源），第173頁。《欽定中樞政考（道光朝）》八旗卷九「鄰境獲犯酌減議處」條，香港蝠池書院出版有限公司2012年版，第1171頁。

一、侍衛及鑾儀衛〔註182〕因公降級留任、革職留任人員有情願捐復者，俱准其隨時逐案報捐。

一、武職緣事降革人員呈請捐復，無論應准應駁，俱覈明情節具奏請旨遵行。〔註183〕

一、革職有餘罪人員仍查原案情節分別准駁具奏，如係問擬笞杖已經贖免者照革職捐復銀數酌加十分之二，未經贖免者酌加十分之三。輕徒已竣者酌加十分之五；滿徒已竣及軍臺已滿換回、贖回者酌加十分之六，原擬軍流贖免者酌加十分之八，原擬新疆已經放回、贖回者，加倍如在軍營出力奏准捐復原官者酌加十分之五，其僅止捐復原銜，並降捐職銜仍照本例報捐，毋庸令其加等〔註184〕（銀兩數目詳載戶部捐例內）。〔註185〕

歸納而言，第一，武職中樞大員不准捐復，其餘允許捐復。以三品為界，三品以下允許捐復，一二品不准。第二，原處分案件係出於公事、情節較輕，許捐復；若因私情節較重不許。第三，降革留任處分一般均聽捐復。第四，捐復出於情願。第五，捐復捐銀可以超出標準，所捐之官可以較原任降等，但有些官職最高准許捐至原任等級。第六，微官可隨時申請捐復，不受限制。第七，已補官或事犯貪婪、不勝任、永不敘用等原因不准捐復。第八，捐銀與報呈銷案由戶部和兵部配合操作。第九，最後裁決權仍歸皇帝。列舉本不易窮盡，但能考慮這麼多層面說明非常重視也非常慎重對待捐復一事。

〔註182〕道光朝《兵部處分則例》綠營卷一「降革人員分別捐復」條此處係對漢侍衛作出規定。見《兵部處分則例（道光朝）》綠營卷一「降革人員分別捐復」條，中國基本古籍庫（電子數據資源），第 173 頁。

〔註183〕道光朝《兵部處分則例》綠營卷一「降革人員分別捐復」條此處後接著規定：「至奏准捐復人員自營衛千總以上者帶領引見，其把總以下微弁毋庸引見。」見《兵部處分則例（道光朝）》綠營卷一「降革人員分別捐復」條，中國基本古籍庫（電子數據資源），第 173 頁。

〔註184〕此條款與光緒朝《吏部處分則例》、《欽定六部處分則例》卷二「捐項加成」條相同。見《吏部處分則例（光緒朝）》卷二「捐項加成」條，香港蝠池書院出版有限公司 2004 年版，第 38 頁。亦見光緒朝《欽定六部處分則例》卷二「捐項加成」條，文海出版社 1971 年版，第 80 頁。

〔註185〕《兵部處分則例（道光朝）》八旗卷一「降革人員分別捐復」條，中國基本古籍庫（電子數據資源），第 14～15 頁。《欽定中樞政考（道光朝）》八旗卷九「降革人員分別捐復」條，香港蝠池書院出版有限公司 2012 年版，第 1171～1175 頁。

　　道光朝《兵部處分則例》綠營卷一「降革人員分別捐復」條除了對以上情形有所規定以外，還有數條補充：

　　　　一、降革人員奉旨引見後仍照部議降革者，其原案情節本屬因公，該員既踴躍急公，有心報效，亦准其一體報捐補用。

　　　　一、降革人員應將續參降革註冊各案分別報捐，如具呈時漏報，續參降革處分覈明該總督巡撫查參日期，在該員未經離任之先者，應將漏報之案令其加倍報捐，如係該員離任以後，兵部查明檔冊指出准其逐案報捐。

　　　　一、捐復人員定例於具呈時均令其呈明有無欠項，及完欠若干，由戶部查係例限已逾或未逾，而數在三百兩以下者即令照數全繳方准報捐。其有欠數較多，尚在例限以內者，准其先行報捐，仍將未完銀兩著落該員按照年限如數全完，一面知照兵部。倘逾限不完，已選者，即行解任，未選者，停其銓選。若報捐時將欠項隱匿不行聲敘，事後別經發覺，將所捐之官註銷，仍照隱匿例治罪。

〔註186〕

　　此補充條款性質亦較相近，前一款擴大准許捐復範圍，後二款均是指向辦理報捐對銀錢標準的把握。第一款向眾人表示皇帝對捐復的認識，認為是急公、是報效，貌似嘉獎之意，實只是裝點之辭，鼓動捐錢之意在，嘉獎認識卻無。後兩款對銀錢數額的重視正反映了朝廷籌錢真實心態。結合當時背景及以後操作，誠是更重視如何便於籌到銀錢而已。〔註187〕

　　光緒朝《吏部處分則例》、《欽定六部處分則例》卷二「捐復降留革留」條和「捐復原銜」條，以及「捐復人員准許覈辦條款」、「不准捐復條款」、「加倍半不准捐復十三條」等條款構成文職官員捐復辦理的基本款項。「捐復降留革留」條規定文官也是降革留任處分照例或特旨留任處分酌加方准捐復，且翰詹科道藩臬以下才准捐復，以上級別不准，呈請吏部、戶部共同辦理。〔註188〕需要強調的是，奸贓不法的官員在捐復中受有限制，不能捐復原銜，

〔註186〕《兵部處分則例（道光朝）》綠營卷一「降革人員分別捐復」條，中國基本古籍庫（電子數據資源），第173～174頁。

〔註187〕非是今日認識如此，當年薛允升亦有如是慨歎。

〔註188〕「內外降級留任、革職留任人員除翰詹科道藩臬以上革職留任不准捐復外，其餘革留、降留人員有情願捐復者，俱令隨時呈明戶部移咨吏部覈明，係例無展參之案，俱准其逐案報捐，俟收銀知照到部附入彙題查銷。若原議係實降、實

也不能捐虛銜。捐原銜及其以上的也不能銓選補用。〔註189〕

　　吏部對准予核辦的文職官員捐復事件也有詳細條款可以遵照辦理，概括言之，主要包括這樣幾大類情形准予覈辦。第一類：身份適格，允許覈辦。如翰詹科道藩臬以下品級的官員或廢員賞銜。第二類：原降處罰之案所犯情節因公不重，准許覈辦。第三類：降捐、改捐，允准辦理。第四類：宗室原係地方職任仍捐復地方職任由部辦理，若改捐京官，移交宗人府辦理。第五類：加成捐復、漏敘報捐需請旨聽上裁。〔註190〕

〔註189〕　革奉旨從寬留任者，或奉旨留任而限年開復者，以及送部引見人員奉旨仍以原官用，將降革之案帶於新任者，均照尋常捐復之例，酌加十分之五一體准其報捐銷案，附入彙題。」《吏部處分則例（光緒朝）》卷二「捐復降留革留」條，香港蝠池書院出版有限公司2004年版，第39頁。亦見光緒朝《欽定六部處分則例》卷二「捐復降留革留」條，文海出版社1971年版，第82頁。

　　「一、內外降革離任等官有情願捐復原銜者，吏部覈明案由除實係奸贓不法者不准捐復外，其餘俱准其報捐。凡例准捐復原銜者，並准捐至原銜以上俱不准其銓選補用。一、京察大計六法人員止因不能臨民莅事究無奸贓情罪，准其捐復原銜，不准捐至原銜以上，亦不准其銓選補用。一、革職發遣廢員如有報捐虛銜者，除實犯奸贓不法者不准捐外，其餘俱准其照常例報捐虛銜，仍不准其捐至原銜以上，亦不准其銓選補用。」《吏部處分則例（光緒朝）》卷二「捐復原銜」條，香港蝠池書院出版有限公司2004年版，第39頁。亦見光緒朝《欽定六部處分則例》卷二「捐復原銜」條，文海出版社1971年版，第82～83頁。

〔註190〕　「一、降調革職人員內官自翰詹科道以上、外官自藩臬以上仍照例不准捐復原官外，其餘內外各官一切失防失察凡屬因公獲咎情願呈請捐復者准予覈辦。

　　一、廢員迎鑾祝嘏奉旨賞給職銜呈請捐復原官者准予覈辦。

　　一、外官因公被議奉旨送部引見仍照部議降革呈請捐復原官者准予覈辦。

　　一、科道因公降革呈請改捐部署編檢因公降革呈請改捐中書者准予覈辦。

　　一、捐復原官業經奏駁呈請降捐、改捐及由科目出身呈請捐入教職者准予覈辦。

　　一、奉特旨加級紀錄不准抵銷之員不敢捐復原官呈請降捐、改捐者，准予覈辦。

　　一、除實犯贓私姦偽等款呈請捐復仍即議駁外，其過誤犯罪連累致罪情節尚輕者准予覈辦。

　　一、宗室道府降革後呈請捐複道府原官者由部查核案情分別准駁，如請捐京職者由宗人府覈辦。

　　一、除實犯奸贓不法在十三條不准捐復降捐之列者呈請捐復即行駁斥外。其有常例所不准捐復而情節尚有可原者分別降調人員准其加五，革職人員准其加倍具呈吏部詳覈案情開具清單隨時奏明請旨。如奉旨准其捐復，即行知戶部案照例定銀數加成收捐。

　　一、各項降革例准捐復降捐人員，在外捐輸，如該員原犯案由漏未聲敘，

光緒朝《欽定六部處分則例》此條內容比之光緒朝《吏部處分則例》多出兩款新增規定：

> 一、降捐業經捐復原官及降捐已補實缺之員毋庸再議外，如先行加成降捐及僅捐原銜，並降捐職銜者續行呈請捐復改捐，務須聲明原案由戶部咨行臣部分別加成、加倍、加半，方准捐復原官。設有捐至原官以上者，亦應查照籌餉定例，先令捐復原官始准捐升，以免牽混，而示區別。倘該員於加成降捐及僅捐職銜之後續行捐復改捐並不聲明原案，至捐後自行檢舉呈明補繳，核明情節應准其捐復原官者，照不應重公罪律降二級留任。如係始終隱匿，至得缺時別經發覺，照不應重私罪律降三級調用。庶足以杜趨避取巧之私，而於籌餉定例亦相符合矣（新增）。〔註191〕

> 一、官員失察虧短庫項革職已將賠項交清而奉旨仍行革職者不准捐復。如奉旨賞有官職人員准其報捐，其曾任大員外官，止准其捐至道員，京官止准其捐至郎中，科道准其對品改捐。其原任郎中、道府以下等官均各准其捐復降捐（新增）。〔註192〕

除予以覈辦捐復之外還有不准捐復條款。光緒朝《吏部處分則例》、《欽定六部處分則例》卷二「不准捐復條款」條概括總結了八種不准捐復的情形：第一種，降調處分原案情節較重；第二種，已經補官；第三種，廢員受恩得以再用；第四種，威脅皇城安全辦盜不力；第五種，奉旨不准；第六種，例載失察邪教致使發生滋事重案；第七種，地方官改捐同等級別京官；第八種，賄和。以上八種皆不准捐復。〔註193〕光緒朝《欽定六部處分則例》除了將「官

係鄰省督撫無從查核原案者，該督撫免其失察處分，將本員分別遺漏之輕重酌量議處。係本省督撫本有案卷可覈者，摺內如有漏敘，將本員與督撫分別議處，並將該員等降革原案漏敘情節之處分晰奏明，應否准其報捐恭候欽定。至該員等如有續降續革之案應照離任未離任定例，令其逐案報捐，及逐案加倍報捐州縣以上各員捐項交清後由該督撫給咨送部引見。」《吏部處分則例（光緒朝）》卷二「捐復人員准予核辦條款」條，香港蝠池書院出版有限公司 2004年版，第 32～33 頁。亦見光緒朝《欽定六部處分則例》卷二「捐復人員准予覈辦條款」條，文海出版社 1971 年版，第 70～72 頁。

〔註191〕光緒朝《吏部處分則例》卷二「降捐人員捐復改捐」條規定了此條內容中的部分內容。詳見《吏部處分則例（光緒朝）》卷二「降捐人員捐復改捐」條，香港蝠池書院出版有限公司 2004 年版，第 37 頁。

〔註192〕光緒朝《欽定六部處分則例》卷二「捐復人員准予覈辦條款」條，文海出版社 1971 年版，第 71 頁。

〔註193〕「一、公罪中情節較重者不准捐復（如濫差斃命、因公派斂之類）。

員失察虧短庫項革職……不准捐復」條已納入到「捐復人員准予覈辦條款」條，其他條款俱有外，還有以下數條類似《兵部處分則例》規定武職不准捐復條款補充，如奸贓不法、大計不稱職、永不敘用等，另有添加不同者包括私罪贖免、確定改降、承審失入死刑而因犯已被處決三種情形。〔註194〕

光緒朝《吏部處分則例》和《欽定六部處分則例》卷二「加倍半不准捐復十三條」條規定有十三種情形加倍半亦不准捐復降捐，其條目與上述歸納有三種不同——有關名倫、吸食鴉片或身家不清的案件，失守城池、豐工緣事降革的案件，挾妓女優伶革職的案件。其餘十款皆類同，不外前所歸納種類。〔註195〕

一、降調後已經補官者不准捐復。

一、廢員蒙恩錄用者不准捐復。

一、近京五百里內疏防盜案特參革職者不准捐復。

一、官員失察虧短庫項革職已將賠項交清而奉旨仍行革職者不准捐復（如奉旨賞有官職人員准其報捐。其曾任大員，外官止准捐至道府，京官止准其捐至郎中）。

一、失察邪教釀成滋事重案係例不准抵者不准捐復。

嘉慶二十四年十二月二十四日奉上諭……嗣後凡降調道員呈請改捐郎中降調知府呈請改捐員外郎者，吏部無庸奏請，俱照此例概行批駁。欽此。

咸豐十年五月初二日奉上諭……嗣後各直省參員誣告上司者，除立案不行外，其有欽派大員審訊因誣告而罪應擬流徒者均不准贖罪。因賄和而被議革職者，亦不准捐復，以儆官邪而懲刁健。欽此。」《吏部處分則例（光緒朝）》卷二「不准捐復條款」條，香港蝠池書院出版有限公司2004年版，第34～35頁。亦見光緒《欽定六部處分則例》卷二「不准捐復條款」條，文海出版社1971年版，第73～74頁。

〔註194〕「一、奸贓不法事涉營私者不准捐復。

一、京察大計劾參各官及隨時以闒冗懶弛等罪劾參者不准捐復。

一、曾擬私罪後經贖免者不准捐復。

一、革職永不敘用者不准捐復。

一、承問故入人罪及失入斬絞而囚已決者不准捐復。

一、外官送部引見奉旨改用京職及指明以何官降補者不准捐復。」光緒朝《欽定六部處分則例》卷二「不准捐復條款」條，文海出版社1971年版，第73～74頁。

〔註195〕「一、凡特旨降調革職者不准捐復、降捐。

一、休致人員不准捐復、降捐。

一、凡實犯奸贓酷虐不法者不准捐復、降捐。

一、凡承問故入人罪及軍流等犯錯擬斬絞凌遲而囚已決，及因濫刑斃命擅受釀命降革者不准捐復、降捐。

一、凡京察大計及隨時甄別降調革職並指明以何官降補暨外官送部引見奉旨改用京職者俱不准其捐復、降捐。

　　上述准予捐復和不准捐復條款將同類事件歸併規定，較爲系統，便於翻查適用，避免了道光朝《欽定中樞政考》分條規定查詢之苦。此爲後世法律一大進步，也是適用的一大方便。

　　捐復主要是通過繳銀實現復職，其各官需繳銀數標準規定在戶部捐例內。但有些捐復條件亦與勞績有關，尤其是涉及軍事職任。關於繳銀、勞績捐復事宜，則例中規定有複雜的適用條款。

　　光緒朝《吏部處分則例》、《欽定六部處分則例》卷二「失守人員開復分別勞績次數」條對勞績次數紀錄及其附加銀兩允許捐復層次標準做了規定：

　　　　一、州縣及同城知府捕盜等官失守城池革職減等議罪後戴罪留營人員，再次得有勞績方准免罪，由刑部知照吏部暫行存記。三次得有勞績給予虛銜頂帶；四次得有勞績准其開復免罪。留營人員再次得有勞績給予虛銜頂戴（帶）；三次得有勞績准其開復。均令補繳加倍半捐復銀兩，不准奏請免繳。其例應引見之員俟捐項繳清給咨送部引見。至戴罪免罪留營各員必須克敵陷陣戰功卓著方准保奏。其辦理文案籌辦糧餉等項尋常勞績不准濫行保奏。

　　　　一、同城之道員及佐貳官失守城池革職無餘罪者，如准其留營，督同克復，給予虛銜頂帶；再有勞績准其開復。均令補繳加倍捐復銀兩。至不同城之知府革職無餘罪、不同城之道員例止降調。如准其留營督同克復著有勞績，經該督撫奏報到日即予開復，亦令補繳加倍捐復銀兩，不准奏請免繳。其例應引見之員，俟捐項繳清給咨送部引見。

　　　　一、分防各官本無城池可守，如所轄地方猝被賊擾焚劫官署特

　　　　一、凡案關倫紀名節及吸食鴉片煙身家不清革職者不准捐復、降捐。
　　　　一、軍營失守城池降革人員及豐工緣事降革者不准捐復、降捐。
　　　　一、凡降革人員案情過重例止准其捐復原銜降捐虛銜者不准捐復、降捐。
　　　　一、凡事涉贓私聽受書吏囑託革職者不准捐復、降捐。
　　　　一、凡因收受陋規革職者不准捐復、降捐。
　　　　一、凡因挾妓挾優革職者不准捐復、降捐。
　　　　一、凡因藉端勒派、肆意誅求、罔念民瘼、致釀事端革職者雖無婪贓入己情事亦不准捐復、降捐。
　　　　一、永不敍用人員不准捐復、降捐。」《吏部處分則例（光緒朝）》卷二「加倍半不准捐復十三條」條，香港蝠池書院出版有限公司 2004 年版，第 35～36 頁。亦見光緒朝《欽定六部處分則例》卷二「加倍半不准捐復十三條」條，文海出版社 1971 年版，第 75～76 頁。

參革職復能隨同剿捕奏請開復原官者，准其開復，仍令補繳加倍捐復銀兩，不准奏請免繳。如該督撫聲明所轄地方並無被賊滋擾請免置議者，應准免議。〔註196〕

失守發遣人員積有勞績保奏開復亦類似辦理。〔註197〕加倍半不准捐復人員尋常勞績不准保奏開復。〔註198〕同治元年因御史呂序程奏明制定了休致和永不敘用人員不允許隨便被濫行保奏或是被代請捐復的規定。〔註199〕

在軍營獲咎降革人員因奮勉立功保奏開復可以免繳捐復銀兩，但另案開復則不免繳：「原在軍營獲咎降革人員旋因奮勉立功保奏開復准其免繳捐復銀兩。其另案降革後留營效力或投效軍營者仍令補繳捐復銀兩。」〔註200〕

〔註196〕《吏部處分則例（光緒朝）》卷二「失守人員開復分別勞績次數」條，香港蝠池書院出版有限公司 2004 年版，第 27～28 頁。光緒朝《欽定六部處分則例》該條在三款下分別標有「同治五年正月二十八日奏定」、「同治二年十二月十四日奏定」、「咸豐十一年十月十六日奏定」字樣，見光緒朝《欽定六部處分則例》卷二「失守人員開復分別勞績次數」條，文海出版社 1971 年版，第 64～65 頁。

〔註197〕「失守發遣人員奏准釋回覆奏留在戍得有勞績，准其保奏，給予虛銜頂帶；再有勞績准其保奏開復，仍飭令補繳加倍半捐復銀兩，不准奏請免繳。俟銀兩繳清給咨赴部引見。（此項人員必扣足三年之限始終出力，不得因偶有勞績遽請開復。如非該員實能始終奮勉出力，該處辦事實在需員，不得濫請留戍，預為保奏虛銜及開復原官地步。至發遣釋回未經留戍已回籍者，得有尋常勞績，不得援以為例。）」《吏部處分則例（光緒朝）》卷二「失守發遣人員保奏開復」條，香港蝠池書院出版有限公司 2004 年版，第 29 頁。光緒朝《欽定六部處分則例》該條標有「同治三年七月十六日奏定」字樣，見光緒朝《欽定六部處分則例》卷二「失守發遣人員保奏開復」條，文海出版社 1971 年版，第 66 頁。

〔註198〕則例條款：「凡加倍半不准捐復人員非軍功勞績不准保奏開復。」見《吏部處分則例（光緒朝）》卷二「加倍半不准捐復人員尋常勞績不准保奏開復」條，香港蝠池書院出版有限公司 2004 年版，第 36 頁。光緒朝《欽定六部處分則例》該條標有「同治元年正月二十日奏定」字樣，見光緒朝《欽定六部處分則例》卷二「加倍半不准捐復人員尋常勞績不准保奏開復」條，文海出版社 1971 年版，第 76 頁。

〔註199〕《吏部處分則例（光緒朝）》卷二「休致永不敘用人員不准濫入軍營保奏開復」條，香港蝠池書院出版有限公司 2004 年版，第 36 頁。亦見光緒朝《欽定六部處分則例》卷二「休致永不敘用人員不准濫入軍營保奏開復」條，文海出版社 1971 年版，第 77～78 頁。

〔註200〕《吏部處分則例（光緒朝）》卷二「軍營獲咎人員開復免繳銀兩」條，香港蝠池書院出版有限公司 2004 年版，第 28 頁。光緒朝《欽定六部處分則例》該條標有「咸豐五年四月初三日奏定」字樣，見光緒朝《欽定六部處分則例》卷二「軍營獲咎人員開復免繳銀兩」條，文海出版社 1971 年版，第 66 頁。

捐復銀兩繳納例有專條。

光緒朝《吏部處分則例》、《欽定六部處分則例》卷二「捐復開復繳銀」條先對守城降罰、私罪投效軍營得有勞績被保奏開復以及僅先遇缺如何繳納加成加倍銀兩、如何逐層補繳減半銀兩做了較爲具體的規定。〔註201〕

繳納銀兩與捐復人員銓選復職升任關係重大，則例制定有詳細條款規定了繳納人員範圍、辦理程序、定限延展期限與繳納後銓選操作：

一、呈請捐復人員，吏部核明應准應駁，每月開單彙奏一次，將奉旨准其捐復者知照戶部案（筆者注：同按）限收捐，戶部於給照後知照吏部將州縣以上官帶領引見，教職佐雜等官無庸帶領，並移付文選司照例銓補。

一、捐復人員自奏准奉旨之日起限三個月內將捐項上庫（封印日期准其扣展）。倘逾限不交即行扣除不准捐復。如限內實因患病不能持銀上庫，係旗員，應由該旗佐領出具圖片驗報，係漢員由兵馬司驗報，吏、戶二部有案者，准於呈報病痊之日起勒限二十日內上庫。如又逾限不交，亦即扣除不准再展。至病痊後補繳捐項與依限上庫者不同，其銓補班次自應量爲區別。如州縣以上係曾任實缺之員，引見時奉旨仍發原省者，則於到省後扣滿一年方准補缺；奉旨照例用應歸部選者，則於到班時扣選一次，俟再到班時方准銓選。其適用人員仍發原省者，亦於輪補到班時再扣足一年方准題署。至候選人員及例不引見之教職佐雜均照此辦理。」〔註202〕

〔註201〕「一、城池並未失守而地方被賊滋擾及地方失守本無城池降革人員，如得有勞績，經督撫大臣保奏開復者，但令補繳加倍捐復銀兩，不准奏請免繳。

一、失守被擾降革人員保奏開復，並僅先遇缺等項，除令其分別加成補繳捐復銀兩外，其僅先遇缺等項，並令逐層補繳減半銀兩，俟銀兩繳清給咨送部引見。

一、私罪降革人員投效軍營係常例不准捐復，而情節尚有可原者，如先行捐復降捐，續有勞績保奏僅先遇缺等項，免其補繳銀兩。如未經捐復降捐得有軍務勞績保奏開復，除令其分別加成補繳捐復銀兩外，其僅先遇缺等項並令逐層補繳減半銀兩。俟銀兩繳清給咨送部引見。」《吏部處分則例（光緒朝）》卷二「捐復開復繳銀」條，香港蝠池書院出版有限公司2004年版，第28頁。亦見光緒朝《欽定六部處分則例》卷二「捐復開復繳銀」條，文海出版社1971年版，第65～66頁。

〔註202〕《吏部處分則例（光緒朝）》卷二「捐復人員交銀定限」條，香港蝠池書院出版有限公司2004年版，第38～39頁。亦見光緒朝《欽定六部處分則例》卷

期限關乎開復計算時日，故特別重要。該條款不僅有正常繳納的期限規定，還爲繳納者考慮到不測因素，准許寬展。

光緒朝《欽定六部處分則例》同條補有二款，一是嘉慶二十二年四月十日上諭，不准先捐復後引見，不引見者請督撫代爲觀看；二是外省捐復人員就近交銀，若奉旨照例用者由督撫決定是否奏留原省或給咨赴部。〔註203〕道光朝《兵部處分則例》八旗卷一「捐復人員捐項上庫定限」條與道光朝《欽定中樞政考》八旗卷十「捐復人員捐項定限」條亦規定了其中部分條款。〔註204〕

申請報捐不僅按時限繳清銀兩，還包括呈明續降、續革與有無欠項，〔註205〕以及地方官員不能由督撫奏請捐復，只能由其詳敘案由。〔註206〕

捐復與普通開復或升遷調動有不同的後果，例之所舉包括不得戴原翎、不得回原省、不得留省留營三項。捐升人員特別議處之處在第七節討論，請參看，此處先談一下則例所舉三種情形。

光緒朝《吏部處分則例》、《欽定六部處分則例》卷二「另案開復及捐復人員不准戴用原翎」條係由同治四年形成規制之條，規定了捐復人員佩戴翎子的規範：「官員緣事降調並未奉旨拔去原翎者，一品至五品仍准戴用花翎，六品至從九品未入流仍准戴用藍翎。其大員降至六品以下並凡革職人員一概不准戴用原翎。如因本案開復，或奉特旨賞還，並續有軍功，經該大臣督撫

二「捐復人員交銀定限」條，文海出版社 1971 年版，第 80～81 頁。

〔註203〕光緒朝《欽定六部處分則例》卷二「捐復人員交銀定限」條，文海出版社 1971 年版，第 81～82 頁。

〔註204〕《兵部處分則例（道光朝）》八旗卷一「捐復人員捐項上庫定限」條，中國基本古籍庫（電子數據資源），第 16 頁。《欽定中樞政考（道光朝）》八旗卷十「捐復人員捐項定限」條，香港蝠池書院出版有限公司 2012 年版，第 1191～1192 頁。

〔註205〕此二款在道光朝《兵部處分則例》綠營卷一「降革人員分別捐復」條中，見《兵部處分則例（道光朝）》綠營卷一「降革人員分別捐復」條，中國基本古籍庫（電子數據資源），第 173 頁；在光緒朝《吏部處分則例》、《欽定六部處分則例》則爲單獨則例條款，詳見《吏部處分則例（光緒朝）》卷二「捐復人員呈明續降續革」條與「捐復人員呈明有無欠項」條，香港蝠池書院出版有限公司 2004 年版，第 36～37 頁；亦見光緒朝《欽定六部處分則例》卷二「捐復人員呈明續降續革」條與「捐復人員呈明有無欠項」條，文海出版社 1971 年版，第 78～79 頁。

〔註206〕督撫不准奏請見《吏部處分則例（光緒朝）》卷二「降革人員不准由該督撫奏請捐復」條，香港蝠池書院出版有限公司 2004 年版，第 37～38 頁。詳敘案由見光緒朝《欽定六部處分則例》卷二「外省捐復人員詳敘案由」條，文海出版社 1971 年版，第 79～80 頁。

奏請開復原翎者，均仍戴用。至另案開復或捐復原官不准仍戴，亦不准隨案聲請。」〔註207〕此規定可見捐復人員地位不尊，在方方面面均有反映，不止升遷受限，在禮儀待遇上亦有略低情形。

在同卷上一條「私罪降革捐復不准仍赴原省」條規定有因私罪降革捐復之員不准回原省復職：「私罪降革捐復人員如係曾任實缺應歸部選者，遇到班時毋庸掣原省之缺。其從前未經得缺例應回省人員概不准仍赴原省，其私罪降捐及雖係公罪情節較重者（濫差斃命、因公派斂）照此辦理。各該員報捐時如不聲明降革緣由，徑行指捐原省即照朦混捏飾例承辦。」〔註208〕光緒朝《欽定六部處分則例》卷二「加倍半不准捐復人員不得因有勞績保留原省（新增）」條：

　　一、因公罣誤奏請開復人員准其保留原省。至大計降革及隨時甄別並凡加倍半不准捐復之員概不得因有勞績保留原省。如經該大臣督撫保奏已奉旨允准應仍奏請撤銷。

　　一、私罪人員不在加倍半不准捐復條款之內由勞績開復保留原省，係奉旨交議者仍不准留省；奉旨允准者即欽遵辦理。

　　一、失守城池及豐工緣事降革人員列於加倍半不准捐復條款之內如由勞績開復保留原省，係奉旨允准者，即欽遵辦理，仍令補繳減半留省銀兩。奉旨交議者仍不准留省。如先經奏准留營或奏准暫行留任續經保奏留省者，應即准其留省，毋庸補繳留省銀兩。其汛地被擾革職之員一律辦理。同治六年五月十五日奏定。〔註209〕

〔註207〕光緒朝《吏部處分則例》係將該則例條款與同治四年上諭合併一條在「另案開復及捐復人員不准戴用原翎」之下，《欽定六部處分則例》則將上諭放在「另案開復及捐復人員不准戴用原翎」條，則例條款單獨列為「捐復翎枝」一條。詳見《吏部處分則例（光緒朝）》卷二「另案開復及捐復人員不准戴用原翎」條，香港蝠池書院出版有限公司 2004 年版，第 33～34 頁。光緒朝《欽定六部處分則例》卷二「另案開復及捐復人員不准戴用原翎」條與「捐復翎枝」條，文海出版社 1971 年版，第 72～73 頁。

〔註208〕《吏部處分則例（光緒朝）》卷二「私罪降革捐復不准仍赴原省」條，香港蝠池書院出版有限公司 2004 年版，第 33～34 頁。光緒朝《欽定六部處分則例》卷二「私罪降革捐復不准仍赴原省」條下標有「咸豐十年閏三月二十二日奏定」字樣，詳見光緒朝《欽定六部處分則例》卷二「私罪降革捐復不准仍赴原省」條，文海出版社 1971 年版，第 77 頁。

〔註209〕光緒朝《欽定六部處分則例》卷二「加倍半不准捐復人員不得因有勞績保留原省」條，文海出版社 1971 年版，第 76～77 頁。

降革人員一般不允許留原省，為防止夤緣謀復，此種考量出於吏治需要，除非是確有專才，蒙督撫賞識奏請留省差委襄助，但最終決定權仍然在皇帝手中，從這三條可明確看出。當然皇帝決定也會詢問督撫該員表現以確定去留，這一點在前面開復一節所引案例「乾隆五年七月二十五日大學士兼吏部尚書張廷玉題為遵議原署安徽廬江縣知縣高式矩開復事」有例證。總之，留省與否關乎吏治，皇帝比其他官員更關心、更用心。

最後還要說明一點，捐復只適用職任，不適用世爵，因此王公在世職方面處分後只有開復，並無捐復一途。

三、議敘議處僅就一任

俗語云：「鐵打的衙門，流水的官。」官員時常處於陞降對調，以及一身兼任數職的狀態，一案如何議敘議處？在此變動中確立一種原則非常重要。雍正皇帝對此確立了一人一案一任議敘議處的原則。光緒朝《吏部處分則例》、《欽定六部處分則例》卷一「事僅一案只就本任內議敘議處」條：「雍正十一年二月初十日奉旨依議，此本內黃廷桂議敘之處，該部照例於總督任內議敘，又於署提督任內議敘，但拿獲賭具僅一案，以一人而兩處議敘，未免重複。憲德、黃廷桂俱著紀錄二次。嗣後有似此一人而兼數任者，遇有議敘事件，若僅止一案只就一任內議敘，如遇有處分事件，亦只就一任內處分。將此永著為例。欽此。」〔註210〕道光朝《兵部處分則例》八旗、綠營卷一、《欽定中樞政考》八旗卷十「議敘議處止就一任」條未錄聖旨，直接規定有則例條款：「官員有一人而兼數任者，若事屬一案，遇有議敘止就一任內議敘；遇有議處止就一任內議處。」〔註211〕

此原則首先確認了現任內多種兼任中的議敘議處界限，分晰權責範圍，避免重複議敘議處。結合「級紀隨帶」等原則即可分疏流轉任之間的權責。無論橫向兼任還是縱向流轉接任，均是一人一案一任議敘議處原則。

〔註210〕《吏部處分則例（光緒朝）》卷一「事僅一案只就本任內議敘議處」條，香港蝠池書院出版有限公司 2004 年版，第 6 頁。亦見光緒朝《欽定六部處分則例》卷一「事僅一案只就本任內議敘議處」條，文海出版社 1971 年版，第 30～31 頁。

〔註211〕《兵部處分則例（道光朝）》八旗、綠營卷一「議敘議處止就一任」條，中國基本古籍庫（電子數據資源），第 9、168 頁。《欽定中樞政考（道光朝）》八旗卷十「議敘議處止就一任」條，香港蝠池書院出版有限公司 2012 年版，第 1125 頁。

第七節　特殊人群處分

世界有成住壞空，人有生老病死。官員、土司首領作爲人的屬性也符合這個自然規律。但官員、土司首領也有其職位、身份的特殊性，以及職任任免陞降的流轉性特點。在則例適用過程中必須將這兩種情況考慮進來。概括而言，即是因職位身份特殊性而特殊處分與因職位身份處於特殊狀態而特殊處分。

一、因職位身份特殊性而特殊處分

有些職位身份本身具有特殊性，因此需適用單獨規定。主要包括以下幾種情形。

1、宗室

宗室王公本有世職，一般兼有職任，其處罰與普通官員不同，在前「級紀抵罪」一節已有論述。其兼任職任若遇降革適用乾隆五十六年五月初四日之上諭。〔註212〕承辦陵寢事務之貝子公等處分與此類似。〔註213〕

2、職任兼世職降革處分

在普通旗員中有的人亦有世職和職任相兼。遇有降革如何處分？道光朝《兵部處分則例》八旗卷一、《欽定中樞政考》八旗卷九「職任兼世職降革處分」條規定了旗人關於職任和世職如何換算、分別處置的適用情形：

> 一、職任官兼世職若有犯貪污、行止不端、因私罪革職者應一併革退。其世職該旗奏請另襲。若因公罪及照溺職例革職者，所兼世職應否存留，該旗具奏請旨，其因私罪應議降級調用者應一併議降所兼世職，每一級折罰世職半俸三年，議抵降級多者以次遞增，免其降調世職。若因公罣誤，於職任內議降，毋庸議及世職。革職留任者係由何任議處，即停何任之俸，所剩之職尚有餘俸，仍行給與；降級留任者係由何任議處，即照何任品級扣俸。

〔註212〕參見《欽定王公處分則例（朝代不明）》卷首「處分條款」，載楊一凡、田濤主編：《中國珍稀法律典籍續編》第六冊，黑龍江人民出版社 2002 年版，第315 頁。

〔註213〕《吏部處分則例（光緒朝）》卷二「貝子公等處分」條，香港蝠池書院出版有限公司 2004 年版，第 14 頁。亦見光緒朝《欽定六部處分則例》卷二「貝子公等處分」條，文海出版社 1971 年版，第 46～47 頁。

　　一、職任官階較大於世職者，由職任因私罪議降，所降之級不及世職品級者，毋庸議罰世職半俸。應降及世職者，按所降之級議罰世職半俸。其世職品級與職任相等或較大於職任者，遇職任內私罪議降，均按所降之級折罰世職半俸。

　　一、職任兼世職等官有緣事革去職任仍留世職者，其由世職任內所得加級紀錄仍准其隨帶。〔註214〕

此中規定適用有世職兼任職任的旗人，與王公宗室處分近似，比之簡略。至於漢世職處分與此基本相同。〔註215〕

3、文武兼職

文官由吏部管理，武職由兵部管理，若文武職兼有則需特別規定如何處理。道光朝《兵部處分則例》八旗卷一、《欽定中樞政考》八旗卷九「文武職任兼銜降革處分」條：「武職兼任文職，若有犯貪污、行止不端、因私罪革職者，不論何任事發，將文武職銜一併革退。若因公罪照溺職例革職。及奉特旨革退者，查係武職任內之事，所兼文職應去應留，吏部具奏請旨；係文職任內之事，武職應去應留，兵部具奏請旨。其因私罪降級調用應一併議降；若因公罣誤係武職任內之事就武職議降，文職任內之事就文職議降，應否留其兼銜之處，該部聲明請旨。」〔註216〕

4、領催族長兵丁等

道光朝《兵部處分則例》八旗卷一、《欽定中樞政考》八旗卷十「領催族長議處通例」條規定了罰俸降級與鞭責數目的換算與革退等情，其中具體換

〔註214〕《兵部處分則例（道光朝）》八旗卷一「職任兼世職降革處分」條，中國基本古籍庫（電子數據資源），第8～9頁。《欽定中樞政考（道光朝）》八旗卷九「職任兼世職降革處分」條，香港蝠池書院出版有限公司2012年版，第1049～1051頁。光緒朝《吏部處分則例》、《欽定六部處分則例》卷二「世職兼職任官處分」與此規定相近，詳見《吏部處分則例（光緒朝）》卷二「世職兼職任官處分」條，香港蝠池書院出版有限公司2004年版，第15頁。亦見光緒朝《欽定六部處分則例》卷二「世職兼職任官處分」條，文海出版社1971年版，第47～48頁。

〔註215〕《兵部處分則例（道光朝）》綠營卷一「漢世職補用營員降調處分」條，中國基本古籍庫（電子數據資源），第178頁。

〔註216〕《兵部處分則例（道光朝）》八旗卷一「文武職任兼銜降革處分」條，中國基本古籍庫（電子數據資源），第8頁。《欽定中樞政考（道光朝）》八旗卷九「文武職任兼銜降革處分」條，香港蝠池書院出版有限公司2012年版，第1045～1046頁。

算標準已於第三章第一節「鞭刑」中引用：

一、領催族長兵丁等遇有處分，除例有正條載明鞭責數目者照例遵行外，如僅稱照例折鞭責者，犯應罰俸一個月之案鞭一十……降三級調用以上及革職留任並革職之案，俱鞭一百。其應否革退之處，除例內載明革退者照例遵行外，如例內並未載明革退字樣，凡公罪革職之案仍留當差，私罪革職之案即行革退。至領催族長等得有註冊紀錄者，如犯公罪鞭責准其以所得註冊紀錄□次抵銷鞭責四十。如犯私罪鞭責，雖有註冊紀錄亦不准其抵銷。

一、八旗領催及兵丁身兼族長遇有應行議處之案即視驍騎校所得處分，均照例分別折鞭責發落。如族長係官仍照驍騎校處分。」

〔註217〕

目前所見，**鞭刑適用於旗人，特別說明且明確規定鞭責標準的即是此條**對待領催、族長、兵丁。

5、軍營官員

軍營官員管理與普通文武職員相比有其特殊性，允許先註冊後罰俸：

一、派往軍營官員遇有議處如例應罰俸者，准先註冊，於事竣後補行罰俸；如應降留、革留者亦註冊，仍案（筆者注：同按）年限題請開復；其有應降級調用者，准帶所降之級仍留軍營效力，事竣後該營官出具考語，送部引見請旨；若係例應革職之案，吏部即於議處本內將該員應否留營效力之處聲明請旨，如准其留營效力亦俟事竣之日該管官出考給咨送部引見請旨。凡准留營效力之應實革實降官員俱暫免其開缺，仍照原缺支食俸餉，以資養贍。

一、伊犁、烏魯木齊、巴里坤三處駐防額缺大臣官員遇有降革罰俸等項處分毋庸註冊，統照內地官員一律定議。〔註218〕

一、官員處分事關軍務，惟失守城池統帶兵勇所得處分不准查

〔註217〕《兵部處分則例（道光朝）》八旗卷一「領催族長議處通例」條，中國基本古籍庫（電子數據資源），第11～12頁。《欽定中樞政考（道光朝）》八旗卷十「領催族長議處通例」條，香港蝠池書院出版有限公司2012年版，第1133～1135頁。

〔註218〕光緒朝《欽定六部處分則例》卷二「軍營官員處分」條僅包含上述兩款，見光緒朝《欽定六部處分則例》卷二「軍營官員處分」條，文海出版社1971年版，第50～51頁。

抵，其餘因公處分仍照例准其抵銷。〔註219〕

本來先註冊後罰俸與內地官員比是特殊管理，但對於軍營人員卻是常態管理，反倒是後面兩款與內地官員基本一致，在軍營邊疆卻是例外。

道光朝《兵部處分則例》八旗卷一、《欽定中樞政考》八旗卷九「議處出師屯種人員」等條規定與之類似。〔註220〕

6、捐升人員

捐升人員官職與正常升調官職有差別，所以對其有特殊規定。捐升之銜在遇有處分時可否使用，並不是如正常升調官員以離任為判斷依據，而是以是否取得交代文結報部為依據：「凡現任各官援例捐升報捐離任後已取有交代文結報部，即係實已離任候選之員，遇有降調處分應照捐升品級降調。如雖捐離任尚未有交代文結報部，仍係現任官，遇有降調處分，概不准照捐升品級降調。」〔註221〕

7、土官

土官與流官不同，因此土官管理係屬特殊。光緒朝《吏部處分則例》、《欽定六部處分則例》卷二「土官處分」條規定了土官犯罪議處的具體適用條款：

> 一、土官處分應降一級、二級、三級調用者，止降一級留任；
> 應降四級、五級調用者，止降二級留任；應革職者，止降四級留任。
> 如遇貪酷不法等罪，仍行革職。其餘因公罣誤例應革職等罪俱免革
> 職，止降四級留任。
> 一、土官罰俸、降俸、降職等處分俱案（筆者注：同按）其品
> 級計俸罰米，每俸銀一兩罰米一石（廣西省仍照例罰銀）。〔註222〕

〔註219〕《吏部處分則例（光緒朝）》卷二「軍營官員處分」條，香港蝠池書院出版有限公司 2004 年版，第 17 頁。

〔註220〕詳見《兵部處分則例（道光朝）》八旗、綠營卷一「議處出師屯種人員」條，中國基本古籍庫（電子數據資源），第 6～7、166 頁。《欽定中樞政考（道光朝）》八旗卷九「議處出師屯種人員」條，香港蝠池書院出版有限公司 2012 年版，第 1071～1079 頁。

〔註221〕《吏部處分則例（光緒朝）》卷二「捐升人員處分」條，香港蝠池書院出版有限公司 2004 年版，第 31 頁。亦見光緒朝《欽定六部處分則例》卷二「捐升人員處分」條，文海出版社 1971 年版，第 84～85 頁。

〔註222〕《吏部處分則例（光緒朝）》卷二「土官處分」條，香港蝠池書院出版有限公司 2004 年版，第 20 頁。亦見光緒朝《欽定六部處分則例》卷二「土官處分」條，文海出版社 1971 年版，第 53～54 頁。

二、因職位身份處於特殊狀態而特殊處分

　　除上述官職本身具有特殊性以外，還有官員本人或職任流轉等特殊狀態，亦與正常情況不同，因此適用的則例條款也有不同。主要包括以下幾種情形。

1、老病支食半俸王公處分

　　王公係宗室貴族，享有一定特權及其保障，老病支食半俸王公尤其如是：「凡老病支食半俸王公，遇有前在職任內犯貪劣營私等項款跡，仍行覈辦外，至罰俸、降、革留任等項，俱免其查議。若前任有應降調處分，即按前任職任品級，每級扣俸若干，於王公半俸內計扣，擬照降級留任例，三年開復。應行革職者，即照前任職任品級，每級扣俸若干，於王公半俸內計扣，擬照革職留任例，四年開復。」〔註223〕

2、大銜借補小缺人員處分

　　大銜借補小缺情況較為特殊，這樣的人員遇到處分適用光緒朝《吏部處分則例》、《欽定六部處分則例》卷二「大銜借補小缺人員處分」條規定：「係照原銜陞轉者，仍照原銜降調。其原有虛銜准其隨帶降調之任。倘現缺無級可降即行革任，仍給與所餘職銜，不准銓選。至計參才力不及、浮躁等官無論是否照原銜陞轉，概照現缺降調。」〔註224〕

3、有承緝督緝未完案件升調離任官員處分

　　承緝、督緝是地方官員一大責任，最易因此得咎被處。官員或因別案降革，或因終養，或因病假，或因奉旨升調種種原因離任，其有承緝督緝未完案件原任處分不論是罰俸多少還是住停陞降俸或是降級、革職，均「罰俸一年完結」。對於特旨升調人員則「罰俸之案仍以罰俸一年完結外，如應議降一

〔註223〕《欽定王公處分則例（朝代不明）》卷首「老病支食半俸王公處分」，載楊一凡、田濤主編：《中國珍稀法律典籍續編》第六冊，黑龍江人民出版社2002年版，第320頁。亦見《欽定王公處分則例（咸豐朝）》「現定則例」條，香港蝠池書院出版有限公司2004年版，第361～362頁。

〔註224〕《吏部處分則例（光緒朝）》卷二「大銜借補小缺人員處分」條，香港蝠池書院出版有限公司2004年版，第17頁。亦見光緒朝《欽定六部處分則例》卷二「大銜借補小缺人員處分」條，文海出版社1971年版，第51頁。《兵部處分則例（道光朝）》八旗卷一「參領兼佐領處分」條，中國基本古籍庫（電子數據資源），第9頁。《欽定中樞政考（道光朝）》八旗卷十「參領兼佐領處分」條，香港蝠池書院出版有限公司2012年版，第1048頁。

級留任者，改為罰俸二年，降級調用者改為降級留任，應議革職者改為革職留任，均帶於升任扣滿年限開復。」〔註225〕

4、候補候選官員處分

官職有限，所謂僧多粥少，從官僚體制上看，官員候補候選本為常態，但從個人任職上看卻是處於特殊狀態，類似今天失業狀態。對這樣的人處分例有專條：「罰俸處分候補官於補官日罰俸，候選官於得官日罰俸……其降革留任處分亦照此例行。若係降調之案俱云照例降幾級調用，革職之案俱云照例革職。」〔註226〕

5、休致官員處分

官員休致亦屬特殊狀態，若遇處分分別情況適用特殊規定條款：「休致官員原任內應得加級紀錄仍照例註冊，遇有原任內處分例止罰俸及降留、革留者，俱准其免議，降調者，仍准其抵銷；若例應降調而無級可抵或事屬私罪係例不准抵者，仍案（筆者注：同按）級降其頂帶，例應革職者仍革去職銜。」〔註227〕

6、查辦廢員

廢員已是去官，非屬官員狀態，但有些官員並非與廢員相同，其暫屬非正常狀態而已，如有官可補或邀賞過頂戴職銜的人，對於這些人若在此時遇有處分適用特別條款：「特旨查辦廢員，凡已邀恩賞過職銜頂帶及有官可補人員概行扣除，毋庸與廢員一律查辦。」〔註228〕

前從文本規定列舉了特殊人群處分，現舉一處分案例，以觀對待特殊人群處分實際適用情況。道光十年九月十六日署兵部尚書穆彰阿議處湖北罷軟

〔註225〕《兵部處分則例（道光朝）》綠營卷一「承緝督緝官員離任分別限內限外應議處分」條，中國基本古籍庫（電子數據資源），第165～166頁。

〔註226〕《吏部處分則例（光緒朝）》卷二「候補候選等官處分」條，香港蝠池書院出版有限公司2004年版，第17～18頁。亦見光緒朝《欽定六部處分則例》卷二「候補候選等官處分」條，文海出版社1971年版，第51頁。

〔註227〕《吏部處分則例（光緒朝）》卷二「休致官員處分」條，香港蝠池書院出版有限公司2004年版，第19頁。光緒朝《欽定六部處分則例》卷二「老病休致官員處分」條尚包含有老病情形，見光緒朝《欽定六部處分則例》卷二「老病休致官員處分」條，文海出版社1971年版，第53頁。

〔註228〕《吏部處分則例（光緒朝）》卷二「查辦廢員」條，香港蝠池書院出版有限公司2004年版，第39頁。亦見光緒朝《欽定六部處分則例》卷二「查辦廢員」條，文海出版社1971年版，第83頁。

吉全、湖南年老周係果事。

經筵日講起居注官太子少保署兵部尚書工部尚書臣穆彰阿等謹題爲官員劾參事。該臣等議得，兵科抄出湖廣總督嵩孚題道光拾年已屆貳年半薦舉之期，查有罷軟官壹員，係湖北鄖陽鎮標右營守備吉全，年老官壹員，係湖南辰州城守營右哨千總周係果，或操防疏懈，或精力漸衰，均難姑容，應請分別議處。再湖北湖南撫標均無應劾人員，合併陳明等因，於道光拾年柒月貳拾叁日題，捌月貳拾叁日奉旨，吉全等著分別議處具奏。該部知道。欽此。欽遵抄出到部。除湖北湖南撫標既無應劾之員毋庸議外，查定例，「副將參將游擊都司守備千總每貳年半薦舉壹次，該總督巡撫等盡心詳查，如有劣員一併糾參，照軍政八法例分別議處。」又定例，「軍政計典官員罷軟者，革職；年老有疾者勒令休致。該總督巡撫提督總兵詢問伊等有情願赴部者，自部覆文到之日起限陸個月內呈請給咨赴部引見」等語。今湖北鄖陽鎮標右營守備吉全既據該督疏稱操防疏懈，應照軍政計典罷軟官員之例革職。湖南辰州城守營右哨千總周係果精力漸衰，應照軍政計典年老官員之例勒令休致，仍令該督詢問各該員如有情願赴部者照例給咨赴部引見。俟命下之日遵奉施行。再，此本科抄於捌月貳拾叁日到部，玖月拾陸日具題。臣等未敢擅便，謹題請旨。

道光拾年玖月拾陸日

經筵講官內大臣兵部尚書鑲白旗滿洲都統臣松筠、經筵日講起居注官太子少保署尚書工部尚書臣穆彰阿……等人（後 13 人均是兵部侍郎、員外郎、主事銜）

依議。〔註229〕

本章小結

本章在前文探討的基礎上，進一步努力，試圖歸納則例適用的基本原則。本章是全文三個「外部—內部」層次的最核心內部：從歷史的發展視角看則例是外部觀察的話，則例條款的適用以及與其他法律形式的關係可算內部觀

〔註229〕中國第一歷史檔案館：內閣全宗，檔案號：02-01-02-2719-017。

察視角，此爲第一層；若將則例與其他法律形式關係視爲外部觀察視角的話，則例之間以及則例的條款之間如何適用可算更進一步的內部觀察，此爲第二層；如果將則例「公式」與其他具體條款關係視爲外部觀察的話，對「公式」亦即基本原則性條款探討可謂又進一步的內部觀察，此爲第三層。本章對則例「公式」觀察，在此基礎上探討基本原則即是第三層最爲核心的內部觀察視角，因此本章也是全文的重心所在。

在層層深入的第三個內部觀察層次，我們仍可從兩個角度審視則例適用的基本原則：從縱向看，每一個基本原則都由不同方面構成，都和其他具體條款發生聯繫；從橫向看，每一個基本原則之間既有相對的獨立性質，又有在實際適用過程當中形成的次序與邏輯。縱向構成與獨立性從前面具體節目的設置已了然明晰，這裡再對實際操作過程中反映出的這些基本原則之間的邏輯次序進行集中提煉，以期更爲清楚地看到本章歸納基本原則的「背後原則」。

各部院各衙門以及內外臣工均有各自執掌，對各種法律形式的適用均與各部門職責有關，因此首先區分哪些案件適用則例，哪些不適用則例，確定適用則例的案件由哪個部門適用哪部則例亦需分別清楚，此爲探討則例適用基本原則的前提。優先適用則例原則，即是在各種法律形式比較中對各部院執掌需適用各種法律形式處理案件時的優先選擇。但因有適用領域的差別，此處優先是指則例與其他法律形式均可被採取適用的情況，較爲集中的體現即是六部與都察院、宗人府、內務府處理陞降、日常事務時適用依據，尤其是吏、兵、宗人府的處分則例的適用最有代表性。

確定適用則例以後要根據不同身份選擇不同的則例，在適用過程中不能隨意增刪裁剪則例條款。

這是首先從適用法條上考量。其次當分析被規範的犯罪情節。對沒有職位的普通民眾甚或奴僕，適用則例較爲簡單，基本直接適用罰則或《大清律例》；在有職任的官員則較爲複雜，這也是此基本原則層層邏輯深入的所在，也是探析其意義的興味之處。在王公，先要分別公事、私事，然後與文武職員一樣，區分公罪、私罪，因公罪、私罪的處罰不一樣。如果一人數案，則涉及法條競合或吸收或數罪並罰，在清代稱爲「罪名相因」。定好如何處罰，則又有加等、減等、免除議處的考量。則例規定有各種情況，但更多地是出於上裁。區分公罪、私罪是一個非常重要的基礎。公罪准許級紀議抵，不准

議抵的准許照例開復或者捐復。私罪並不允許議抵，只能適用開復或捐復，而條件同樣比公罪嚴苛。但在技術操作和容忍範圍上又給予了放寬考量，即無論議敘還是議處都只在官員一任，既避免重複，也防止混淆，但級紀議抵和開復捐復則不限於此。

人有生老病死，官有陞降進黜。在不斷變化流轉的官任官員之間如何矜恤或特職特人適用特法，以及級紀處分如何計算隨帶註銷等均是實際適用則例中需要特別考量的。這便是特殊人群處分有特殊適用。

至此，則官員處分適用則例的整個流程均已考量全面，在這個適用過程中，本章所歸納則例適用的基本原則環環相扣，構成較嚴密的邏輯鏈條，法律的周延性盡顯，清代則例龐雜卷帙中的清晰邏輯得以凸顯出來。

結　語

　　則例是清代最重要的法律形式之一。它卷帙浩繁，適用範圍廣泛。除中樞決策機構以外，所有行政系統及內府系統機構都是則例適用的主體，其適用的對象更是覆蓋了除皇帝以外的所有階層人群，上至皇族親眷、王公宗室，中至文武官員、幕友書吏，下至商販平民、宮奴家僕，甚至旁及土司、化外之人。正是則例適用主體機構性質多樣、對象人群身份複雜，決定了則例適用的具體方式多樣複雜：或者則例獨立適用，或者則例之間配合適用，或者與其他法律形式配合適用。然而在紛繁複雜的形式背後，尚存在著條理清晰的則例適用的一般原則。

　　通過前面對清代則例適用的主體、對象、具體方式、一般原則以及發展進程的探析我們已全面瞭解了清代則例適用的狀況。對比《大清律例》的適用，我們可以得到更宏觀的認識如下：

　　第一，則例適用的主體、對象與《大清律例》適用的範圍基本相同。

　　第二，則例適用的六種具體方式在《大清律例》的適用中均存在。

　　第三，則例適用的一般原則與《大清律例》適用的基本原則有同有異。相同的主要是部分內容，如依法適用、罪名相因、減免、官員特權、矜恤特殊人群等，不同的方面較爲複雜：首先，從規定方式上看，《大清律例》適用基本原則基本都在《名例》篇中有明確規定，則例的一般原則規定則散見在各個部分，需要我們整理提煉。其次，從適用效力上看，則例優先於《大清律例》適用。最後從規定內容上看，則例有因身份不同而差別適用的特殊性。

　　推究則例與《大清律例》適用原則存在差異的原因大概有以下幾點原因：一是卷帙種類差別。《大清律例》只有一種，所有規定均在其中，而則例有數

百種，每種卷冊條目繁多，因調整事務、適用對象不同所以才有差別適用的特殊性。二是則例的編纂限於規範細密具體，故對概括性原則性規定重視不足。三是比之《大清律例》囊括全面，每一種則例更專於某類事項，相當於特別規定之於一般規定，所以則例優先適用於《大清律例》。

　　總之，則例作為清代最重要的法律形式之一，它的適用得當與否關係著清代整個法律體系的適用清晰混亂局面，所謂「牽一髮而動全身」。釐析清楚清代則例的適用，也為進一步認識清代其他法律形式的適用，甚至對全面認識整個清代法律體系的適用奠定基礎，具有重要意義。

主要參考文獻

一、檔案材料與史料文獻

（一）檔案材料

1. 中國第一歷史檔案館藏：
   （1）內閣全宗，檔案編號：02。
   （2）軍機處全宗，檔案編號：03。
   （3）宮中硃批奏摺，檔案編號：04。
2. 中國第一歷史檔案館編：《康熙朝漢文硃批奏摺彙編》，檔案出版社 1984年版。

（二）史料文獻

1. 《欽定總管內務府現行則例》（朝代不詳，抄本）
2. 《欽定總管內務府現行則例》（朝代不詳，刻本）
3. 《欽定宮中現行則例》（光緒朝）
4. 《欽定宗人府則例》（光緒朝）
5. 《欽定王公處分則例》（咸豐朝）
6. 《欽定吏部則例》（雍正、乾隆二朝）
7. 《欽定吏部則例》（道光朝）
8. 《欽定吏部處分則例》（雍正朝）
9. 《欽定吏部處分則例》（乾隆朝）
10. 《欽定吏部處分則例》（光緒朝，原書標爲嘉慶朝《欽定吏部則例》，實爲光緒朝《吏部處分則例》）

11.《欽定戶部則例》（乾隆朝）

12.《欽定戶部則例》（同治朝）

13.《匠作則例》（朝代不詳，抄本）

14.《欽定戶部漕運全書》（道光朝）

15.《漕運則例纂》（朝代不詳，抄本）

16.《戶部海運新案》（道光朝）

17.《欽定戶部鼓鑄則例》（乾隆朝）

18.《欽定禮部則例》（乾隆朝）

19.《欽定禮部則例》（道光朝）

20.《欽定科場條例》（道光朝）

21.《續增科場條例》（咸豐朝）

22.《欽定學政全書》（嘉慶朝）

23.《欽定太常寺則例》（乾隆朝）

24.《光祿寺則例》（乾隆朝）

25.《欽定臺規》（道光朝）

26.《欽定臺規》（光緒朝）

27.《欽定工部則例》（嘉慶朝，原書標乾隆朝，實係嘉慶朝）

27.《欽定工部則例》（同治朝）

29.《欽定工部則例》（光緒朝）

30.《欽定工部續增則例》（嘉慶朝）

31.《工程做法則例》（雍正朝）

32.《九卿議定物料價值》（乾隆朝）

33.《乘輿儀仗做法》（朝代不詳，抄本）

34.《欽定八旗則例》（乾隆朝）

35.《欽定軍器則例》（乾隆朝）

36.《督捕則例》（乾隆朝）

37.《欽定理藩院則例》（道光朝）

38.《欽定回疆則例》（道光朝）

39.《蒙古律例》（朝代不詳，刻本）

以上出自《清代各部院則例》，香港蝠池書院出版有限公司 2004 年版。

40.《欽定宗室覺羅律例》（宣統朝）

41.《武英殿則例》（光緒朝，內府稿本）

42. 《總管內務府現行則例會計司》（同治朝，內府稿本）

43. 《總管內務府現行則例頤和園靜明園靜宜園》（光緒朝）

44. 《總管內務府續纂則例南苑》（道光朝，內府稿本）

45. 《續纂內務府現行則例上駟院右司》（乾隆朝，內府稿本）

46. 《續纂內務府現行則例》（乾隆朝，內府稿本）

47. 《總管內務府續纂現行則例圓明園暢春園南苑上駟院武備院造辦處織染局御茶膳房寧壽宮》（嘉慶、道光二朝，內府稿本）

48. 《國朝宮史》（乾隆朝，內府稿本）

49. 《國朝宮史續編》（嘉慶朝，內府稿本）

50. 《欽定戶部軍需則例》（乾隆朝）

51. 《浙海鈔關徵收稅銀則例》（雍正朝，浙江提刑按察使司刻本）

52. 《海運續案》（咸豐朝，呈進抄本）

53. 《欽定武場條例》（光緒朝）

54. 《欽定中樞政考》（乾隆朝）

55. 《欽定中樞政考續纂》（道光朝）

56. 《欽定金吾事例》（咸豐朝，內府刻本）

57. 《兵部督捕則例》（乾隆朝）

58. 《欽定旗務則例》（乾隆朝）

59. 《福州駐防志》（乾隆朝，進呈抄本）

60. 《三流道里表》（乾隆朝）

61. 《內廷工程做法》（乾隆朝）

62. 《營造司房庫例本》（朝代不詳，內府稿本）

63. 《鐵作例本》（朝代不詳，內府稿本）

64. 《畫匠房例本》（朝代不詳，內府稿本）

65. 《木庫例本》（朝代不詳，內府稿本）

以上出自盧山主編：《清代各部院則例續編》，香港蝠池書院出版有限公司 2012 年版。

66. 《欽定宮中現行則例》（咸豐朝）

67. 《內務府慶典成案》（乾隆朝）

68. 《欽定六部處分則例》（光緒朝）

69. 《光緒朝捐納則例》

70. 《欽定科場條例》（光緒朝）

71. 《欽定續增科場條例》（光緒朝）

72. 《四譯館例》（康熙朝）

73. 《奏定學堂章程》（光緒朝）

74. 《欽定國子監則例》（道光朝）

75. 《理藩院則例》（乾隆朝）

76. 《理藩院修改回疆則例》（乾隆朝）

77. 《欽定康濟錄》（乾隆朝）

78. 《賑濟》（嘉慶朝）

79. 《賑災全書》（道光朝）

80. 《粵海關志》（道光朝）

81. 《駐粵八旗志》（光緒朝）

82. 《荊州駐防八旗志》（光緒朝）

83. 《杭州駐防八旗營志略》（光緒朝）

84. 《北洋海軍章程》（光緒朝）

85. 《欽定滿洲祭神祭天禮》（乾隆朝）

以上出自盧山主編：《清代各部院則例（三編）》，香港蝠池書院出版有限公司
2013 年版。

86. 《兵部處分則例》（道光朝），中國基本古籍庫（電子數據資源）。

87. 《欽定六部處分則例》（光緒朝），載沈雲龍主編：「近代中國史料叢刊」，
文海出版社 1971 年版。

88. 王世襄主編：《清代匠作則例》，大象出版社 2000～2009 年版。

89. 王世襄編：《清代匠作則例彙編》，中國書店 2008 年版。

90. 《督捕則例》（乾隆八年武英殿版），中國政法大學圖書館藏。

91. 《乾隆朝旗鈔各部通行條例》，載楊一凡、田濤主編：《中國珍稀法律典籍
續編》第六冊，黑龍江人民出版社 2002 年版。

92. 《欽定王公處分則例》（朝代不詳），載楊一凡、田濤主編：《中國珍稀法
律典籍續編》第六冊，黑龍江人民出版社 2002 年版。

93. 《大清律例》（乾隆五年武英殿本），法律出版社 1999 年版。

94. 《大清律例》（道光六年四庫本），天津古籍出版社 1993 年版。

95. 《滿洲實錄、太祖高皇帝實錄》，中華書局 1986 年版。

96. 《太宗文皇帝實錄》，中華書局 1985 年版。

97. 《世祖章皇帝實錄》，中華書局 1985 年版。

98. 《聖祖仁皇帝實錄》，中華書局 1985 年版。

99.《世宗憲皇帝實錄》，中華書局 1985 年版。

100.《高宗純皇帝實錄》，中華書局 1985 年版。

101.《仁宗睿皇帝實錄》，中華書局 1986 年版。

102.《宣宗成皇帝實錄》，中華書局 1986 年版。

103.《文宗顯皇帝實錄》，中華書局 1986 年版。

104.《穆宗毅皇帝實錄》，中華書局 1987 年版。

105.《德宗景皇帝實錄》，中華書局 1987 年版。

106.《宣統政紀》，中華書局 1987 年版。

107. 于浩輯：《明清史料叢書八種》第三冊，北京圖書館出版社 2005 年版。

108.《大清會典則例》（乾隆朝），載戴逸主編：「文津閣四庫全書清史資料彙刊」，商務印書館 2005 年版。

109.《大清會典事例》（嘉慶朝），載沈雲龍主編：「近代中國史料叢刊」，文海出版社 1971 年版。

110.《大清五朝會典》，線裝書局 2006 年版。

111.（清）趙爾巽等編：《清史稿》，中華書局 1977 年版。

112.（清）賀長齡輯：《皇朝經世文編》，載沈雲龍主編：「近代中國史資料叢刊」，文海出版社 1971 年版。

113.（清）葛士濬輯：《皇朝經世文續編》，載沈雲龍主編：「近代中國史資料叢刊」，文海出版社 1971 年版。

114.（清）祝允祺輯：《邢案彙覽全編》，法律出版社 2007 年版。

115.（清）全士潮等纂輯：《駁案彙編》，法律出版社 2009 年版。

116.（清）許槤等纂輯：《刑部比照加減成案》，法律出版社 2009 年版。

117.（清）吳坤修等編撰、郭成偉等點校：《大清律例根原》，上海辭書出版社 2012 年版。

118.（清）嵇璜等纂：《清朝通典》，浙江古籍出版社 1988 年版。

119.（清）嵇璜等纂：《清朝通志》，浙江古籍出版社 1988 年版。

120.（清）嵇璜等纂：《清朝文獻通考》，浙江古籍出版社 1988 年版。

121.（清）黃本驥編：《歷代職官表》，上海古籍出版社 2005 年版。

122. 福建省少數民族古籍叢書編委會編：《畬族卷——家族譜牒》，上冊，海風出版社 2011 年版。

123. 張傳璽主編：《中國歷代契約萃編》，北京大學出版社 2014 年版。

二、工具書

1. 蒲堅編著：《中國法制史大辭典》，北京大學出版社 2015 年版。

三、研究論著

（一）學術專著

1. 楊一凡、劉篤才：《歷代例考》，社會科學文獻出版社 2012 年版。
2. 李永貞：《清代則例編纂研究》，中國出版集團、世界圖書出版公司 2012 年版。
3. （清）薛允升著，胡興橋、鄧又天主編：《讀例存疑點注》，中國人民公安大學出版社 1994 年版。
4. 王彥章：《清代獎賞制度研究》，安徽人民出版社 2007 年版。
5. 常越男：《清代考課制度研究》，北京大學出版社 2010 年版
6. 劉廣安：《清代民族立法研究》，中國政法大學出版社 1993 年版。
7. 鄭秦：《清代司法審判制度研究》，湖南教育出版社 1988 年版。
8. 張晉藩主編：《清朝法制史》，中華書局 1998 年版。
9. 錢大群：《唐律研究》，法律出版社 2000 年版。
10. （臺）戴炎輝編著，戴東雄、黃源盛校訂：《唐律通論》，元照出版公司 2010 年版。
11. 楊一凡總主編、寺田浩明主編：《中國法制史考證》丙編第四卷，中國社會科學出版社 2003 年版。
12. 那思陸：《清代中央司法審判制度》，北京大學出版社 2004 年版。
13. 蘇亦工：《明清律典與條例》，中國政法大學出版社 2000 年版。

（二）期刊論文

1. 王鍾翰：《清代則例及其與政法關係之研究》，載氏著《王鍾翰清史論集》第 3 冊，中華書局出版社 2004 年版。
2. 王鍾翰：《清代各部署則例經眼錄》，載氏著《王鍾翰清史論集》第 3 冊，中華書局出版社 2004 年版。
3. 張晉藩、林乾：《〈戶部則例〉與清代民事法律探源》，載《比較法研究》2001 年第 1 期。
4. 林乾：《關於〈戶部則例〉法律適用的再探討》，載《法律史學研究》第一輯，中國法制出版社 2004 年版。
5. 劉廣安：《〈大清會典〉三問》，載《華東政法大學學報》2015 年第 6 期。
6. （日）谷井陽子：《清代則例省例考》，載楊一凡總主編、寺田浩明主編：

《中國法制史考證》丙編，第四卷，中國社會科學出版社 2003 年版。

7. 岸本美緒：《關於清代前期定例集的利用》，原文收入（日）山本英史編：《中國近世の規範と秩序》，公益財團法人東洋文庫，2014 年；中譯文本由顧其莎譯，載中國政法大學法律古籍整理研究所編、徐世虹主編：《中國古代法律文獻研究》，第八輯，社會科學文獻出版社 2014 年版。

（三）學位論文

1. 袁自永：《論清代回疆法律及其適用》，西南政法大學，碩士學位論文，2002 年。

2. 劉炳濤：《清代發遣制度研究》，中國政法大學，碩士學位論文，2004 年。

3. 陳一容：《清代官吏懲戒制度研究》，西南師範大學，碩士學位論文，2005 年。

4. 焦利：《清代監察法研究》，中國政法大學，博士學位論文，2006 年。

5. 張振國：《清代文官選任制度研究》，南開大學，博士學位論文，2010 年。

6. 胡小平：《清代官吏懲治施行研究》，西南大學，碩士學位論文，2011 年。

7. 張揚：《清代行政處分制度初探——以〈欽定六部處分則例〉爲中心》，蘇州大學，碩士學位論文，2011 年。

8. 苟曉敏：《清朝官員懲處立法及其實踐研究》，四川師範大學，碩士學位論文，2012 年。

附錄：
咸豐朝《欽定王公處分則例》所載案例

附表：咸豐朝《欽定王公處分則例》記載案例

序號	時間	被處分人（帶職銜）	犯罪情節	犯罪性質	判罰依據	案例引斷方法	則例條目	頁碼
1	道光二年	宗人府堂官	議處和碩莊親王綿課處分失之過輕成案	公罪		引例	議處失輕	270
2	道光十九年	和碩睿親王仁壽	在領侍衛內大臣任內將曾因品行不堪由乾清門侍衛降補大門侍衛之員保舉侍衛什長奉旨改爲降三級留任不准抵銷	私罪		比例	揀補非人	29
3	嘉慶二十五年	多羅貝勒奕紹	於已革欽天監司書遽補食糧天文生成案	公罪		引例	挑補未協	31
4	道光十七年	值年大臣順承郡王春山等	於護軍統領保送不通蒙古文義人員爲察哈爾總管，揀選時未能留心查察，率行帶領引見	公罪	係照此例於原保堂官降一級留任處分上減爲罰職任俸一年	注：與現例罰同	揀選外任人員不能勝任	33

— 171 —

5	1、嘉慶十九年；2、嘉慶二十年；3、道光十一年	1、領侍衛內大臣多羅榮郡王綿億等；2、領侍衛內大臣和碩肅親王永錫；3、都統多羅貝勒奕繪	1、保送應放總管人員錯誤；2、將滿侍衛入於漢侍衛數內；3、揀選應放佐領人員誤將曾經獲咎之人列入，又復撤去，致令具呈申訴	公罪	2、3均係於承辦屬員降一級留任處分上減為罰俸一年	1照例	升補官員錯擬正陪	35～36
6	道光二十六年	固山貝子奕格	前鋒統領任內揀選應升人員箭射無準，奉旨將該員罰俸，另行揀選	公罪		照例	揀選應升人員弓馬生疏	37
7	道光十九年	多羅定郡王載銓	前在署理戶部三庫事務任內失察緞疋庫庫吏，懸缺漏未充補成案	公罪	係於緞疋庫司員照經手遺漏例罰俸一年處分上減為罰俸六個月	注：與現例罰同	懸缺遺漏充補	39
8	道光二十六年	和碩鄭親王端華	因前在侍郎任內失察屬員得受書吏陋規	公罪		比例	失察劣員	41
9	道光七年	奉恩鎮國公奕奎等	所屬司員互稟剋扣錢糧成案；議以折罰世職俸九半年奉旨改為罰公俸六半年	私罪		引例	徇庇屬員	43
10	嘉慶二十一年	和碩肅親王永錫	阿蘭保奉派出差回京時不即赴行在覆命，私回侍衛營住宿三夜，未能查出參奏成案	公罪		比例	失察所屬奉派出差回京遲於覆命	45
11	咸豐元年	奉恩鎮國公奕興	承辦欽部事件逾限一月以上自請交議，奉旨改為察議	公罪	係照此例減為罰職任俸九個月		欽部事件遲延	47
12	嘉慶十一年	和碩定親王綿恩	於屬員開送應議職名遲延罰俸六個月	公罪		照例	在京衙門事件遲延	49

13	嘉慶十四年	和碩莊親王綿課	因承修裕陵隆恩殿工程完竣，應繳回殘磚木遲至五年之久並未回繳成案	公罪	係於承修監督等按照任意耽延例降一級調用處分上減爲降一級留任		失察回繳官物遲延	51
14	嘉慶八年	奉恩鎮國公永玉	因領催送文遲誤失於覺察罰俸三個月成案	公罪		與例相符	送文遲誤	53
15	道光十八年	和碩肅親王敬敏等	於學長呈報襲爵人員將現任官員誤寫告退字樣未經查出，於該學長降二級留任，承辦官降一級留任處分上遞減爲罰俸一年成案	公罪	查例載，官員於襲替官職入者降三級調用，扶同徇隱之佐領驍騎校降二級調用。如失於查察降二級留任等語。此案於原報官失於查察降二級留任上遞減爲罰俸一年	與例相符	辦理世職家譜遺漏舛錯	55～56
16	嘉慶十三年	和碩儀親王永璿	都統任內辦理承襲雲騎尉未將額勒登保改名伊爾通阿，敕書送部更改	公罪	係於承辦之員照疏忽例罰俸三個月處分上減爲罰俸一個月		失察襲職敕書遺漏更名	57
17	嘉慶七年	和碩成親王永瑆	都統任內失察屬員辦理承襲雲騎尉遲誤，係自行檢舉	公罪	照例減爲罰職任俸三個月		遺漏承襲世職	59
18	道光二十一年	和碩惠親王	失察佐領辦理承襲世職遺漏聲敘過繼字樣成案	公罪	係於佐領照經手遺漏例罰俸一年處分上遞減爲罰俸六個月		辦理襲職遺漏聲敘事故	61
19	嘉慶十三年	成親王永瑆等	領侍衛內大臣任內開列奏請放缺名單不將曾經獲咎人員查明聲敘成案	公罪			升補官員漏敘事故	63～65

20	嘉慶十二年	和碩成親王永瑆	揀選派往西寧差委人員內有不應列入之人原咨冊內並未扣除未能查出	公罪		照例	揀選差委人員失察原冊錯誤	67
21	嘉慶十二年	固山貝子綿志	送挑派往西寧差委人員內有已經派往別處不應列入揀選之員並未聲明扣除	公罪		引例	造冊送選錯誤	69
22	嘉慶二十一年	固山貝子奕紹	辦理應行備選秀女係恕妃之侄女未經照例註明成案	公罪	查例載，官員揀選補放引見如非本身履歷，承辦官造報舛錯罰俸九個月公罪等語。此案應於該旗參領等罰俸九個月例上遞減為罰俸三個月		備選秀女履歷舛錯	71
23	嘉慶二十四年	和碩定親王綿恩	揀選補官人員例應行查有無別項應補之員遺漏行查即行帶領引見事後檢舉議罰職任俸三個月成案	公罪			遺漏行查	73
24	嘉慶二十年	多羅貝勒綿譽等	守護陵寢任內因有副管領缺出誤將曾經獲咎之人擬正，應於原保送之員降二級調用例上減為降二級留任。	公罪	查例載，保升人員若犯有貪劣奉旨將原保之堂官交部查議者降二級留任公罪	此案若比例亦屬相符	揀選擬正人員漏未查明原案	75
25	咸豐元年	多羅貝勒奕夢等	守護陵寢任內失察屬員私用官圈草節成案	公罪	因察議減為罰俸一年	比例	失察私用官物	77
26	道光三年	多羅貝勒綿譽	因覺羅學副管私租官房等情派查汛員未將情弊查出參辦成案	公罪		比例	私動官物未能查出參辦	79

27	嘉慶八年	和碩定親王綿恩	管理欽天監失察陰陽生私當方斗銅壺成案	公罪	查例載，不實力稽查官兵皀役以致竊失文書冊籍存公銀兩者，罰俸一年。此案應於該管司員處分上減等照不實力稽查罰俸六個月			私當官物	81
28	道光二年	和碩肅親王敬敏等	失察該管鑲黃旗蒙古子爵德奎多報伊子年歲一案	公罪			引例	失察虛報年歲	82
29	嘉慶二十四年	和碩肅親王永錫等	派人進內探聽公事奉旨交兵部會同宗人府嚴加議處。議將兼職任之王公照不應重公罪降二級留任例，係奉旨嚴議，議以降三級留任，未兼職任之王公照不應重私罪降三級調用例，係奉旨加等嚴議，議以降四級調用。聲明兼職任之王公各按所兼品級扣俸，未兼職任之王公每一級折罰世職半俸三年等因。奉旨兼職任之肅親王永錫等各折罰王貝勒公俸六年，不兼職任之禮親王麟趾等各折罰王貝勒貝子公俸十二年。嗣後再有探聽召見起數及任	私罪				派人進內探聽公事	85~86

			外人之等因本 公革職事。之公，欽，往伊 此事探犁				
30	道光十 八年	和碩惇親王 綿愷	在府第園寓囚 禁多人，藏匿 優伶，議革去 王爵成案	私罪	查例載，犯 違制杖一 百，私罪革 職。奉旨降 爲郡王	與例相符	違例囚禁 多人	87
31	道光十 八年	奉恩輔國公 奕顥	爲揀選佐領向 功普囑託將前 鋒校吉慶選入 成案	私罪	查律載，監 臨勢要爲人 囑託者杖一 百，又例載， 官員犯私罪 杖一百革職 離任等語。奉 旨革去公 爵，發往盛京 效力贖罪	照例	囑託營私	89
32	道光二 十九年	固山貝子綿 岫	於都統任內失 察旗員侵蝕庫 款	公罪		照例	失察屬員 侵欺倉庫 錢糧	91
33	嘉慶十 年	奉恩輔國公 弘矗	失察雲騎尉在 鑾駕庫曠誤隨 班	公罪		照例	失察屬員 倉庫誤班	93
34	道光二 十三年	多羅定郡王 載銓等	因盤查銀庫於 庫項短少未能 查出參辦成案	私罪	查例載，直 省府庫錢糧 責成該管道 府，於奏銷 時親往盤查 具結呈送督 撫，倘出結 之後查出侵 挪虧空者， 將該管道府 革職分賠。 私罪等語。	與例相符	倉庫虧短	95
35	道光二 十四年	奉恩鎮國公 永康等	失察景陵陳設 被鼠嚙傷	公罪	係照此例於 郎中等降一 級調用罰俸 一年處分上 減爲降一級 留任，准其 抵銷。奉旨 著改爲降二 級留任不准 抵銷	照例	監守不愼	97

36	嘉慶八年	奉恩輔國公慶怡	於都統任內失察養育兵代馬甲在飯銀庫該班成案	公罪		照例	頂冒該班	99
37	嘉慶十五年	和碩儀親王永璇等	失察馬甲夥竊庫銀一案	公罪	係引此例，於該管官降一級留任兼轄官罰俸一年處分上減爲罰俸六個月	引例	失察盜竊庫銀	101
38	道光十三年	和碩定親王奕紹	失察屬員私借生息銀兩一案	公罪	議將本任上司罰俸一年，接任未經查出之定親王奕紹減爲罰俸六個月	照例	私借庫款	103
39	嘉慶十二年	和碩成親王永瑆	都統任內失察披甲偷竊倉米	公罪		照例	失察偷盜倉糧	105
40	嘉慶十六年	和碩定親王綿恩	管理火器營任內失察鳥槍護軍受雇在倉頂替該班	公罪		照例	看守倉庫兵丁曠班雇替	107
41	道光六年	和碩瑞親王綿忻	失察成案	公罪	係於專管官降一級調用罰俸一年處分上遞減爲罰俸一年		失察庫存書籍被竊	109
42	道光二十三年	都統多羅定郡王載銓等	失察驍騎校冒領錢糧成案	公罪		照例	失察冒領錢糧	111
43	嘉慶十四年	正紅旗滿洲都統和碩儀親王永璇	失察旗婦賣女成案	公罪	查例載，正身旗人子女私自典賣，將失察之參領罰俸六個月等語。此案該都統應於該旗參領罰俸六個月處分上減爲罰俸三個月		失察旗人典賣子女	113
44	嘉慶十二年	和碩莊親王綿課	都統任內失察旗女漏檔成案	公罪	查例載，挑選秀女時，該佐領不行詳查，遽以轉報者，罰		失察旗女漏檔	115

					俸六個月等語。此案係於佐領罰俸六個月處分上減爲罰俸一個月			
45	1、道光六年；2、嘉慶十一年；3、道光三年	1、都統和碩鄭親王烏爾恭阿；2、都統固山貝子綿志；3、都統奉恩鎮國公奕顥	1、失察馬甲抱養民人爲嗣；2、失察民人頂名冒入旗檔；3、於馬甲抱養過繼在前，接任後不能查出	公罪		照例	失察民人冒入旗籍	117
46	道光二十二年	都統和碩肅親王敬敏等	失察領催冒領賞銀成案	公罪		照例	失察冒領紅白銀兩	119
47	道光二十一年	都統和碩鄭親王烏爾恭阿	承追分賠銀兩未能依限完繳成案	公罪		照例	督催應賠銀兩不力	121
48	道光二十九年	多羅貝勒奕梦等	守護陵寢任內因屬員領餉中途疏失	公罪	係照議處總兵例議以降一級留任		營員領餉中途疏失	123
49	道光八年	多羅貝勒奕梦	守護陵寢任內具奏散放兵役餉米摺內誤將工部匠役列入	公罪	因察議，減爲罰俸三個月	比例	造冊遺漏	125
50	嘉慶五年	和碩成親王永瑆	總理戶部失察司員造冊舛錯	公罪		照例	造冊舛錯	127
51	嘉慶二十三年	奉恩輔國公晉昌	將軍任內因佐領崔瑚將賑銀換錢遣人送往水師營散放，被協領克興額扣存未放未能查出成案	公罪	查例載，八旗放餉，佐領等不驗看散給，降一級調用等語。此案係於該佐領比照不驗看放餉降一級調用處分上遞減爲罰俸一年		失察屬員辦理賑務未協	129
52	咸豐元年	和碩睿親王仁壽	呈遞綠頭牌錯誤	公罪		比例	呈遞引見綠頭牌錯誤	131
53	道光二十一年	定邊左副將軍公奕湘	保舉期滿章京於並未以員外郎補用之員率稱奉旨允准成案	公罪		比例	奏事牽混	133

54	嘉慶十二年	烏里雅蘇臺將軍公成寬	失察監犯越獄未請議處	私罪		引律	漏請議處	135
55	嘉慶四年	軍機大臣成親王永瑆	於寄信諭旨繕寫歧誤成案	公罪		引例	陵寢字樣繕寫歧誤	137
56	嘉慶八年	奉恩輔國公崇尚	先因具奏駝價滋生等項銀兩摺內並未聲明數目，續經奉旨飭查，又復含糊覆奏	私罪		照例	含糊題奏	139
57	嘉慶十一年	和碩儀親王永璇等	於宗令任內失察嘉慶六年所奉命名諭旨一道漏未轉傳成案	公罪	查例載，凡將欽奉上諭並特旨交辦事件遺失者，將經手之員降一級留任，再罰俸一年。遺漏者，降一級留任。如將尋常事件遺失者，降一級留任，遺漏者，罰俸一年。公罪等語。此案應於經手之員降一級留任處分上減為罰俸一年		遺漏上諭	141
58	嘉慶二十四年	多羅貝勒永鋆	遺（呈？）遞值班名單失誤	公罪		引例	失誤本章	143
59	嘉慶十七年	和碩儀親王永璇	刊發御製詩章未能敬謹詳校，於頒賞後始行看出筆誤	公罪	係引此例酌加議罰俸六個月		刊刻御製詩章等項錯誤	145
60	嘉慶八年	奉恩輔國公崇尚	呈遞賀表摺內僅繕寫戈什哈，未將所差兵丁名姓繕寫	公罪		照例	奏文奏章遺漏錯誤	147
61	道光十三年	和碩惇親王綿愷等	於軍民剃髮停止宴會等事妄加援引未能允協，係嚴議之件	私罪	照此例加等議以降三級調用		妄行條奏	149

62	道光十八年	和碩睿親王仁壽	於屬員將滿文學生作爲漢教習成效並未詳細查明成案	公罪		照例	不行查明率爲題奏	151
63	咸豐四年	和碩恭親王奕訢	於軍機大臣任內承旨錯誤	公罪	議以罰俸三個月，聲明係自行檢舉可否寬免奉旨著罰俸三個月。欽此	照例	承旨錯誤	153
64	咸豐六年	固山貝子綿勳	於多爾濟那木凱另有別項差使，接班稍遲，遽行負氣參奏成案	私罪		比例	負氣妄言	155
65	道光四年	和碩定親王奕紹	於祭祀冊內未將告祭日期敬謹載入成案	公罪		與例相符	遺漏告祭日期	157
66	道光十一年	多羅貝勒綿志	遲誤致祭時刻成案	私罪	查例載，祭祀齋戒不到罰俸一年	與例相符	祭祀遲誤時刻	159
67	1、嘉慶十三年；2、咸豐六年	1、和碩定親王綿恩；2、和碩鄭親王端華	1、選擇致祭龍神廟日期，是日適值忌辰成案；2、管理欽天監任內錯擇祭祀日期自行查出檢舉更正。將可否寬免之處請旨，奉旨，著寬免。欽此	公罪		1 引律 2 照例	錯擇祭祀日期	161
68	嘉慶元年	定親王綿恩	錯擇開印時刻成案	公罪		引例	選擇吉日錯擬時刻	163
69	道光十六年	奉恩輔國公載銓	在鑾儀衛掌衛事大臣任內於天神壇祈雨典禮錯誤。因嚴議議以降一級留任	公罪		比例	祭祀降輿處所禮節舛錯	165～166
70	道光元年	多羅貝勒奕紹	不俟各案班齊率行先跪議罰職任俸六個月不准抵銷。	公罪	查例載，贊引舛錯者罰俸六個月，祭時陳設器具不齊者承辦之員罰俸一年。俱公罪。	此案比（與？）例相符	獻爵失儀	167

71	1、嘉慶十二年；2、咸豐六年	1、固山貝子奕純；2、固山貝子載鈞	1、一年內陪祀三次不到；2、應行陪祀臨時患病未能隨同行禮	私罪		照例	祭祀齋戒不到	169
72	嘉慶七年	固山貝子永碩等	失察成案	公罪	係於承辦之員比照祀物缺少杖八十律公罪降二級留任處分上遞減為罰俸六個月		祀物缺少	171
73	嘉慶九年	固山貝子奕紹	護軍統領任內失察參領遺失印鑰成案	公罪	查例載，守門官員遺失鎖鑰者，該班護軍校罰俸一年，公罪。同班護軍校罰俸六個月，公罪等語，此案應照該司員處分上減為照失察例罰俸三個月		遺失印鑰	173
74	道光二十年	和碩鄭親王烏爾恭阿	都統任內失察佐領擅給鞄頭匠圖片成案	公罪	查例載，武職員弁妄用印信關防鈐記者，降一級調用，私罪等語。此案應於該佐領處分上遞減為罰俸一年。因察議減為九個月		失察屬員擅用圖記	175
75	1、無時間；2、嘉慶十六年；3、道光十二年	1、歷科監射較射王公；2、覆試之王大臣；3、原圍監射及從前覆試之王大臣	1、遵照歷科監射較射王公成案；2、欽奉諭旨所議罰俸均著實罰，不准抵銷，謹按歷科武舉於殿試時因技藝不符罰科者，覆試之王大臣均照監射	公罪		1、照例	武舉覆試罰科	177～178

				公罪 私罪				
			大臣處分減等核議，罰職任俸三個月，不准抵銷； 3、補行殿試仍罰殿試舉人前次石力不符，此次弓力不符，仍罰殿試及弓刀石三項俱不符將中試字樣註銷者，未便遽援舊案免議。王大臣仍應照例議處					
76	道光十五年	多羅慶郡王綿愍	考試武舉原成案開十二弓力填寫爲十三力	公罪		引例	誤填弓力	179
77	道光十六年	和碩睿親王仁壽等	監射送考進士慶廉成案	公罪	係比照甄別考驗應行斥革之員不即揭參例降二級留任		形同殘廢之人率准考試	181
78	嘉慶十七年	和碩睿親王端恩等	考驗軍政奉旨將列爲一等之恩騎尉舒齡阿改爲三等成案	公罪；不准抵銷			軍政列爲一等人員改爲三等	183
79	道光二十五年	和碩睿親王仁壽等	考驗軍政選列引人員箭射無準	（未標）		比例	軍政卓異官員箭射無準	185
80	道光二年	多羅莊郡王綿課	正黃旗保列卓異官五員奉旨將三員改入二等，餘二員步箭才具俱屬中平。將都統多羅莊郡王綿課交部察議，係比照薦舉匪人降二級調用例減爲降一級調用，奉旨改爲降一級留任	私罪			軍政薦舉	187
81	嘉慶十八年	前鋒統領多羅貝勒綿志	所管前鋒章京等步射生疏議以降二級留任成案	公罪		比例	所屬官兵技藝生疏	189

82	道光十四年	奉恩鎮國公奕湘等	守護陵寢任內失察僧人借住營房毆傷總管。聲明陵寢重地應加等議以革職留任	公罪		比例	失察營房容留匪人	191
83	嘉慶十三年	奉恩輔國公永玉	因在健銳營進班以致看操未到，惟並未預先告知究有不合	公罪	係照此例上減為罰俸六個月		操演未到	193
84	道光十五年	和碩定親王奕紹等	管理火器營操演未能齊整	公罪		比例	操演槍炮不齊	195
85	咸豐元年	和碩惠親王	失察兵民在營房聚賭成案	公罪	查例載，兵役犯賭將失察之本管都統等官罰俸三個月，公罪等語	與例相符	失察兵民在營房聚賭	197
86	道光八年	和碩鄭親王烏爾恭阿等	失察先農壇門內放進馬匹	公罪		照例	蹕路管轄不能肅清	199
87	嘉慶十三年	護軍統領固山貝子綿志	失察參領珠通阿私放船隻成案	公罪		比例	御舟駐臨處所管轄船隻	201
88	咸豐四年	和碩怡親王載垣	總理圓明園任內失察陳設被竊成案	公罪	查例載，守護園亭禁地官員並不嚴加巡守，以致被賊竊去御用對象者，降二級留任、罰俸一年，公罪等語。今和碩怡親王載垣所得處分繫於進班大臣降二級留任處分上減為降一級留任		失察禁地被竊	203
89	道光元年	都統多羅貝勒綿志	失察馬甲曠班	公罪		照例	失察城上官兵曠班	205
90	咸豐三年	護軍統領固山貝子綿勳	失察民人擅入闕門竊取刑科印冊印封成案	公罪		照例	禁門內失察被竊	207

91	嘉慶十九年	和碩肅親王永錫	管理健銳營事務任內失察前鋒衝突儀仗成案	公罪	查例載，恭遇聖駕出入，蹕路若放閒人行走，以致衝突擁擠者，將專管官罰俸一年，公罪等語。此案應於專管官處分上遞減為罰俸六個月		失察所屬衝突儀仗	209
92	嘉慶十六年	和碩鄭親王烏爾恭阿等	在天神壇陪祀神祇，門外有車馬擁擠人聲嘈雜之事	公罪		照例	朝會約束跟役	211～212
93	咸豐三年	和碩惠親王	都統任內失察旗兵叩閽成案	公罪	查例載，聖駕行幸地方，有叩閽者，該管官失於攔阻罰俸六個月，公罪等語。此案繫於該管官處分上減為罰俸三個月		失察叩閽	213
94	嘉慶十一年	護軍統領固山貝子奕紹	成案	公罪		比例	派撥不慎	215
95	1、道光十年；2、道光十三年	管理武備院事務和碩定親王綿恩	1、失察御用撒帶環脫落；2、失察弓面綻裂成案	公罪	查律載，乘輿服御物收藏修整不如法，承辦官杖六十，又例載，官員犯杖六十公罪，罰俸一年各等語。此案繫於承辦官罰俸一年例上減為罰俸六個月		御用服物損壞	217
96	道光三年	和碩惇親王綿愷	失察暢春園樹株被竊議罰職任俸三個月成案	公罪	查例載，守護園亭禁地官員並不嚴加巡守，以		園庭樹株被竊	219

				致被賊竊去尋常對象者，專管官降一級留任，公罪等語。此案應於專管各官降一級留任例上遞減為罰俸三個月				
97	嘉慶二十二年	和碩肅親王永錫等	失察屬員酒後於禁門外將管門章京等詈罵。加等議以降二級留任	公罪		比例	失察屬員於禁門外滋事	221
98	道光二十二年	固山貝子綿清等	失察民人誤入右如意門成案	公罪	查例載，景運門、隆宗門、禁苑門如有不應入之人擅入者，失察之看守官罰俸一年，公罪等語。此案係於看守官罰俸一年處分上酌減		禁門失察擅入	223
99	道光二十七年	多羅定郡王載銓	失察拜唐阿執傘不捷成案	公罪			拜唐阿執傘不捷	225
100	道光十二年	和碩定親王奕紹	都統任內失察已革護軍在隆宗門喧鬧成案	公罪	查例載，禁苑門如有不應入之人擅入者，失察之看守官罰俸一年，公罪等語。此案應於該管佐領罰俸一年處分上遞減為罰俸三個月		失察禁門外喧鬧	227
101	嘉慶八年	奉恩鎮國公綿偲	管理左翼大臣任內隨駕行走致令圍場斷節，交部察議，議罰職任俸三個月成案	公罪			隨圍未能齊整	229

102	嘉慶八年	散秩大臣奉恩鎮國公果勒豐阿等	因散秩大臣巴爾桑阿時常患病公議令專在靜安莊進班，並未向領侍衛內大臣告知	公罪	係照應直不直笞四十公罪律議以罰俸六個月		私行分班	231
103	道光二十二年	和碩怡親王載垣	掌衛事大臣任內失察內駕庫金提爐等件被竊成案	公罪	查道光十五年鑾駕庫遺失金傘頂將掌衛事大臣等議以罰俸六個月。此案係內駕庫遺失對象加等議以罰俸一年		內駕庫遺失對象	233
104	咸豐四年	固山貝子綿勳	在前鋒統領任內失察馬甲富升混入大內成案	公罪		比例	失察混入大內	235
105	嘉慶七年	奉恩輔國公兼火器營大臣成寬	失察炮位被竊	公罪		照例	失察炮位被竊	237
106	咸豐二年	和碩鄭親王端華等	失察火藥摻雜虧短成案	公罪	查例載，凡官存火藥遺失及誤毀者，罰俸一年。三百斤以上者降一級留任，公罪等語。此案係於嚴議之參領伊勒杭阿降二級留任，議處之參領吉昌等罰俸一年處分上減為罰俸六個月		毀棄火藥	239
107	道光三十年	奉恩鎮國公永康等	成案	公罪		引例	陵寢朝房不慎火燭	241
108	咸豐四年	多羅惇郡王奕誴	失察健銳營營房失火成案	公罪	查例載，八旗各營衙署如不謹慎巡察以致燒毀庫房檔冊等		衙署失火	243

					項者，將值日章京降一級留任，該管參領等官失於防範罰俸一年，俱公罪等語。此案係照失於防範物罰俸一年			
109	嘉慶十六年	奉恩輔國公慶怡	成案	私罪	查例載，州縣官諱盜不報，如督撫扶同狥隱者，降三級調用，私罪等語。此案公慶怡因在都統任內有此等重案置之不辦升任將軍來京陛見時經上察問，又復飾詞諱匿不奏，從重嚴議，革職。聲明世職可否存留，奉旨革去將軍仍將本身承襲公爵加恩賞留		諱匿拒捕傷官重案	245
110	嘉慶六年	和碩成親王永瑆	失察旗庫檔案被竊成案	公罪		照例	檔案被竊	247
111	咸豐二年	多羅定郡王載銓	步軍統領任內失察暢春園汛（？）老虎洞地方錢鋪被劫	公罪		照例	失察京城關廂內大盜糾夥劫殺	249
112	嘉慶二十一年	奉恩鎮國公永玉等	失察紅椿以內海樹被竊成案	（未標）	查《中樞政考》內載，陵寢後龍風水禁內竊賊潛入偷砍海樹，本汛官兵疏於巡查		陵寢紅椿以內海樹被竊	251

				，經鄰汛官兵拿獲者，將統轄官降二級調用等語。守護陵寢貝勒貝子公等應於總兵降二級調用處分上減為降一級調用			
113	道光十一年	奉恩鎮國公有麟等	失察祭器被竊成案	（未標）	查例載，如係庫存冊實祭器被竊照遺失制書律革職，公罪等語。此案係於掌管鎖鑰之員革職隨同辦事之員降三級調用處分上減為罰職任俸三年，不准抵銷		陵寢祭器失竊	253
114	1、咸豐六年；2、道光三年	1、多羅貝勒奕梦、奉恩輔國公溥吉；2、固山貝子綿岫等	1、成案；2、失察裕陵東西琉璃門內瓦上銅釘被竊	公罪	1、查例載，守護園亭禁地官員並不嚴加巡守，以致被竊御用對象者，降二級留任、罰俸一年，公罪等語。前因本府向辦王公處分每降一級留任折罰職任俸一年，此案定擬罰俸三年。2、議以降三級調用，不准抵銷。係逾垣竊盜應從重定擬	1、與例相符	守護陵寢失察被竊	255～256

115	道光二十三年	奉恩鎮國公奕興	因佐領違例責斃步甲失於約束成案	公罪	查例載，兵丁酗酒滋事，不服管教，該管官任性迭次責打，因傷致死者，降一級調用，私罪。兼轄上司失於約束降一級留任，公罪等語。此案應于謙轄上司處分上減爲罰俸一年		屬員責斃兵丁	257
116	道光八年	盛京將軍奉恩鎮國公奕顥	失察宗室等聚賭經旬累月加等議罰職任俸一年	公罪		照例	失察所屬官員賭博	259
117	嘉慶十六年	1、奉恩輔國公成秀；2、都統和碩莊親王綿課	1、失察馬甲聚賭；2、失察已革敖爾布聚賭	公罪		照例	失察兵丁閒散賭博	261
118	道光二十四年	奉恩鎮國公奕湘	與將軍任內失察旗兵傷斃領催	公罪		照例		263
119	道光三年	和碩鄭親王烏爾恭阿等	失察養育兵增盛保假冒宗室訛詐錢文等情一案	公罪	係於該管官降一級調用兼轄官降一級留任處分上遞減爲罰俸一年	照例	失察假冒職官	265
120	嘉慶十九年	和碩莊親王綿課	失察屬員未將瘋病之人鎖錮成案	公罪	查例載，八旗有患瘋疾之人該管官不鎖錮看守者，罰俸一年，公罪等語。此案於族長罰俸一年、佐領罰俸九個月處分上減爲罰俸六個月		失察屬員不將瘋疾之人看守	267

121	道光十七年	奉恩輔國公有麟	守護陵寢任內失察營兵習教。聲明案情較重毋庸議抵	公罪		照例	失察兵丁潛習洋教	269
122	嘉慶十年	定親王綿恩等	失察外火器營護軍幅隴阿誤傷伊父並伊繼母一案	（未標）		引案	失察滅倫巨案	271～272
123	道光二十四年	多羅貝勒綿偲	管理暢春園事務任內失察太監私刨官土山成案	公罪			失察私刨官土山	273
124	咸豐三年	多羅惇郡王奕誴	杖斃太監罰俸二年成案	私罪		照例	杖斃奴僕	275
125	道光二十二年	多羅慶郡王奕綵	於母服中納妾生子成案	私罪	係引居喪娶妾杖八十律照例降三級調用折罰世職半俸九年		服中納妾	277
126	道光七年	奉恩輔國公晉昌	將軍任內失察已革馬甲慶恩等串結土棍生事擾害	公罪		照例	旗人生事擾害地方	279
127	嘉慶十七年	都統和碩莊親王綿課	失察候選從九品甘恪枓逃走	公罪		照例	官員脫逃	281
128	嘉慶十四年	和碩成親王永瑆	都統任內失察應送部補枷人犯脫逃成案	公罪	查例載，旗人犯罪經刑部定擬枷責，因時逢熱審交該旗領回看守，俟秋後送部發落之犯如不嚴行防範，以致疏脫者，該佐領罰俸一年等語。此案和碩成親王永瑆係於該佐領罰俸一年處分上遞減為罰俸三個月		送部發落人犯脫逃	283

129	嘉慶十一年	和碩定親王綿恩	失察所屬侍衛誤班成案	公罪		比例	失察屬員曠誤值班	285
130	咸豐元年	貝勒奕夢等	散秩大臣任內進內遲誤未到，奉旨改為罰俸半年	私罪		引律	進內遲誤	287
131	嘉慶七年	定親王綿恩	於副都統明亮請示是否穿用黃馬褂答覆未明成案	公罪			答覆未明	289
132	咸豐六年	奉恩鎮國公永康等	失察成案	公罪	係比照官員將誥敕破壞罰俸六個月例於屬員罰俸六個月處分上減為罰俸三個月		失察屬員擺晾陵寢陳設不慎	291
133	道光四王（年？）	奉恩鎮國公晉昌	接管旗務於從前慶僖親王府邸護衛漏未裁撤一案	公罪	係比照特旨交辦事件遺漏未辦降一級留任、罰俸一年例，於該參領降一級留任、罰俸一年處分上遞減為罰俸六個月		漏辦應裁事件	293
134	道光十七年	多羅克勤郡王	承碩站班遲誤成案	私罪	查例載，御門大典，如有到班遲延及班次錯誤者均罰俸六個月，私罪等語。	與例相符	站班遲誤	295
135	咸豐五年	和碩莊親王奕仁	於臨御經筵遲誤未到議罰職任俸一年成案	（到班遲延及班次錯誤）公罪、（不到者）私罪		照例	御門未到	297
136	道光二年	多羅貝勒奕紹	因食肉到遲復行徑入議罰職任俸一年成案	私罪			食肉到遲復行徑入	299

137	嘉慶五年	和碩成親王永瑆等	失察其子在內曠班經上查出自請議處，奉旨改爲察議，議罰職任俸三個月成案	公罪			不能教導子弟致曠誤公事	301
138	道光八年	和碩鄭親王烏爾恭阿	領侍衛內大臣任內失察所屬藍翎侍衛捐升守備、未捐離任輒回原籍成案	公罪	查律載，官吏擅離職役者笞四十私罪罰俸九個月等語。此案失察應照本例酌減，係於辦事之員罰俸六個月處分上減爲罰俸三個月，係自行檢舉，又減爲一個月		失察屬員擅離職守	303
139	嘉慶十一年	奉恩輔國公慶怡	都統任內失察佐領出派關米領催先將米票繳銷致車輛到倉門無票不准放出成案	公罪	係於佐領照不行詳慎例罰俸六個月處分上遞減爲罰俸一個月		失察屬員差派不慎	305
140	咸豐四年	和碩恭親王奕訢	管理三庫任內失察書吏以鈔抵銀交庫，將該犯定擬斬罪，應於本管官降一級留任處分上減爲照失察例罰俸一年，係察議，減爲罰俸九個月	公罪			失察書役犯贓	307
141	嘉慶二十年	宗令莊親王綿課等	失察圈禁空室宗室潛出成案	公罪		比例	失察監犯潛出	309
142	道光二年	多羅莊郡王綿課等	管理宗人府任內失察署內鎖禁宗室圖克坦並未帶鎖成案	公罪	查律載，獄囚應鎖扭（柮？下同）而不鎖扭笞五十等語。此案係		失察鎖禁人犯並未帶鎖	311

				於該管章京笞五十公罪罰俸九個月處分上減爲罰俸六個月			
143	道光二十四年	奉恩鎮國公奕興	將軍任內失察參領卓里克圖擅鎖喇嘛凌保成案	公罪	查律載，不應鎖扭而鎖扭杖六十等語，此案繫於該參領照杖六十私罪降一級調用處分上遞減爲罰俸一年		失察屬員擅用鎖扭	313
144	道光七年	和碩定親王奕紹等	奉旨派審那清阿濫行栲（拷？）訊捕役一案草率入奏，經該部以未便僅照承審不實例罰俸，應照事應奏而不奏者杖八十係公罪降二級留任	公罪			承審不實	315
145	道光十九年	奉恩輔國公景綸等	在守護陵寢任內失察屬員審斷縱火人犯刑逼枉供，並率據熬審供詞入奏，經刑部平反，兵部以尚未定案與枉坐罪名者有間，應減爲降二級調用，因嚴議議以降三級調用。宗人府以降調僅折罰半俸不足蔽辜，議以革爵，奉旨：吏、兵二部所議甚不允協，著照宗人府所議革去公爵等因。欽此	私罪			失察屬員刑逼妄供枉坐人罪	317～318

146	嘉慶十五年	多羅貝勒永鋆等	於防禦富興逼勒伊妻自縊身死一案並未錄供成案	公罪		引例	遺漏錄供	319
147	嘉慶十三年	和碩定親王綿恩	承修清夏齋未能堅固議罰職任俸一年不准抵銷成案	公罪			承修園庭未能堅固	321
148	嘉慶十七年	守護陵寢多羅貝勒永鋆	成案	公罪		引例	欽工具奏遲延	323
149	道光元年	都統多羅貝勒綿志	失察城上火藥房坍塌並不隨時請修	公罪		照例	失察官房倒壞	325

博士論文後記

時間就在一頁一頁翻檢材料、一寸一寸碼字中悄然而逝，待論文畫上最後一個句號抬起頭時，窗外已是桃花落盡、楊柳依依了。走了不知多少遍的小月河畔路今日仔細看來卻是半是熟悉半是陌生。用腳一步一步丈量著，彷彿在丈量過去的時光，連碩帶博，六年呵。六年，不長也不短，卻足以讓一個意氣風發滿腦理想上天攬月下海擒龍的毛頭小子成長為寵辱不驚慣看校園花開花落穩重深沉的青年。六年中經歷了很多，有失怙之慟，有恐高之劫，有陳蔡之困，有斷交之傷，當然能走到今天，是因為有更多的師友鼓勵支持，有課堂問辯之活躍，有私下聊天之親切，有徜徉土城之意興，有秉燭夜談之共鳴，有讀書生活之教導，有真誠無私之幫助……六年時光，雖凝結了頭角不少華髮，卻也為生命注入了很多精神營養。一根根白髮裏挾著時光印刷在一頁頁論文紙面乃至鐫刻在一寸寸內心裏，充實且溫暖，感動並感恩。

首先要感謝我的博士導師劉廣安教授。博士三年老師為培養我付出的心血讓我感念終身。在論文上，從選題，到撰寫，一直到最後成稿，凝聚了他無數的心血。在人生道路選擇上，老師也將他的人生經驗懇切相告，讓我少走彎路。「做個本分的手藝人」，這樣的諄諄教誨將永遠記在我心，無論將來能否從事教學科研工作，我都會努力把「手藝」學好，本分做人，踏實做事！東齋的門楣將是指引學生未來航行的燈塔，東齋的門風鼓舞弟子揚帆遠行，勿忘初心！謝謝您，敬愛的劉老師！

還要感謝師母章迅老師在生活上對我的關心！挑選遠方特產改善營養，外出短信提醒老師「讓胖子吃好」，生病時關照休息食補，還有每次去東齋問學師母都會泡一盞清茶醒腦，香氣氤氳，溫暖手，也溫暖學生的心！

也要感謝我的碩士導師郭世佑教授。碩士三年的教導讓我略窺史學的門徑，積累了一些史學人文的素養。同時也教我不少人生的道理、處事的禮儀。郭老師既是我學業的導師也是我人生的導師。他和劉老師是我生命中最尊貴的人！

感謝本科碩博期間教導過我的老師，張晉藩先生、郭成偉老師、曾爾恕老師、朱勇老師、徐世虹老師、張中秋老師、林乾老師、李雪梅老師、崔永東老師、鄭顯文老師、張生老師、姜曉敏老師、趙國輝老師、趙曉華老師、鄧慶平老師，以及開題、答辯、論文撰寫給予幫助的李青老師、崔林林老師和陳煜老師。他們淵博深厚的學養不僅給了我許多專業的知識，也給我樹立了學習的榜樣。也感謝法律史學院的楊丹東老師、劉文平老師、高飛老師、王民老師，法學院研工辦的孫學英老師、陳維厚老師、王萍老師，感謝他們為我學習、撰寫論文提供的幫助。

還有在生活中關心幫助我的師友，黃明堯、董明潔二位老師、康晨宇老師、徐海燕老師、王永亮老師，經濟科學出版社的張慶傑博士，人文學院的宋黎明老師、楊莉莉老師，同學胡海江、于子亮、鄭達峰、劉宏偉、李曉玲等，朋友王曉昱、宋紅、耿英傑、曹昆鵬、胡彥群、王紹賢、趙偉、賈建濤等，深深地感謝你們！沒有你們的幫助我不可能如此順利地完成學業。

特別要感謝傅揚和鄧文初兩位老師。感謝傅揚老師從本科至今一直關心幫助我，從物質幫助到精神鼓勵，幫我渡過一次次的難關！感謝鄧文初老師，理正我讀書、思考的方法，無私地教我他所掌握的各種史學方法，容忍我無論是在課堂還是在私下交流時扔過去的貌似不恭的問題，好球或臭球。

感謝東北老家的親戚，自庚寅陽月先父棄養以來，他們給予家母和我更多的關懷照顧，驅趕了我內心無盡的寒冷與悲涼！

最後感謝我的母親楊樹方女士。她是一位普通的農家婦女，她對讀書的意義並不瞭解多少，但她用行動支持我繼續求學，安頓自己的生活，讓我少些掛念，儘量儉省，給我經濟的支持。說到這些，我都有愧為人子的內疚！已過而立之年，還未能盡孝承養湯侍左右，卻要母親為自己飽受辛苦！畢業在即，謹將此承載三年努力的論文獻給她——一位平凡卻偉大的母親！

要感謝的人太多太多，恕我短短的篇幅不能將名字一一列出，但師友親朋的幫助我都銘記在心。平凡的我無以為報，唯有更努力地工作、學習、生活，盡自己的力量去幫助社會中需要幫助的人，以作回報！

再次感謝你們，我的老師、同學、親人、朋友！

寫於小月河畔

時在丙申杏月清明將至

出版後記

　　本書是在我的博士學位論文《清代則例適用研究》基礎上修訂而成。對博士學位論文撰寫過程所得到的諸位師友幫助的感謝在本書附錄《博士論文後記》中已略有表達，在此不再贅述。這裏我要鄭重表達對本書修訂、編輯、出版過程中諸位師友幫助的感謝。

　　首先仍要感謝我的博士導師劉廣安教授。在學位論文答辯之後，恩師仍不厭其煩指導我對論文不足的地方進行修改，並在其推薦下，得此出版機會。大恩不言謝，唯有對清代法律體系學繼續鑽研、對工作、對學術更努力方能酬報恩師的這份厚意；我會繼續按照求學時的標準要求自己，用東齋的門楣學風嚴格要求自己不斷努力前進，用實際行動和成果向老師彙報。

　　其次感謝論文答辯組的強磊教授、郭成偉教授、徐世虹教授、林乾教授、張生教授，五位先生對我的論文提出了不少有益的建議，雖限於個人能力和論文篇幅未能按諸位先生建議一一改正，但在聆聽諸位先生指正的時候所獲得的啟發已非文字可限，更讓我深深感動的是諸先生對後學求學悉心教導、毫無畛域保留的那份精神。我會在今後工作、治學的道路牢記諸位先生的教導，努力向諸位先生看齊。

　　最後感謝花木蘭文化事業有限公司以及為拙作付出辛勞的諸位編輯，特別要感謝杜潔祥總編、楊嘉樂副總編和許郁翎、王筑編輯，感謝你們的辛苦付出！感謝花木蘭文化事業有限公司的賞識與鼓勵。與貴公司合作是一趟愉快之旅。

　　感謝生命中所有貴人，惟其努力，始不辜負。

沈成寶

書於昌平燕山山麓